专业学位研究生教育系列教材

国际金融管理

International Financial Management

陈奉先 主编

首都经济贸易大学出版社
Capital University of Economics and Business Press
·北京·

图书在版编目（CIP）数据

国际金融管理/陈奉先主编．—北京：首都经济贸易大学出版社，2018.9
ISBN 978－7－5638－2520－2

Ⅰ．①国…　Ⅱ．①陈…　Ⅲ．①国际金融管理　Ⅳ．①F831.2

中国版本图书馆CIP数据核字（2016）第142234号

国际金融管理
陈奉先　主编

责任编辑	小　尘
封面设计	风得信·阿东 FondesyDesign
出版发行	首都经济贸易大学出版社
地　　址	北京市朝阳区红庙（邮编100026）
电　　话	（010）65976483　65065761　65071505（传真）
网　　址	http：//www.sjmcb.com
E－mail	publish@cueb.edu.cn
经　　销	全国新华书店
照　　排	北京砚祥志远激光照排技术有限公司
印　　刷	北京市泰锐印刷有限责任公司
开　　本	710毫米×1000毫米　1/16
字　　数	277千字
印　　张	15.75
版　　次	2018年9月第1版　2018年9月第1次印刷
书　　号	ISBN 978－7－5638－2520－2/F·1419
定　　价	39.00元

专业学位研究生教育系列教材

国际金融管理

International Financial Management

陈奉先 主编

首都经济贸易大学出版社
Capital University of Economics and Business Press

前 言 PREFACE

自2001年加入世界贸易组织以来，中国的资源禀赋优势得以充分释放，在全球产业分工中的地位不断跃升。这一方面推动了中国经济以每年10%的速度增长，另一方面也促进了中国企业的国际化进程。在中国企业“走出去”的诸多案例中，有成功的典范，亦不乏失败的教训。对于中国企业而言，在全球范围内优化配置资源是其立于长久不败之地的关键，这不仅需要实践经验与教训的积累，更需要理论的指引。本书以跨国公司为研究对象，着重考察其在国际经营中如何规避汇率风险，完成长短期投资、融资和现金管理工作。

相对于现有的国际金融管理教材，本书在撰写上坚持“实用性”和“操作性”相结合的特色，结构上力求简洁，涵盖跨国公司经营管理的主体架构；内容上重视实践，通过例题、最新案例阐述相关原理。全书共十二章，第一章概论和第二章国际收支分析是宏观知识；第三至第六章主要讲授汇率制度、汇率决定、汇率水平及汇率风险问题；第十至第十一章主要讲授跨国公司的资本预算、资本成本和资本结构问题；第十二至第十三章主要讲授跨国公司的并购重组问题。

本书不仅适合作为金融专业高年级本科生的教材，也适合作为金融专业硕士的教材。

本书由陈奉先主编，郑月蔚、李邵琛、孙嘉康、吴孟四位研究生也参与了本书的编写。在本书编写过程中，参阅了大量国内外学者的著作、教材和文章，这些资料均列于书后的参考文献中，在此对文献的作者表示衷心的感谢。

跨国公司的国际金融管理研究内容涵盖广泛、发展迅速，限于作者知识结构及资料来源有限，书中难免有疏漏和不妥之处，敬请广大读者批评指正。

陈奉先

2018. 3

目 录 CONTENTS

第一章　国际金融管理概述

【本章提要】

本章首先介绍跨国公司的经营管理目标、财务管理模式、财务经理的作用。随后介绍国际金融管理的基本原理、面临的主要风险。最后从跨国公司的价值管理模型入手，探讨公司的投资决策、融资决策以及汇率风险管理决策在实现跨国公司价值最大化目标中的作用。

【学习目标】

通过本章学习，读者应该明晰：①跨国公司与国内公司在经营管理上的异同；②跨国公司金融管理的目标；③跨国公司价值最大化的实现路径。

第一节　跨国公司的产生与经营模式

一、跨国公司的界定与产生

跨国公司（Multinational Corporation，简称 MNC）又称为国际公司、全球公司、跨国企业、无国界公司[①]，是指通过资本输出的形式，超出本国界限在两个或两个以上的国家（地区）注册设立分公司或通过并购、控制当地企业成为它的子公司，并在母公司的统一决策下从事国际性经营活动的企业。在跨国公司内部实体之间实行信息资源共享、责任分担的管理模式。跨国公司是国际企业发展的高级阶段，通常被认为是最具代表性的国际企业[②]。本书所指的跨国公司代表从事跨国经营的所有企业。

从跨国公司的界定中不难看出，凡能称为“跨国公司”的企业必然具备三

① Roy D Voorhees, Emerson L Seim and John I Coppett. Global Logistics and Stateless Corporations ［J］. Transportation Practitioners Journal 59, 2 (Winter 1992): 144－151.

② 李相国，王化成. 国际财务管理［M］. 北京：中国人民大学出版社，1995.

个属性：①多国性。跨国公司是由分布在多个经济体中的实体企业构成。实体企业的全球分布实际上是跨国公司全球配置资源的具体体现。②统一的决策体系和共同战略。跨国公司的内部实体按照母公司的统一部署实现公司战略。③跨国公司内部实体共享资源、分担责任。

早期的跨国公司通常具有商业性、行政性与军事性的复杂属性。通常认为全球第一家跨国公司是英国的东印度公司（或作“英国东印度公司”，British East India Company，1600—1874 年），该公司垄断了印度的贸易并兼具行政管理权限。全球第二家跨国公司是荷兰东印度公司（Dutch East India Company，1602—1799 年）。在 19 世纪末 20 世纪初的全球反殖民浪潮中，早期的跨国公司褪去了行政与军事属性，专一寻求商业利益最大化。

目前全球有约 8 万家跨国公司，仅规模前 100 家的非金融跨国公司在 2010 年的全球生产所带来的增值就达到 16 万亿美元，占全球 GDP 的 1/4，海外分支产值占全球 GDP 的 10% 以上、占世界出口总额的 1/3。2011 年，这 100 家跨国公司对外投资项目总价值为 3 700 亿美元，占全球外国直接投资流入量约 1/4；跨国并购额为 1 940 亿美元，占全球跨国并购额的 36%；绿地投资额为 1 800 亿美元，占全球绿地投资额的 20%；国内外共雇佣 1 538 万人，是所有跨国公司海外分支雇佣人数的 1/4[①]。英国经济学家诺瑞娜·赫兹（Noreena Hertz）的《当企业收购国家》一书中指出，全球 100 大经济体中 51 个是企业 49 个是国家；通用汽车与福特汽车的营业额比所有非洲国家的 GDP 总和还要高；沃尔玛的营业额也比大部分东欧国家的 GDP 总和要高。由此可见，跨国公司的实力不可小觑。

事实上，跨国公司的发展经历了一个清晰的历史脉络，从早期的原料搜寻者类型逐渐演变为市场开拓者类型和成本降低者类型。

所谓原料搜寻者（Raw - materials Seekers）是指公司跨国经营主要为了开采海外的原材料。如东印度公司、哈德逊湾贸易公司（Hudson’s Bay Trading Company）、豪加丹加联合矿业（Union Miniere Haut - Katanga）、英国石油（British Petroleum）、标准石油（Standard Oil）、国际镍矿（International Nickel）、蟒蛇铜矿（Anaconda Copper）、肯纳寇特铜矿公司（Kennecott Copper）等。

所谓市场开拓者（Market Seekers）是指公司跨国经营主要为了获取国外市场。如 IBM、联合利华（Unilever）、雀巢、麦当劳、可口可乐。

所谓成本降低者（Cost Minimizer）是指公司跨国经营意在寻找生产成本较低的国家，并在这些国家进行投资，以维持其在国内与国外市场的成本竞争力。如德州仪器、英特尔、希捷科技（Seagate Technology）。

---

① 宗芳宇．跨国公司发展的新趋势新特点和对我国的启示［N］．中国经济时报，2013 - 07 - 15（5）．

现实中原料搜寻者类型的跨国经营行为比较容易识别，而市场开拓型与成本降低者型的跨国经营行为往往混在一起而难以区分。

二、跨国经营的理论支撑

公司为何要跨国经营？国际上有三个经典理论支撑跨国公司的跨国经营行为。

（一）比较优势理论

1776 年，亚当·斯密在《国富论》中提出的绝对优势学说开创了比较优势理论的源头。他认为，按照各国绝对有利的生产条件进行国际分工，会使各国的资源得到有效利用并在对外贸易中处于优势地位。大卫·李嘉图在此基础上创立了相对比较优势理论，认为即便不具备绝对比较优势的经济体，仍可以按照相对比较优势的原则参与国际分工并实现个体福利改进。相对比较优势理论一般被认为是比较优势理论的起点。

20 世纪 30 年代赫克歇尔—俄林（简称 H—O）进一步扩展了比较优势学说，提出了要素禀赋理论，认为国际贸易产生的基本原因是各国要素禀赋的不同。发展至此，H—O 理论与绝对优势学说、相对比较优势理论被称为传统比较优势理论。之后萨缪尔森进一步完善了赫克歇尔—俄林的要素禀赋理论，被称之为现代比较优势理论。其主要原则为“两利相权取其重，两弊相权取其轻”，即集中生产并出口其具有“比较优势”的产品，进口其具有“比较劣势”的产品。

比较优势理论认为，禀赋差异导致国际分工，某些产品的专业化会引起其他产品的生产短缺，这样国际贸易就十分必要。根据分工理论，如果某公司在某些产品的生产领域具有比较优势，那么它应该充分利用各国资源禀赋的差异来组织生产和销售，进而跨国经营也成为必然。

（二）不完全市场理论

如果全球的劳动力、资本、技术可以在国家之间轻易转移或扩散，公司完全可以在一国之内组织生产，将产品进行本土销售，进而国际贸易并非必须，全球将进入自给自足的自然经济状态。但现实世界中，生产要素充分流动往往是不现实的。即便是实现了经济一体化的欧盟，其内部仍然存在劳动力流动障碍①。至于资本充分流动往往也只存在于理论假设之中，现实中各国出于稳定经济的考虑，会对资本流动施加约束。对于技术扩散，更是一个渐进的过程，而且公司为了确保技术垄断优势往往会通过专利、许可、授权等方式限制技术的自由扩散。

① 当然这种障碍可能源自非经济的因素，如宗教信仰、生活习惯等。但这种障碍是客观存在的，并被认为是导致欧债危机的重要制度性诱因。

由于劳动力、资本、技术的流动限制导致市场并非完全竞争，那么作为具有比较优势的企业，巩固、提升自身地位的最佳途径就是开展跨国经营，以谋求全球范围内的竞争优势。

（三）产品生命周期理论

产品生命周期理论是美国哈佛大学教授雷蒙德·弗农（Raymond Vernon）于1966年在其《产品周期中的国际投资与国际贸易》一文中首次提出的。产品生命周期（Product Life Cycle）是指产品从开始进入市场到被市场淘汰的整个过程。费农认为产品生命是指产品的营销生命，产品和人的生命一样，要经历形成、成长、成熟、衰退这样的周期。就产品而言，也就是要经历一个开发、引进、成长、成熟、衰退的阶段。而这个周期在不同技术水平的国家里，发生的时间和过程是不一样的，期间存在一个较大的差距和时差。正是这一时差，表现为不同国家在技术上的差距，它反映了同一产品在不同国家市场上竞争地位的差异，从而决定了国际贸易和国际投资的变化。

典型的产品生命周期一般可以分成四个阶段，即引入期、成长期、成熟期和衰退期，见图1-1。

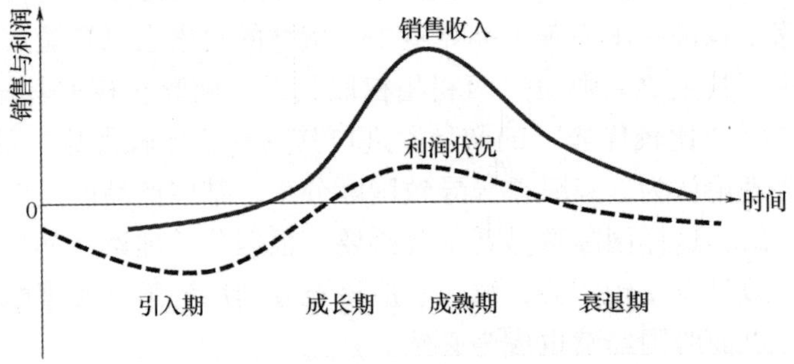

图1-1　产品生命周期示意图

第一阶段：引入期。指产品从设计投产直到投入市场进入测试阶段。新产品投入市场，便进入了引入期。此时产品品种少，顾客对产品还不了解，除少数追求新奇的顾客外，几乎无人实际购买该产品。该阶段由于生产技术方面的限制，产品生产批量小，制造成本高，产品销售价格偏高，销售量极为有限，企业通常不能获利，反而可能亏损。

第二阶段：成长期。当产品进入引入期，销售取得成功之后，便进入了成长期。成长期是指产品通过试销效果良好，购买者逐渐接受了该产品。这时需求量和销售额迅速上升，生产成本大幅度下降，利润迅速增长。与此同时，竞争者看到有利可图，纷纷进入市场参与竞争，使同类产品供给量增加，价格随之下降，企业利润增长速度逐步减慢，最后达到生命周期利润的最高点。

第三阶段：成熟期。指产品走入大批量生产并稳定地进入市场销售。经过成长期之后，随着购买产品的人数增多，市场需求趋于饱和。由于竞争的加剧，导致生产同类产品的企业之间不得不加大在产品质量、花色、规格、包装服务等方面的投入，在一定程度上增加了成本。

第四阶段：衰退期。指产品进入了淘汰阶段。随着科技的发展以及消费习惯的改变等原因，产品的销售量和利润持续下降，产品在市场上已经老化，不能适应市场需求。此时成本较高的企业就会由于无利可图而陆续停止生产，该类产品的生命周期也就陆续结束，直至最后完全撤出市场。

对于跨国公司而言，由于其产品存在显著的生命周期，其往往可以通过将本土成熟产品推广到境外市场以维持长期的利润稳定。因此，从产品生命周期角度而言，公司从事跨国经营也是延续产品竞争优势、拓展海外市场、获取稳定高额利润的重要途径。

三、公司跨国经营的主要模式

按照公司跨国经营的实现路径及其承担的风险，可以将跨国公司经营模式划分为以下六类。

（一）贸易模式

公司在全球范围内采购原料并跨国销售产品，实现低成本、高利润的经营目标。如波音飞机的 2 万个零部件是全球采购美国总装，同时其销售面向全球市场。这样跨国公司在垄断技术的同时，能最大限度地降低成本，实现高利润。

（二）许可证模式

许可证贸易是国际技术贸易中最为普遍的一种形式，是指技术出售者将其技术标的物的使用权通过许可证协议或合同的形式销售给技术接受方的一种贸易方式。相对于产品出口、直接投资而言，许可证贸易具有独特的优势：①是避开进口国限制、作为产品出口转换形式的最佳途径；②可大大降低或避免国际营销的各种风险；③可节省高昂的运销费用，提高价格竞争的能力；④有利于特殊技术的转让；⑤便于服务性质的企业进入国际市场；⑥使小型制造企业也能进入国际市场。

（三）特许经营模式

特许经营是指特许经营权拥有者以合同约定的形式，允许被特许经营者有偿使用其名称、商标、专有技术、产品及运作管理经验等从事经营活动的商业经营模式。公司可以将自身的专利、品牌、技术模式通过特许经营的形式渗透到他国市场，在扩大自身影响的同时获取丰厚而稳定的回报。现实中我国的很多娱乐节目如《中国好声音》《爸爸去哪儿》以及部分餐饮品牌如麦当劳、肯德基采用的就是特许经营的模式。

（四）合资模式

跨国公司可与东道国境内企业共同投资以合资企业的形式进入东道国市场。该模式的特点是合营各方共同投资、共同经营、按各自的出资比例共担风险、共负盈亏。合资模式的优点在于减少跨国公司进入东道国市场的阻力，而且能凭借合资方的既有渠道迅速实现网络覆盖和产品渗透。当然这种模式也会存在一定的风险，如跨国公司与东道国合作方会因经营战略、控制权而产生纠纷。

（五）并购模式

并购一般是指兼并（Merger）和收购（Acquisition）。兼并又称吸收合并，指两家或者更多的独立企业、公司合并组成一家企业，通常由一家占优势的公司吸收一家或者多家公司。收购是指一家企业用现金或者有价证券购买另一家企业的股票或者资产，以获得对该企业的全部资产或者某项资产的所有权，或对该企业的控制权。跨国公司出于经营协同效应（Operating Synergy）和财务协同效应（Financial Synergy）的考虑对境外企业进行并购，取得对并购对象的直接控制权，进而服务于跨国公司的整体战略。

（六）新设模式

公司还可以通过新设投资（Greenland Investment，又称绿地投资）的形式开展跨国经营。新设投资具体指跨国公司等投资主体在东道国境内依照东道国法律设置的部分或全部资产所有权归外国投资者所有的企业。采用新设投资策略可以使跨国公司最大限度地保持垄断优势，充分占领目标市场。对于新设投资而言，其成功的关键在于：①跨国公司拥有最先进的技术和其他垄断性资源；②东道国经济欠发达，工业化程度较低。

以上六种公司跨国经营的模式并无严格的优劣之分。但随着模式的演进，跨国公司承担的风险、面临的潜在问题将越来越多，同时其所得的利润也趋于丰厚。

第二节　跨国公司的经营目标与组织架构

一、跨国公司的经营目标

现代公司治理理论首先要回答的一个问题是：公司的经营目标是什么？学者们对这个目标的争论至今还未停止。目前对于跨国公司经营目标的论述存在三种观点，分别是“股东价值最大化”“企业价值最大化”“利益相关者价值最大化”。

（一）股东价值最大化

股东价值最大化（Maximize Value of Stock Holder）的经营理念认为，公司的成立和运营是一种经济性质的投资，所以如何有效地利用这些已投入的资本为公司所有者谋取最大利益，是公司管理者的首要目标。从资产负债表可以看出，公司的出资者包括股东和债权人；但若从法律角度上来看，真正的公司所有者是股东。“所有者”的意义在于通过董事会控制公司的运营方向。董事会的成立和改选的权利在法律上亦赋予股东有权利召开股东会，进行有关重大事项的决策。因此，股东才是公司真正的所有者，股东利益最大化成为跨国公司经营的应然目标。

“股东价值最大化”的目标概念清晰、易于计算。但这一目标存在着一定的缺陷：①股东价值最大化要求金融市场是有效的。由于股票的分散和信息的不对称，经理人员为实现自身利益的最大化，有可能以损失股东的利益为代价做出逆向选择；②股票价格除了受财务因素的影响之外，还受其他因素的影响，股票价格并不能准确反映企业的经营业绩。所以，股东价值最大化目标受到了理论界的质疑。

（二）企业价值最大化

企业价值最大化是指企业长期稳定发展的情况下，在其价值增长中应满足各方利益关系，不断增加企业财富，使企业总价值达到最大化。这种观点认为，企业的经营目标应与企业多个利益集团有关，是这些利益集团共同作用和相互妥协的结果。在一定时期和一定环境下，某一利益集团可能会起主导作用；但从长期发展来看，不能只强调某一集团的利益，而置其他集团的利益于不顾，不能将企业管理的目标集中于某一集团的利益。从这一意义上讲，股东价值最大化不是财务管理的最优目标。

企业价值最大化目标克服了股东价值最大化目标的缺陷，汲取了股东价值最大化观念的长处，是人们对现代企业财务管理目标深层次认识的拓展。企业价值最大化的真正实现，是建立在正确处理企业的各种关系及保证企业长期稳定发展基础之上的。它不仅考虑了股东的利益，使股东财富达到最大，而且也充分考虑了其他利害关系人的利益，使他们也得到了利益的最大满足。

（三）利益相关者价值最大化

利益相关者理论（Stakeholder Corporate Governance Theory）是对传统的“股东至上主义”治理模式的挑战，其思想渊源来自多德（Dodd）1932 年的经典文献。他指出：“公司董事必须成为真正的受托人，他们不仅要代表股东的利益，而且要代表其他利益主体，如员工、消费者，特别是社区整体的利益。”此后，学者们分别从企业战略、社会责任、经济伦理等角度进行论述，推进了利益相关者理论研究的发展。

利益相关者理论认为，企业是一个由利益相关者构成的契约共同体，利益相关者包括企业的股东、债权人、雇员、消费者、供应商等交易伙伴，也包括政府部门、本地居民、当地社区、媒体、环境保护主义者等压力集团，甚至还包括自然环境、人类后代、非人物种等受到企业经营活动直接或间接影响的客体。这些利益相关者都对企业的生存和发展注入了一定的专用性投资，他们或是分担了一定的企业经营风险，或是为企业的经营活动付出了代价，因此企业的经营决策必须要考虑他们的利益，并给予相应的报酬和补偿。因此，企业对利益相关者必须承担包括经济责任、法律责任、道德责任、慈善责任在内的多项社会责任（Corporate Social Responsibility，CSR）。

上述三个经营目标中股东价值最大化目标较易实现和考虑，余下的两个目标内涵比较丰富。对于跨国公司而言，很难实现相关利益者和公司整体价值最大化。毕竟公司内部利益群体之间，股东与社会中其他利益相关者之间会存在冲突甚至对抗。在这种背景下，本书更倾向于跨国公司追求比较单一的股东价值最大化目标。

二、跨国公司的组织架构

跨国公司应该根据外部环境要求制定相应的经营战略，然后根据战略目标调整、优化原有的组织架构。也就是说跨国公司的组织架构是根据经营规模、产品结构、竞争环境的变化而调整的。

从组织层次上看，跨国公司的组织形式可以划分为母公司、分公司、子公司。母公司通过股权或非股权安排对分公司和子公司进行控制，分公司和子公司在与母公司的关系上具有不同的法律特征。从管理方式上来看，跨国公司对其跨国经营行为的组织可以采取国际销售部、国际业务部、全球性产品组织结构、全球性地区分部结构、全球性职能分部结构、全球性混合组织结构和全球性矩阵式组织结构。

典型的跨国公司组织架构包括五种：职能式组织架构、分布式组织架构、混合式组织架构、矩阵式组织架构、网络式组织架构。

（一）职能式组织架构

职能式组织架构也称为出口业务部式架构，一般在传统的生产、销售、财务、研发等职能部门外单设海外业务部或国际部，以处理与国外生产或销售相关的工作。这种组织形式的优点在于能实现专业化分工，较好地节省成本、确保效率。缺点在于这种模式下部门间的官僚、本位主义会相对比较严重，部门间的协作力量比较差。职能式组织架构比较适合于产品品种有限、海外销售规模小于国内销售的跨国公司，同时分支机构与管理总部在地理上不太分散，经营受国外环境影响不大，产品的差异化营销不很重要（见图1－2）。

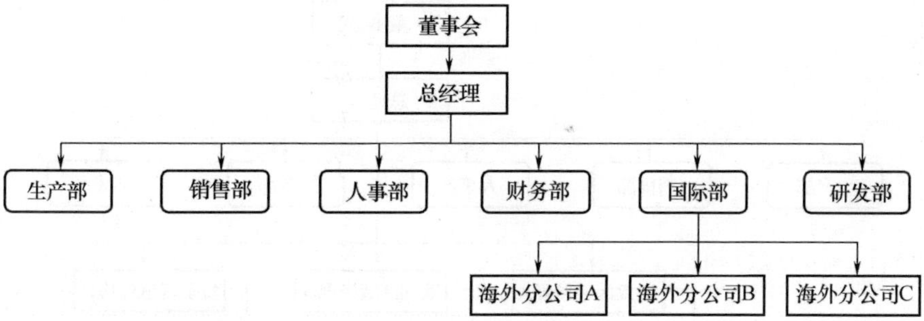

图1－2 职能式组织架构

（二）分布式组织架构

分布式组织架构是按照产品或区域建立的部门组织安排，其特点是每个产品或者区域都存在利润中心，并设置各项职能。

1. 产品组织架构

产品组织架构是以产品为中心设置相应的职能部门（见图1－3）。这一组织架构的特点是突出产品的差异性，根据不同市场特点设置相应的职能部门。其不足在于不能充分利用资源，容易造成浪费。

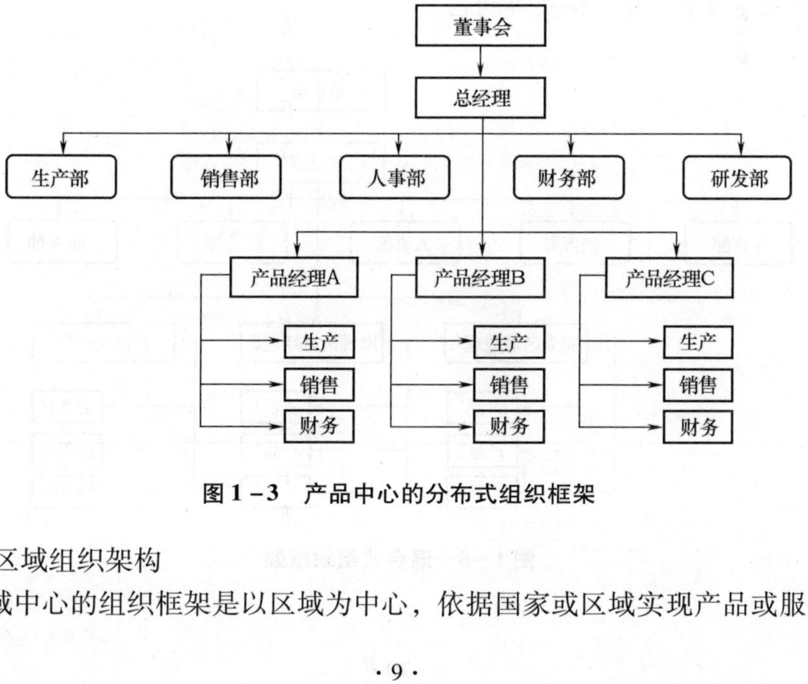

图1－3 产品中心的分布式组织框架

2. 区域组织架构

区域中心的组织框架是以区域为中心，依据国家或区域实现产品或服务的差异化（见图1－4）。其优势在于能减轻总部负担，具有较强的灵活性。同样，其缺点在于资源整合困难，运行效率不高，同时难以贯彻公司的整体战略。

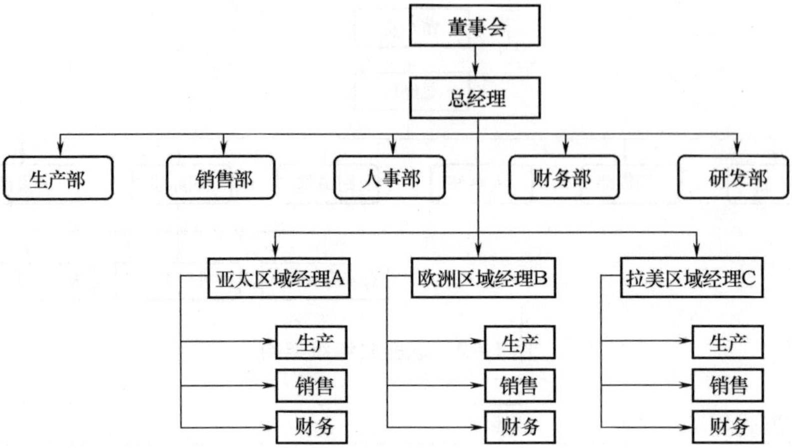

图1－4　区域中心的分布式组织框架

（三）混合式组织架构

混合式组织架构是区域中心的分布式组织架构和产品中心的分布式架构的混合体（见图1－5），兼具二者的优点，即以产品为重，注重不同地域的差异化需求。但这种架构又可能存在共同的缺陷，如组织效率低下、区域利益超越整体利益、总公司全球战略难以落实等问题。

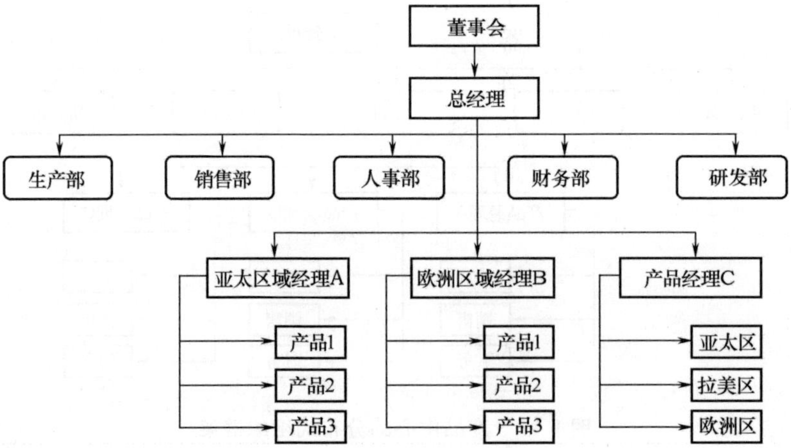

图1－5　混合式组织框架

（四）矩阵式组织架构

矩阵式组织架构是在横向产品组织系统的基础上，再增加一种纵向的领导系统，它由产品部门和纵向领导组织组成，从而同时实现了分部式与职能式组织结构特征的组织结构形式。矩阵式组织结构也可以称之为非长期固定性组织结构（见图1-6）。

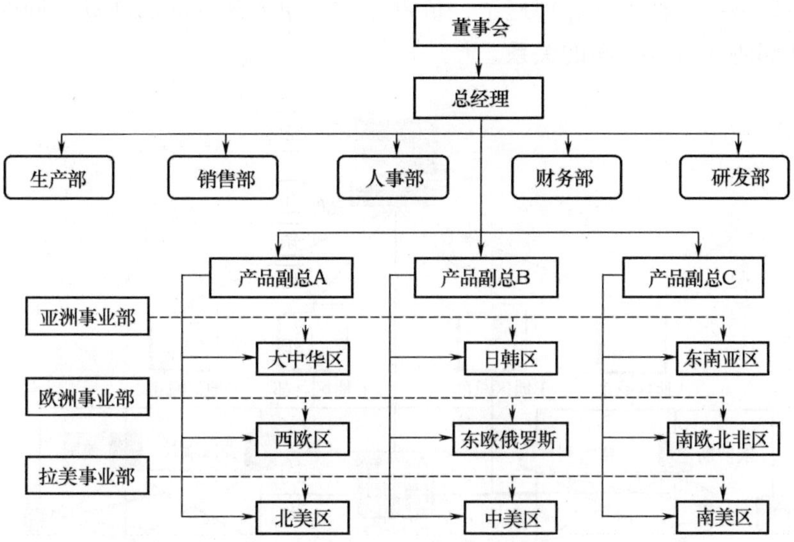

图1-6　矩阵式组织框架

矩阵式组织结构是一种十分常见的组织结构，一般比较适用于协作性和复杂性强的大型组织。国际商用机器（IBM）、福特（Ford）汽车等公司都曾成功地运用过这种组织结构形式。矩阵式组织结构的高级形态是全球性矩阵式组织结构。一般认为，这种组织结构方式可以使公司因为提高效率而降低成本，同时也因较好的创新效应与顾客回应而使其经营具有差异化特征。目前，全球性矩阵式组织结构已在全球性大企业如ABB、杜邦、雀巢、菲利浦、莫里斯等组织中进行运作。

矩阵式组织中信息和权力等资源一旦不能共享，横向项目经理与纵向职能经理之间势必会为争取有限的资源或权力不平衡而发生矛盾；成员之间还可能会存在任务分配不明确、权责不统一的问题，这同样会影响组织效率的发挥。

（五）网络式组织架构

网络式组织架构是一种只有很精干的中心机构，以契约关系的建立和维持为基础，依靠外部机构进行制造、销售或进行其他重要业务经营活动的组织结构形式（见图1－7）。被联结在这一结构中的各经营单位之间并没有正式的资本所有关系和行政隶属关系，只是通过相对松散的契约纽带，透过一种互惠互利、相互协作、相互信任和支持的机制来进行密切的合作。采用网络型结构的组织，通过公司内联网和公司外互联网，创设一个物理和契约关系网络，与独立的制造商、销售代理商及其他机构达成长期协作协议，使它们按照契约要求执行相应的生产经营功能。由于网络型企业组织的大部分活动都是外包、外协的，因此，公司的管理机构只是一个精干的经理班子，负责监管公司内部开展的活动，同时协调和控制与外部协作机构之间的关系。

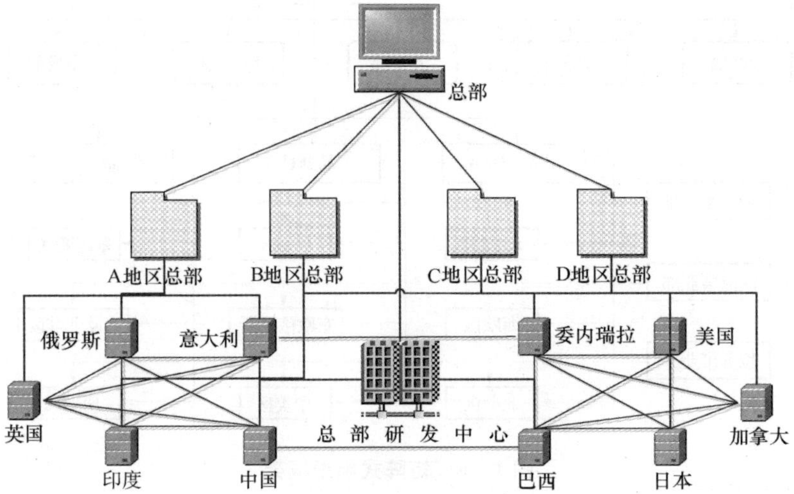

图1－7　矩阵式组织框架

这种组织架构的优点是实施授权式管理，简化了组织机构层次，降低了管理成本，实现了全球范围供应链和销售环节的整合，极大地促进了企业经济效益。这种组织结构具有更大的灵活性和柔性，随时可以根据市场需求的变动情况增加、调整或撤并。另外，由于这种组织结构简单、精炼，组织中的大多数活动都实现了外包，且这些活动更多地靠电子商务来协调处理，组织结构可以进一步扁平化，效率也更高。不过其缺点在于组织结构的可控性差。这种组织的有效运作是通过与独立的供应商广泛而密切的合作来实现的，由于存在着道德风险和逆向选择性，一旦组织所依存的外部资源出现问题，如：质量问题、提价问题、及时交货问题等，组织就会陷入非常被动的境地。另外，外部合作组织都是临时的，如果某个组织中的某一合作单位因故退出且不可替代，组织将面临解体的危险。网络组织还要求建立较高的组织文化以保持组织的凝聚力，然而，由于项目是临时的，员工随时都有被解雇的可能，因而员工对组织的忠诚度也比较低。

三、跨国公司的财务管理模式

跨国公司总部与子公司或分公司之间在财务管理决策问题上存在两种管理模式：集权模式和分权模式。

（一）集权模式

集权模式的财务管理是指跨国公司的财务决策权集中在企业的总部，子公司、分公司只负责日常的财务工作，涉及宏观、总体的财务战略、财务决策则由总公司制定，分公司/子公司落实（见图1-8）。这种决策模式可有效控制子公司的财务活动，使其符合总公司的预定目标。但这种模式的缺点在于缺乏灵活性，影响子公司/分公司的积极性，进而影响管理效率。不过由于网络信息技术的普及应用，集权财务管理模式的缺陷得到了一定的抑制。

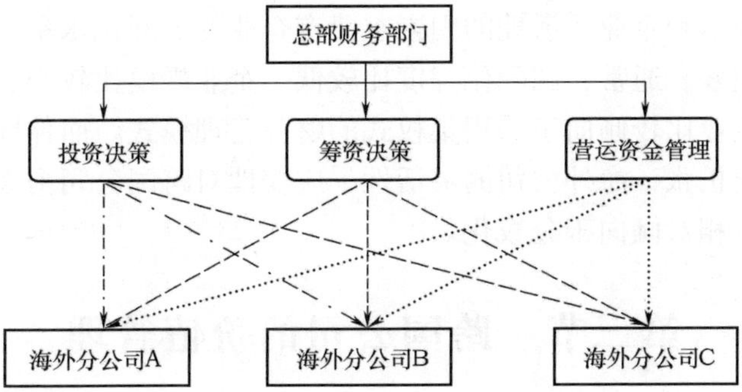

图1-8　集权模式下的财务管理框架

（二）分权模式

与集权财务模式相对应的是分权财务模式。该模式将财务决策权大部分让渡给下属单位，如分公司可以自由决定产品的开发、原料的采购及融资决策。这种模式的优点在于下属单位可以灵活应对市场变化，有效地趋利避害。但缺点在于总公司存在对分公司失控的风险，各分公司各自为战、缺少比较的财务协同（见图1-9）。

（三）模式的选择

企业财务管理模式的选择主要取决于对公司委托代理成本与企业灵活性之间的权衡。对于跨国公司而言，其母公司与子公司之间由于信息不对称会存在显著的委托代理成本。集权的财务管理模式有助于降低委托代理成本，但会以牺牲海外子公司的灵活性为代价。同样，分权的财务管理模式下海外子公司的灵活性比较强，但这将会增加企业的委托代理成本。因此，代理成本与灵活性之间的权衡

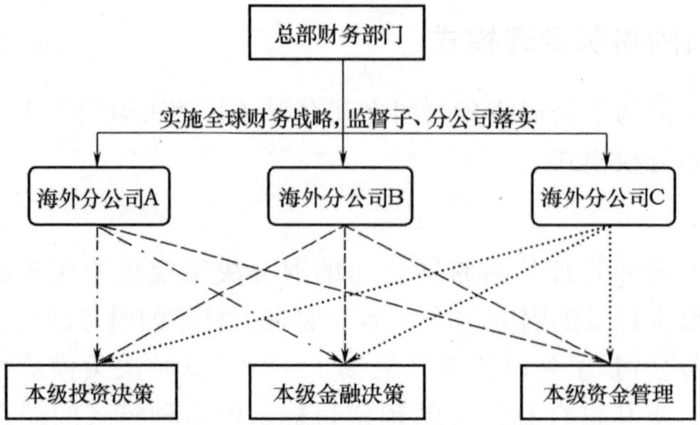

图1－9　分权模式下的财务管理框架

决定了财务管理模式的选择。

影响代理成本和企业灵活性的因素主要有企业的国际化水平、企业的规模和文化传统三个因素。通常，国际化程度比较低、企业规模比较小、受儒家传统文化浸淫较重的企业比较倾向于采用集权式的财务管理模式。而伴随企业的国际化程度提升、规模扩张，海外公司的灵活性、应变性对跨国公司愈发重要，那么财务管理模式也就相对倾向于分权化。

第三节　跨国公司的价值管理

跨国公司的经营目标在于实现股东（公司）价值最大化。如何刻画这一经营目标？哪些因素影响着这一目标的实现？这是本节关注的问题。

一、跨国公司的价值最大化目标

不同于国内公司，跨国公司需要在全球范围内配置资源，实现价值最大化。对于跨国公司的财务决策而言，最大化未来现金流的现期价值就是最大化公司和股东的价值。如何描绘价值最大化目标？通常可采用现金流贴现的方法。首先，将跨国公司在全球各地以当地货币标识的预期现金流折算成本币，之后再使用贴现因子对各期现金流进行贴现，最后加总即为公司的价值。其形式如下：

$$V = \sum_{t=1}^{n}\left\{\frac{\sum_{j=1}^{m}[E(CF_{j,t}) \times E(e_{j,t})]}{(1+k)^{t}}\right\} \qquad (1.1)$$

其中，V代表跨国公司的价值，E（$CF_{j,t}$）代表跨国公司的j公司在t时刻的预期现金流，E（$e_{j,t}$）代表j公司所在国t时刻的预期汇率水平（直接标价法），m为跨国公司的国内外分支公司数量，n为时期数，k为跨国公司股东投资的必要收益率。此处的预期现金流实际上是分支公司的收入扣除折旧、费用、税收等必要开销之后的可用资金。

从上面的公式可以看出，影响跨国公司价值的三个因素分别是预期现金流、汇率水平和公司股东的必要收益率。当公司的预期现金流水平越大、外币相对于本币汇率升高、公司股东投资必要收益率降低时，跨国公司的总体价值上升。

二、跨国公司价值管理的方向

跨国公司的价值公式实际上明确了公司管理的方向：增加现金流、降低汇率风险、减小资本成本，具体而言如下。

（一）现金流管理①

现金流管理是任何企业管理的核心问题。众所周知，现代企业作为一个资源转化增值的价值链，在企业产品的市场调研、研发设计、采购生产、库存销售直至售后服务等整个工作流程中，所有环节都涉及资金的流入与流出。伴随企业整个工作流程的现金流量控制和管理就成为企业财务管理的核心任务。

1. 企业生产经营中的现金流管理

企业在生产过程中，现金流量管理的主要作用在于保证生产经营资金的安全，缩短现金循环周期，提高资金使用效率。主要表现在以下几个方面。

（1）存货周转期的管理：生产经营活动中，对存货周转期的管理通常采用适时制管理，可以降低库存，减少对产品的检查、残次品的返工、不必要的原材料积压。

（2）现金回收期的管理：企业从取得订单到收到货款的每一个程序都要指定专人定期检查。鼓励客户提前付款，对逾期的货款应有专人负责追踪。加速现金的回收，缩短现金的回收期。

（3）付款周期的管理：企业向外支付款项周期，并不是越长越好。如果支付过迟，会使企业丧失信用度，损害与供应商的关系，可能导致企业失去潜在的折扣优惠。

2. 企业筹资活动中的现金流管理

在企业的筹资活动中，现金流量管理主要集中在以下几个方面。

（1）预测现金流量，制订筹资计划。企业可以以现金流量表为基础对现金进行预测，这是现金预测中最常见的一种方法。这一方法能对企业短期的现金流量进行预测，有助于日常的现金管理，根据预测结果制订短期的管理计划。以资

---

① 广东省人民政府金融办．［EB/OL］http：//www. gdjrb. gov. cn/encyclopedia_ show. jsp？ news_ id =615，2014 -01 -10.

产负债表、损益表为基础的预测，是对企业长期发展的现金流量进行预测，测算出企业若干年后的资金盈余或短缺，有助于企业长期战略计划的制订。这样企业能制订出较全面的筹资计划。

（2）掌握财务状况，判别偿付能力。企业在制订筹资计划时，要充分考虑到自身的短期与长期偿债能力，避免在筹资活动中现金的流动性出现问题而影响企业正常的生产经营活动。企业通常可以采用比率分析的方法，通过计算现金到期债务比、现金流动负债比、现金债务总额比等指标对自身的短期与长期的资金偿付能力进行测算。

3. 企业投资活动中的现金流量管理

企业投资活动所形成的现金主要包括收回投资、分得股利、债券利息等所得现金，以及购建固定资产、权益性投资、债权性投资等所支付的现金。在做出投资决策时，企业必须明确在可预见的风险下预期的未来收益是否大于当前的支出。本阶段的现金流量管理主要内容如下。

（1）估算投资风险，保证资金安全。在企业做出投资决策时，首先要对自身所需的维持日常营运的资金及对未来不确定性的支出有一个估算，在此基础上能够形成现金盈余，企业才会进行投资。对所选择的投资对象，通过对投资对象提供的财务资料进行分析，尤其是企业自由现金流量的大小，可以了解被投资企业的财务政策、获利能力、持续发展能力、风险及资金的现值，可以让投资企业对投资对象的回报能力有一定的了解，这在客观上提高了资金的安全性。

（2）通过投资评估，保证资金效益。在做出投资决策时必须考虑未来得到的收益是否大于投资支出，即货币的时间价值问题。企业可以使用很多方法来评估投资决策，但各种方法基本上都是建立在现金流量的基础上，如贴现现金流量法、净现值法等。一般来说，如果一个项目的净现值大于零，对这个项目进行投资就是可行的。

（二）汇率风险管理

跨国企业汇率风险管理主要包括预测汇率变化、识别汇率风险、管理汇率风险三个内容。由于跨国公司面临着多币种现金流，而汇率波动又影响外币现金流的本币价格，进而影响跨国公司的资产价值。因此，有必要预测未来的汇率变化，管理汇率波动风险。跨国企业面临的汇率风险包括三类：交易风险、经济风险和折算风险。

1. 交易风险

交易风险（Transaction Exposure）是指在运用外币进行计价收付的交易中，从合同签订之日到债权债务得到清偿这段时间内，经济主体由于汇率变动而蒙受损失的可能性。这是常见也是最容易理解的外汇风险。汇率决定着现金流价值，汇率波动对现金流价值造成不确定性，会产生损失及丧失所期待利益的可能性。汇率波幅越大，交易风险就越大。

2. 经济风险

经济风险（Economic Exposure）又称经营风险（Operating Risk），是指汇率波动（特别是意外的汇率波动）通过影响跨国公司的投入和产出而使公司在未来一定时期内的收益和现金流减少的可能性。经济风险是一种潜在的汇率风险。例如，进口国的货币贬值，必然会增加其进口成本，使其进口承受能力下降，给出口国的出口带来困难；要么降低出口价格，要么减少出口量，无论哪种做法都会影响出口国的出口经营效益。如果进口国的货币升值，虽然因为进口成本下降有利于出口国向其出口，但进口和出口总是相伴而行，货币升值国的出口盈利减少，势必影响其出口，使其对外支付能力下降，这又会反过来影响进口。对经济风险的分析非常困难，它可以说是探索、研究汇率变动对跨国公司的销售价格、生产成本、生产费用等变量产生影响的过程。

3. 折算风险

折算风险（Translation Exposure）又称会计风险（Accounting Risk），是指跨国公司对资产负债表进行会计处理的过程中，在将功能货币转换成记账货币时，因汇率变动而呈现账面损失的可能性。这里所说的功能货币是指跨国公司在日常经营活动中使用的货币，记账货币是指跨国公司在编制财务报表时所采用的报告货币。当功能货币与记账货币不一致时，编制财务报表就需要进行一定的换算。由于功能货币与记账货币之间汇率的变动，财务报表中某些项目的价值也会发生相应的变动。折算风险在跨国公司经营活动中表现得尤为突出。

针对不同的汇率风险，可以采用金融工具（期货、期权、货币市场套期保值）、调整经营结构、强化资产管理等方法加以规避。

（三）资金成本管理

跨国公司资金管理的重要环节就是筹资管理，即募集可靠、稳定、低廉的资本用于企业的生产、投资活动。资金成本管理要求资金来源有保证，资金结构科学合理，实现资金管理的安全与效率目标。

1. 确定资金来源

跨国公司的资金来源可以说是多渠道、多形式的。一般来讲，跨国公司的资金有内外两个来源。

就内部来源而言，主要包括：①母公司向子公司、子公司和子公司之间的融通资金，具体形式采用增股筹资，即母子公司通过购买对方的股权，向相关公司增加投资；②母公司直接向子公司提供贷款；③子公司之间相互贷款；④通过转移价格机制在内部进行资金转移。

外部资金特别是国际资本市场融资是跨国公司重要的资金来源。外部来源包括：①在东道国或国际市场发行股票、债券或取得贷款；②通过第三国或多国融资；③国际经济组织贷款，如向世界银行、国际开发协会、国际金融公司、亚洲开发银行贷款等。由于凭借规模和流动性等优势，国际资本市场的融资成本一般都比国内低。

2. 明确融资结构

跨国公司在进行全球化融资过程中，要充分考虑筹资结构和各种融资费用。筹资结构就是确定合理的货币贷款、债券、股票等不同筹资工具的比重结构。其中货币贷款是通过借贷的方式取得资金，是跨国公司国际筹资的基本形式，包括一年以内的短期货币信贷和一年以上的长期信贷。债券是债券发行人向其购买者发行的拥有固定期限和面值的债权证明，其主要特点是面值小、流动性强。债券融资也是跨国公司进行国际融资的一种形式，由于债券的利息、偿还期是由发行人自主决定的，因此存在许多不同形式的债券，债券的投资风险也就各不相同，跨国公司对债券投资前都要进行反复研究。股本融资是以发行股票的形式筹集资金，属于长久资金，无须偿还，资金成本取决于未来股息和红利支付水平。在不考虑本金偿付差异的条件下，股本融资支付的累计成本通常高于债务利息。以上三种融资形式对于跨国公司来讲，都是经常使用的，所以跨国公司要处理好这三种融资形式的结构比例。

【本章小结】

1. 跨国公司是指在两个或两个以上国家（地区）设立分公司或控制当地企业成为其子公司，在母公司的统一战略和决策体系下从事国际经营活动的企业。

2. 普遍认为跨国公司的经营目标是股东价值最大化。

3. 跨国公司经营模式可以分为国际贸易、许可证、特许经营、并购、合资、新设投资六种方式。

4. 典型的跨国公司组织架构包括五种：职能式组织架构、分布式组织架构、混合式组织架构、矩阵式组织架构、网络式组织架构。

5. 跨国企业财务管理模式有集权和分权两种，其选择主要取决于对公司委托代理成本与企业灵活性之间的权衡。影响代理成本和企业灵活性的因素主要有企业的国际化水平、企业的规模和文化传统三个因素。

6. 为实现跨国公司的经营目标，使其股东价值最大化，企业管理模式的确定及价值模型的选择有着重要作用。通常而言，影响跨国公司整体价值的三类因素包括现金流、汇率变动、资本成本。

【本章习题】

1. 什么是跨国公司？跨国公司的经营目标是什么？

2. 企业可以通过哪些方式进行国际经营？

3. 公司国际化的理论基础有哪些？

4. 跨国公司组织架构的典型模式有哪些？财务管理模式有哪些？各有何优劣？

5. 影响跨国公司价值最大化目标的因素有哪几类？

第二章　跨国公司金融管理环境分析

【本章提要】

本章首先介绍跨国公司外部经营环境的特征及其分类，以及在此基础上国际政治与法律环境、国际经济环境、国际文化环境的内涵、构成要素及其对跨国公司经营行为可能存在的影响。最后介绍了用 PEST 分析法评估跨国公司总体经营环境的方法。

【学习目标】

通过本章学习，读者应该明晰：①跨国公司外部环境对其金融管理的影响；②在不同环境维度下，跨国公司的注意事项；③总体评价跨国公司经营环境的方法。

第一节　金融管理环境概述

一、国际金融管理的环境特征

跨国公司的金融管理环境是指存在于其周围并对其金融管理活动产生积极或消极影响的各种客观条件的总和。相对于国内公司而言，跨国公司的经营环境更加复杂、多变。

（一）经营管理环境的复杂性

由于跨国公司的经营范围超出了一国地域，其面临不同于国内的经济环境、政治环境、法律环境和文化环境。国内外环境之间有可能存在显著的、难以调和的差异，在这种背景下跨国公司的管理目标、手段，决策的方式、过程，控制的方法、途径都需要在追求整体利益一致的基础上，增强上述手段、方法的灵活性。

（二）经营管理环境的多变性

对于跨国公司而言，其面临的管理环境并非一成不变。由于各国政治经济、政党交替、政权更迭、文化交融等因素的作用，跨国公司面临的环境也会发生相应变动。比如，中国在缅甸、赞比亚、刚果的大型基础设施投资项目的运行，会显著地受到东道国国内政局的影响。导致跨国公司经营环境多变的因素中，政党交替、政权更迭的因素比较明显，而文化因素的影响较弱。

二、国际金融管理的环境分类

按照不同标准，可以将金融管理环境划分为多个类别。

（一）自然环境和社会环境

与国际金融管理相关的自然环境因素包括：海外分公司经营场所与母国的地理距离，东道国的自然资源、禀赋优势，东道国的基础设施及环境状况。不同的自然环境状况会影响跨国公司的机构设置、生产安排和投资计划。

社会环境是指影响跨国公司金融管理的非自然因素，主要包括东道国的文化背景、传统习俗、教育状况、人口构成、政治体制、法律体系等因素。较之于自然环境而言，社会环境对跨国公司经营管理行为的影响更甚。

（二）宏观环境、中观环境和微观环境

宏观环境是指跨国公司进行经营活动的国际大环境，具体包括国际经济、政治、金融环境。当代国际经济发展的特点是“你中有我，我中有你”，各经济体充分地参与到全球产业分工之中，各国充分利用自身的比较优势参与到产品的生产网络中。与此同时，国际政治环境日趋复杂。尽管冷战已结束20余年，但以美国为首的西方国家仍是全球政治格局的主导者，同时以中国、俄罗斯、印度为代表的新兴市场国家在国际政治体系中的话语权不断增强。新旧政治格局交汇，增强了全球政治体系的不稳定性。国际金融环境包括国际货币制度、外汇市场、货币和资本市场、国际组织等。国际金融环境复杂多变，对跨国公司的金融管理特别是投融资活动会产生比较直接的影响。

中观环境指东道国或地区的各类宏观因素的总和，包括：政治环境如政党交替、政权更迭、政府政策的延续性与稳定性等方面；法律环境，即东道国国内反垄断的法律及执行力度、知识产权保护程度、外商投资权利的保障程度；自然环境如气候、自然灾害、地理地貌、自然资源等；经济环境如经济增长、物价水平、就业状况、国际收支状况、外汇及汇率制度等；社会文化环境包括语言文字、宗教信仰、风俗习惯等因素。

微观环境指那些直接影响个别跨国公司管理活动的外部因素，包括：海外供应商情况，即为跨国公司提供经营所需的各种资源、生产要素的企业和个人；海外分销商情况，即协助跨国公司推广、销售及分配产品给最终消费者的营销中介机构；海外中间商情况，如经销商、代理商、批发商、零售商的网络及运营情

况；营销服务机构情况，即提供促销服务的各类调研公司、广告公司、传播媒介公司、咨询公司等；金融服务机构，即提供信贷和资金融通的各类金融中介机构如银行、保险公司、信托投资公司的服务水平、质量及收费状况。

在分析上，通常将跨国公司的金融管理环境划分为政治环境、经济环境、法律环境和文化环境四个层次。其中，经济环境最为重要，会对跨国公司金融管理产生直接影响。政治、法律环境次之。文化环境对跨国公司金融管理的影响比较隐蔽（见图2－1）。对此，将在以下几节中分别加以详细论述。

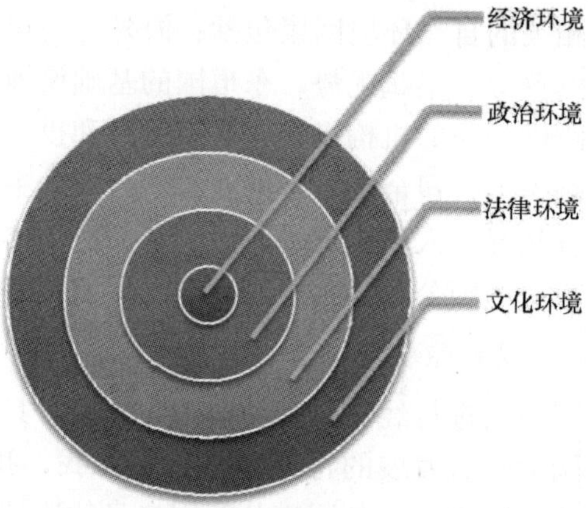

图2－1　跨国公司金融管理的外部环境

案例2.1　招架不住“无因全额退款”政策，安利中国推出新的退货机制

1992年，安利日用品正式进入中国，所销售产品包括乐新多用途浓缩清洁剂、碟新浓缩洗洁精、透丽浓缩玻璃清洁剂、丝白洗衣液和速洁浓缩去渍剂。而最大的一个特点是，按美国安利公司的规定，产品实行“无因全款退货”，即不管任何原因，如果顾客在使用后感到不满意，哪怕一瓶沐浴露用得一滴不剩，只要瓶还在，就可以到安利退得全款。这项制度在美国施行了很久，一直是安利公司的信誉和品牌象征，但退货率微乎其微。

孰料，这一政策在上海却遇到了令人尴尬的问题。公司门前总是一早就排着长长的退货队伍，每天退款高达100万元，还得倒贴30万元产品。安利公司终于招架不住了，在未做任何预告的情况下于1997年7月24日突然推出了新的退货规则：货品必须剩有1/2以上的方可退货。由此引发了导致拳脚相向的退货风波。

事情看似复杂，其实对事情的内底，当事人和旁观者都心知肚明：直销员想钻空子，利用空瓶退货的规定占便宜，安利则在连连吃亏后不干了，想出了制约直销员的新招。实际上，不少直销员在推销时就直截了当地明说，上线告诉他们，做安利只会赚，不会赔，即使一年一笔生意不做，也可白用700元钱的货品。这直接导致1997年夏，北京、广州、上海等城市出现一些人，挨家挨户收购安利产品的空瓶，然后带上自制的安利购货单据，到安利经销处要求退货。

这是美国式的退货保障制度（即许诺消费者使用产品不满意可以随时退货）移植中国初期的水土不服。很多人将产品用完后前来退货，其中有相当一部分是上述收瓶子的而非真正的用户。“退货风波也给我们上了一课。开辟新市场必须考虑国情。”郑李锦芬说。

资料来自：直销人网，2014年6月3日。

第二节　国际政治与法律环境

国际政治与法律环境是跨国企业必须面对的现实。跨国企业能否在东道国“生根”“发芽”，很大程度上取决于跨国公司对东道国政治体制与制度、法律规范的熟悉和适应程度。在跨国公司的经营过程中，应与东道国政府形成良好的互动关系，减少自身在文化、意识形态、利益诉求上的母国色彩，将跨国公司的国际化战略与本土化策略有机结合起来。同时还要注意跟踪、评估东道国的政治、法律风险，适时调整经营策略。

一、国际政治环境

政治环境是指在特定社会中影响和限制各个组织和个人的法律、政府机构和压力集团。国际政治环境的好坏对跨国公司的经营成败起着十分重要的作用。对于国内企业而言，本土政治环境是一既定的相对不变的条件。而对于国际企业而言，东道国政治环境是有别于母国的可变条件，世界政治局势和国与国之间的关系状况成为影响其经营的重要因素。因此，企业的跨国生产经营活动会面临更为复杂多变的政治环境。

现代政府在各种利益集团（本国或者国外）的压力下会对跨国公司的经营管理施加不同程度的影响。首先，一国政府制定的政策、规章直接影响跨国公司的经营环境。通常各国都会制定产业政策，明确优先发展行业名录，进行负面清单管理，这些将影响跨国公司的投资机会。政府还通过财政货币政策影响跨国公司的融资成本、投资收益。其次，一国的政治稳定和政治情绪影响政府采取的行动，这些行动可能极大地影响在该国企业经营的可行性。再有，政治运动（或排外情绪）可能会改变一国政府对外国公司的现行态度并促成新的管制。这就是为什么有些经济体量小、资源匮乏的国家如新加坡，由于政局稳定、政策连续，依旧能够吸引大量外资涌入的原因。

政治环境的重要特点之一是强制性。以政府行动或是国家行动的形式出现，具有比较明显的强制性特征，作为跨国企业也不能独善其身。东道国政府在经济政策调整中，宣布对某些行业或领域进行限制或鼓励，会立即导致这些行业或领域的外资企业做出战略调整。当东道国由于各种原因爆发战争（内战或者外战）或产生排外运动，有关地区的所有经济活动都会受到很大影响而且无法抗拒。例如，联想于2004年斥资12.5亿美元收购了IBM公司的全部个人电脑业务。尽管最终取得了成功，但并购过程中，美国外国投资委员会以“可能危及美国的国家安全”为由展开调查，给并购带来极大风险。又如，2005年，美国国会以“国家安全”为由阻挠中海油收购优尼科，最终迫使中海油以“不确定因素”为由撤出。2007年，华为与贝恩合作收购美国3Com公司，也被美国外国投资委员会以“危害美国政府信息安全”为由阻止。2009年，中铝集团斥资195亿美元并购澳大利亚力拓铁矿石公司，因澳大利亚政府干预而最终功亏一篑。2010年，50名美国国会议员以美国钢铁市场遭到中国企业掠夺并危及国家安全为由，阻挠鞍钢入股美国钢铁企业。2012年4月5日，中国铝业拟出资10亿美元控股南戈壁的消息传出后，蒙古国内民族情绪躁动，迫使蒙古政府于2012年5月17日匆匆出台《战略投资法》，中止了多种先前被允许的外商投资方式，如不限制外商在蒙古设立公司、仅须备案即可收购股权和矿产等。

政治环境的另一特点是其变化性。各种政治力量作用的结果可能使政治环境朝另一个方向发展，会造成新投资进入困难，但也可能创造新的投资机会。政治稳定性是企业决定走出国门时需要反复权衡的关键变化因素之一，不稳定的政治环境会使外资企业遭遇暴乱、没收、经营管制、利润汇出限制与本金撤出限制。在过去的20年里，中缅两国保持着一种特殊的友好关系，中国对缅投资总额约占缅甸外资的50%，是缅甸的第一大投资来源国。2009年12月21日，中国投资总额36亿美元的密松水电站正式开工。但2010以后，缅甸的公民社会空间得到一定程度的开放，从事非政府组织活动的人数也大大增长，其活动领域非常广泛，中国的投资活动不断受到非政府组织的不当批判和不实指责。密松水电站项目因受到缅甸国内和少数民族政治团体的压力而停工至今。

为避免国际政治环境对跨国公司经营的不利影响，跨国公司应事前防范，比如采取灵活的投资方式（如与东道国企业合资经营）、低调投资策略、主动购买商业保险，积极履行企业的社会责任，主动融入当地社会文化之中，实现与当地社会的和谐共处等。这样，才有助于获得当地社会和民众的广泛认同与支持，减少来自非政府群体的干扰，化解与缓和民族主义和排外情绪。同时，要强化与母国政府的信息沟通，获取母国政府的法律、外交保护。表 2 – 1 总结了政治环境风险的影响因素。

表 2 – 1　政治环境风险的影响因素

政治风险程度	影响因素	
	高	低
公司母国与东道国的关系	不融洽	友好
产业和产品	敏感行业	一般行业
经营规模	大	小
经营地点	重要城市	一般地区
公司的知名度	高	低
东道国的政治情况	动荡	稳定

案例 2.2　《福布斯》发布中国海外投资风险榜

2011 年，《福布斯》中文版首次发布中国海外投资国家（地区）风险排行榜，旨在为中国企业海外直接投资提供对国家与地区风险的一个基本评价。该榜单使用国家和地区政局稳定指标、政府廉洁指标、法制环境指标、社会稳定程度指标、经济机会指标等五大指标来综合衡量目标地区的直接投资风险。

榜单包括了中国在全球各地有直接投资的 177 个国家和地区。《福布斯》中文版根据其评价体系，将所有国家和地区按照风险程度分为五个档次，即最低风险、较低风险、中等风险、较高风险和最高风险。其中风险最低的 10 个国家和地区有：瑞典、新加坡、瑞士、丹麦、芬兰、中国香港、卡塔尔、卢森堡、中国台湾、荷兰。风险最高的 10 个国家和地区是：几内亚、委内瑞拉、津巴布韦、厄立特里亚、尼泊尔、民主刚果、乍得、伊拉克、科摩罗、苏丹。

2011 年对于中国的海外投资来说，是风险集聚和呈规模出现的一年。利比亚内战爆发之后，中国紧急撤回了在利比亚的 4 万余人中的 35 860 人。据商务部统计，中国在利比亚没有投资，但有 75 家企业，在那儿有 50 个项目的工程承包，涉及的金额达 188 亿美元。据商务部统计，截至 2009 年年底，中国在世界 177 个国家和地区建立了 13 000 家海外企业，总资产超过 1 万亿美元。

中国企业处于“走出去”的阶段，中国正在向全球输出资本，因而不得不考虑所进入国家和地区的风险。有些企业为了避开竞争激烈的发达及成熟的低风险市场，或者为了获取资源，有意加大进入新兴市场和不发达地区的力度，但是中国的企业仍然缺乏风险意识。13 家投资利比亚的央企（或旗下企业）均为上市公司。一些大型的工程公司，海外市场对其有战略意义，但中国企业对国家和地区风险的判断，仍处于非常初级的水平。例如，直到 2010 年 11 月 1 日，由商务部和中国驻利比亚使馆共同发布的《利比亚国别投资指南》仍将“政治稳定”作为利比亚的投资优势。

国家和地区风险分析是海外投资决策中一个必须考虑的因素，也是有关保险公司对客户提供投资保险服务的一个依据。《福布斯》中文版总编辑周健工认为：“一些国家和地区可能发生革命或者内战、局部冲突、骚乱、恐怖袭击、政权变更、暴力活动增加、监管制度和经济政策出现变动、经济形势恶化等，因此会产生原有产权股权、商业合同、债权债务关系的变化，以及对各种经营活动产生负面影响，最终造成的损失——所有对这次事件发生可能性的判断，都需要建立在国家风险分析的基础之上。”

对国家和地区风险进行分析有多种方法，例如，可以分析宏观风险，也可以分析微观风险；可以分析普适的风险因素，也可以分析国别的风险因素。《福布斯》中文版采取宏观和普适的风险因素，即那些治理有效、法制健全、保护产权、制度透明、政府廉洁并接受人民问责、经济保持增长并不断创造机会的国家和地区风险较低，相反则风险较高。这一标准适用于所有的海外直接投资活动，对中国同样适用。即使国与国之间的“特殊关系”从短期来看比较安全，但从长期来看，也可以认为风险处于潜伏期。

资料来源：作者摘编自京华时报（2012 年 01 月 05 日）和《福布斯》中文网。

二、国际法律环境

跨国企业的经营超出一国范围，不仅要受本国国内法的规范，而且要受东道国法律和国际法律的约束（见图 2-2）。熟悉东道国法律规范及国际法规定，对于跨国公司持续稳定经营至关重要。

从法理上讲，跨国公司不是国际法的主体，但由于跨国公司在国际经济中有着不可忽视的作用，一些跨国公司影响巨大。跨国公司拥有大量的资本、技术、管理等方面的优势，其跨国属性也决定了它们能够以更为灵活的方式实现市场策略，因而跨国公司极有可能会实施侵害东道国利益的行为。跨国公司作为民事主

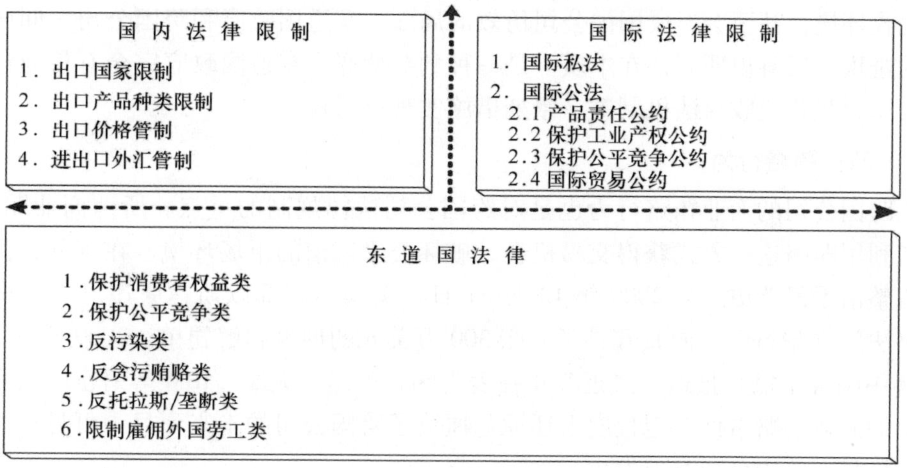

图 2－2　跨国公司面临的法律环境

体，有着追求经济利益的强烈渴求。跨国公司可能会利用发展中国家相对宽松的法律环境，以损害东道国利益的方式，满足自身的逐利需求。例如，利用发展中国家环境法制不完善，以牺牲发展中国家的环境利益为代价，实现自身的逐利目的，最典型的案例就是康菲溢油案。2011 年 6 月，蓬莱 19－3 油田 C 平台附近海域发现大量溢油。对此，康菲公司给予的解释是，在其进行注水作业时，对油藏层施压激活了天然断层，导致原油从断层裂缝中溢出。2011 年 11 月，联合调查组公布了事故调查结论，指出漏油事故是一起造成重大海洋溢油污染的责任事故。此外，跨国公司通过国际经济合作或经营的途径，将污染密集型产业，特别是发达国家已淘汰的技术、设备、生产工艺、产品、危险废物等，通过投资方式转移到发展中国家，更是一种常见的形式。因此东道国都会对跨国公司进行法律规制，使其经营行为符合东道国的法律和政策。跨国公司在东道国受到的法律规制（规定）主要集中在避税行为、商业贿赂、并购行为以及环境侵权行为等方面①。

（一）避税行为

跨国公司能够利用其跨国身份轻易地实现避税，从而侵害了东道国政府的税收权益。当前跨国公司的避税手段非常多，主要表现为利用商品交易不合理价格避税，利用关联企业间固定资产和无形资产买卖和转让避税，利用提供不合理的劳务避税。避税行为严格来说并没有违反税收法律法规，但是避税行为是避税人利用税法漏洞，实现减轻或减除税负的目的，其直接的结果是造成国家财政收入的流失。跨国公司的避税行为，使东道国利用外资的代价增高，破坏了公平合理

---

① 肖敏．跨国公司法律规制研究［J］．法制与社会，2013（1）：91－92.

的税收环境，甚至会形成国内公司仿效的局面。东道国政府和跨国公司之间所开展的避税与反避税博弈，在本质上是一种利益博弈，东道国政府完全有权通过完善法律、强化税收执法机制等一系列措施实现反避税。

（二）商业贿赂行为

跨国公司的商业贿赂行为也是对跨国公司法律规制的重点。所谓商业贿赂，是指利用贿赂这一方式获得交易机会，破坏公平诚信的市场环境。在国外，商业贿赂整治手段严厉，如2009年12月31日，美国司法部以斯达康违反《反海外贿赂法》在华行贿，向其开具了一张300万美元的刑事和解罚单。2009年8月3日《中国青年报》报道，最近几年在麦肯锡、朗迅、大摩、IBM等财富巨头身上发生的商业贿赂事件一定程度上还原与厘清了跨国公司的本来面目。可见，商业贿赂极易在跨国公司身上发生。

（三）并购行为

跨国公司的并购行为可以依法进行，但是跨国公司的并购行为可能会损害东道国的经济利益，甚至会对东道国的经济安全造成影响，主要表现为跨国公司能够利用其雄厚的经济实力，大规模地实现并购，最终形成市场垄断，或者对东道国的产业形成毁灭性打击。跨国公司在全球扩张的过程中，会通过直接并购、合资、品牌再定位等策略蚕食东道国国内知名品牌。此类并购会导致拥有垄断优势的跨国公司跨越歧视市场壁垒，保持稳定的加工市场集中度和寡头竞争稳定性，排斥中小规模厂商。一旦它控制市场就可能压制竞争，降低市场效率，破坏市场结构，最终损害消费者福利。

（四）环境侵权行为

跨国公司大规模地向发展中国家转移，其中很重要的一个原因是发展中国家在环境保护的力度上相对较弱，这样跨国公司在经营活动中就会节省一大笔环境开支。在著名的印度博帕尔案中就可以看出，跨国公司利用国内外环境保护标准不同来满足自身的逐利需求。一些跨国公司进入东道国时，除了带来先进的技术和管理，也将高能耗、高污染、高危险的行业或生产环节转移进来，如橡胶、塑料、印染、制革、电镀、制鞋、电池等行业属于高污染型行业，而钢铁、有色金属、电力、建材、造纸和化工产业则是高耗能产业。东道国在迎接跨国公司投资所带来机遇的同时，也面临着对环境和资源造成侵害的空前挑战。

（五）其他行为

跨国公司的其他行为如社会责任承担、劳工保护、人权保障等也属于东道国法律规制的内容。例如，跨国公司利用发展中国家劳动者保护程度低的状况实现其经营成本的降低，在本国劳动者与外国劳动者的保护程度上采取双重标准，甚至由于在发展中国家的跨国公司普遍未达到国际劳工组织规定的核心标准，致使产品的劳动力成本很低，这种因低工资而形成的出口竞争优势被发达国家称为“劳动力倾销”，导致产品易遭反倾销之诉。

案例 2.3　睡衣风波

1992 年美国制定的“托里切利法（Cuba Democracy Act of 1992）”，禁止美国公司的海外子公司与古巴进行贸易，规定第三国船只停靠古巴港口后必须等待 6 个月以上方可停靠美国港口等。

1996 年 3 月美国制定“赫尔姆斯—伯顿法（the Helms Burton Act）”，禁止同古巴进行贸易的官员、企业家及其家属进入美国；那些曾经被古巴政府没收财产的美国公司可以向买卖这些财产的任何外国公司在美国法庭提出 3 倍的赔偿要求等；古巴不能在与外界的商业贸易中使用美元；禁止美国公民前往古巴旅游，对于违禁者给予最高入狱 10 年的惩处；禁止居住在美国的古巴裔居民向在古巴的家人汇款或者邮寄包裹；古巴裔居民回古巴探亲的时间由原来的一年一次改为三年一次，每次最长不得超过 14 天。

1997 年，美国和加拿大之间围绕“古巴睡衣”问题发生了一场政治纷争，而夹在两者之间的是一家百货业的跨国公司沃尔玛（Walmart）公司。当时，争执的激烈程度从下面的报纸新闻标题中可见一斑：“将古巴睡衣从加拿大货架撤下：沃尔玛公司引起纷争”“古巴问题：沃尔玛公司因撤下睡衣而陷入困境”“睡衣赌局：加拿大与美国赌外交”“沃尔玛公司将古巴睡衣放回货架”。

这一争端是由美国对古巴的禁运引起的。美国禁止其公司与古巴进行贸易往来，但在加拿大的美国公司是否也应执行禁运？当时沃尔玛加拿大分公司采购了一批古巴生产的睡衣，从而违反了美国赫尔姆斯 - 伯顿法，这一法律禁止美国的子公司与国外的古巴通商。而加拿大则是因为美国法律对其主权的侵犯而恼怒，他们认为，加拿大人有权决定是否购买古巴生产的睡衣。这样，沃尔玛公司便成了加、美对外政策冲突的牺牲品。沃尔玛在加拿大的公司如果继续销售那些睡衣，则会因违反美国法律而被处以 100 万美元的罚款，且还可能会因此而被判刑。但是，如果按其母公司的要求将加拿大商店中的睡衣撤回，这将侵犯消费者的自由选择权，按照加拿大法律，会被处以 120 万美元的罚款。

问题：

（1）造成沃尔玛公司困难处境的原因是什么？

（2）结合案例说明政治环境与法律环境之间的关系。

（3）国内企业在国外市场该如何规避相关的政治和法律风险？

第三节　国际经济环境

跨国公司的经营环境是由一系列经济要素构成的，如东道国的产出水平、经济增速、物价水平、金融市场发育程度、税收制度、监管制度、国际收支情况等。上述因素随时间推移而改变，因此跨国公司处于动态的经济环境之中，适时调整经营策略便是应有之义。

一、经济增长

东道国的经济发展水平、发展速度、经济周期、产业结构与跨国公司的市场供求、利润状况密切相关。当东道国的经济发展水平、居民收入层次较高时，该国市场对成熟、高品质产品的需求量比较旺盛，跨国企业的竞争焦点在于产品品质和多样性。相反，在东道国的经济发展水平较低、居民收入水平有限的情况下，跨国公司只能依靠价格战略制胜。

经济体的成长有一定的周期性。在一国处于上升期、繁荣期时，跨国公司面临的产品需求比较强；相反一国经济处于衰退期时，其产品需求将会萎缩。不同的经济周期要求跨国公司灵活调整经营战略，如在经济上升期时注意控制产能和库存，在经济处于恢复期时则须保有一定库存以应不时之需。

随着东道国经济的成长，其产业结构也会发生显著变迁。比较普遍的规律是经济结构中第一产业逐渐向第二、第三产业转移，具体反映在各产业部门之间的产值、就业人员、国民收入比例变动的过程上。通常跨国公司进入东道国利用自身在技术、产品等方面的优势获取高额利润，比如在农业国中，跨国公司的工业化产品将赋予其技术优势；在初期工业国中，跨国公司的信息化产品、技术也将赋予其竞争优势。跨国公司的经营也会显著推动东道国的技术提升、产业优化升级，这早已为学界所证实。在这一过程中，跨国公司应立足东道国、不断挖掘自身的比较优势才能长久立于不败之地。

二、物价水平

东道国的物价水平也会对跨国公司的经营活动产生影响。当一国的物价持续快速上升时（即发生了通货膨胀），跨国公司的当地销售收入增加，但是其生产所需的原材料和劳动力成本也会上升，跨国公司的当地利润则取决于原材料市场和商品市场的价格弹性。但确定的是东道国发生通货膨胀后将会导致跨国公司以当地货币表示的现金流波动。

通货膨胀同样会增加跨国公司财务管理的难度。东道国的通胀可能导致该国子公司实物资产重置成本上升，货币性资产贬值、货币性负债获得收益，从而导致跨国公司在东道国子公司的收益虚增。这将增加对子公司经营业绩评价的困难程度。同时，东道国持续通货膨胀将会导致其货币贬值，进而子公司的折算利润将会由于汇率变化的因素而下降。为了避免这一问题，跨国公司需采用套期保值工具，但这又无形之中增加了企业的财务成本。2010 年美元兑欧元和其他主要货币持续走强，导致了对麦当劳和可口可乐等美国跨国公司的盈利产生负面影响，虽然这些公司通过对冲来减缓了这一效应。麦当劳的营收几乎有 2/3 来自美国以外的市场，其非美国业务收入中大约 70% 部分的计价货币均对美元下跌，这些货币包括欧元、英镑、澳元和加元。该公司宣布如果这些货币相比 2009 年同向波动 10%，那么公司今年的摊薄后每股盈利将变化约 17 ~ 19 美分，幅度接近 5%①。

三、金融市场状况

东道国的金融市场发育程度存在显著的差异。成熟的金融市场中直接融资的比重高于间接融资比重，反之则间接融资比例较高。对于跨国公司而言，其在成熟的金融市场能迅速、低成本地获得融资，进而有效地降低融资成本。此外，成熟的金融市场中跨国公司采用直接（股权）融资的方式能有效地降低长期、短期目标之间的偏离。但是在非成熟的金融市场中，跨国公司更多借助以银行为中介的债务融资形式，在还债的压力下会导致经理层的短期行为，从而偏离股东价值最大化目标。

四、税收制度

税收制度简称“税制”，它是国家以法律或法令形式确定的各种课税办法的总和，反映了国家与纳税人之间的经济关系，是国家财政制度的主要内容，是国家以法律形式规定的各种税收法令和征收管理办法的总称。税收制度的内容包括税种的设计、各个税种的具体内容，如征税对象、纳税人、税率、纳税环节、纳税期限、违章处理等。

世界各国都是根据本国的具体情况来制定符合其利益的税收制度，各国税收制度的差异主要表现在：①税收管辖权差异。有的国家（地区）按属地主义原则确定纳税义务，有的按属人主义原则确定纳税义务；②税率差异。有的国家和地区税率很高，如瑞典、丹麦、比利时等国税率一般高达 50% 以上，而有的税率很低如我国香港等地。有的国家和地区采用比例税率，有的则采用累进税率；

① 格雷格·法雷尔．美元走强冲击美国跨国企业盈利［N］．《金融时报》FT 中文网，2010-05-24.

③税基差异。由于各国（地区）规定的税收减免和优惠政策各不相同，在计算应纳税收入时，各国（地区）对费用的确认和分配，资产的计价等项目的规定往往有很大的差别；④税收优惠政策的差异。各个国家（地区）为了吸引外国投资者，一般都对外国纳税人提供种种优惠条件，尤其对投资所得提供优惠。

东道国的税收制度直接影响跨国公司的税后利润，并对跨国公司的投资、融资行为产生系统性的影响。跨国公司应根据东道国的具体税制、税率进行合理的税收筹划，包括：①充分利用避税港（Tax Haven）。跨国公司可在避税港建立基地公司以转移和积累利润。基地公司通常以再开票中心、控股公司、信托公司、投资公司、金融公司等形式存在；②充分利用转移定价。跨国公司的母公司与各国子公司之间或各国子公司之间根据自身的全球利益最大化原则和其他全球战略而制定偏离正常市场价格的内部交易价格，目的在于减少所得税、预提税和关税等；③合理选择企业的组织形式。一般而言，子公司由于在国外是以独立法人身份出现的，可享受所在国提供的包括免税期在内的税收优惠待遇；分公司由于是作为企业的组成部分之一派往国外，不能享受税收优惠。跨国公司为实现税收计划最优化，一般在初级阶段组建分公司，当经营活动全面开展后再组建子公司；④充分利用各国优惠政策。世界上大多数国家一般都规定了各种税收优惠政策，包括投资抵免、差别税率、加速折旧、专项免税、亏损结转等。除上述税收优惠外，跨国公司还可利用其居住国与所得来源国之间签署的含有税收饶让条款的双边国际税收协定，用以减轻其在非居住国的纳税负担，减少纳税金额；⑤利用延期纳税的规定。在高税国的母公司，想利用延期纳税的规定避税，其先决条件是在合适的低税国或避税地建立子公司（完全的控股公司），然后再利用其他课税客体移动性转移手段，使利润在该公司得以形成和积累。这些利润可以拖延一段时间后，再以股息形式汇回，对纳税人来说这就等于获得一笔无息贷款，享受了延期纳税的优惠待遇。

五、外部监管

跨国公司与主权国家之间的利益冲突成为国家监管的逻辑起点。跨国公司作为一个企业组织，以全球市场为舞台，通过在不同国家和地区间优化资源配置，获取最大的经济利益。这与主权国家在国际上争取更大份额的相对收益，在一定疆域之内对公民提供物质、安全等福利以及改良社会习俗的目标必然发生冲突。在全球化时代，跨国公司的国籍并未消失，只是为了市场竞争和经济利益考虑而故意将其淡化。如果遇到战争、国家间关系紧张以及重大突发事件时，跨国公司与母国的深层联系就会显现出来。可以说，国籍是跨国公司抹不去的印记，与母国的关系是跨国公司珍视的财富，母国的支持和保护是跨国公司进行全球化竞争的重要依托。

对于跨国公司的监管，虽然本质上同样属于对市场机制的干预行为，但因为管制的对象是超出国内市场范围的跨国公司，所以监管的目标有原则性差异。东道国对跨国公司的监管，是为了实现国家利益的最大化而进行的对于市场配置资源和企业经营安排的人为调整。

美国是世界上率先对跨国公司监管进行政策创设的国家，并在实践中不断完善，形成了一个成熟的政策体系。虽然美国作为母国的政策和作为东道国的政策角度不同甚至相反，但出发点都是为了实现跨国公司为国家利益服务的目标，政策工具则涵盖对于资本、技术、商品、信息等各个方面的监管①。

（一）禁止或限制外资进入敏感领域

美国作为最发达的国家，不太担心外国跨国公司对本国幼稚产业的损害。但出于国家安全等根本利益的考虑，仍然对于外商投资的领域进行限制，或者在允许外商进入的领域对股权比例、企业决策权等方面做出要求，以保持对这些企业的控制力。

（二）对外资并购美国企业实行国家安全审查

在美国对于外国跨国公司监管的所有政策措施中，引起广泛关注和研究的是对于外国公司并购美国企业的国家安全审查。相对于外国跨国公司在美国新建企业的“绿地投资”方式，美国对于直接获取现有企业股权和控制权的并购行为，进行了专门的立法。

（三）强制外商投资企业进行信息报告和公开披露

为掌握外国跨国公司在美国投资经营的情况，美国联邦政府通过《国际投资调查法令》和《农业领域内外国投资披露法令》，要求外商投资企业及时向政府监管部门和社会进行报告和公开披露，为其管理和监督提供依据。

（四）对外国企业参与美国政府采购和高科技研发进行限制

随着政府规模的扩大和现代福利社会的形成，公共产品供给催生了政府采购市场的膨胀，政府成为日益重要的消费者。

（五）对跨国公司转移定价等避税措施进行调整处罚

内部一体化是跨国公司的重要特征和竞争优势，而采取内部交易和转移价格，实现利润转移和利益最大化，则是跨国公司经营战略的重要组成部分。

六、国际收支

国际收支（Balance of Payment）是一国居民的一切对外经济、金融关系的总

① 张庆伟．美国政府对跨国公司的监管研究［D］．济南：山东大学，2011.

和。一国的国际收支状况反映了该国在国际上的经济地位，同时也影响该国的宏观与微观经济运行。跨国公司也会受到一国国际收支调整政策的影响。通常使用国际收支平衡表来反映一国的国际收支状况。

国际收支平衡表包含“经常账户”“资本和金融账户”，并采用复式记账方法对一国的对外经济交往进行记录。由于统计口径、时滞方面的原因，在统计上国际收支平衡表余额可能并不为“0”，于是增设“误差和遗漏”账户以平衡报表。经常账户包括一国与其外国贸易伙伴之间由当期生产的商品和服务的购买和销售所带来的交易。资本和金融账户度量了现有的金融或实物资产在国家间的交易。

国际收支失衡是指一国经常账户、金融与资本账户的余额出现问题，即对外经济出现了需要调整的情况。对外，国际收支失衡造成汇率、资源配置、福利提高的困难；对内，国际收支失衡造成经济增长与经济发展的困难，即对外的失衡影响到国内经济的均衡发展，因此需要进行调节。

国际收支的政策调节是指国际收支不平衡的国家通过改变其宏观经济政策和加强国际经济合作，主动地对本国的国际收支进行调节，以使其恢复平衡。常见的国际收支调节政策有以下几个方面。

(一) 外汇缓冲政策

外汇缓冲政策是指一国运用所持有的一定数量的国际储备作为外汇稳定或平准基金，来抵消市场超额外汇的供给或需求，从而改善其国际收支状况。它是解决一次性或季节性、临时性国际收支不平衡的简便而有利的政策措施。但对于长期性逆差而言，外汇缓冲政策势必会耗竭一国所拥有的国际储备而难以奏效，最终致使人们对该国货币的信心动摇，因而引起大规模资金外逃。

(二) 财政政策

财政政策主要是采取缩减或扩大财政开支和调整税率的方式，以调节国际收支的顺差或逆差。如果国际收支发生逆差，则可削减政府财政预算、压缩财政支出，同时提高税率。

(三) 货币政策

货币政策主要是通过调整利率来达到政策实施目标。当国际收支产生逆差时，政府可实行紧缩的货币政策，提高市场利率，以抑制社会总需求，减少进口，同时也促进资本流入，使国际收支恢复平衡。相反，国际收支产生顺差，则可实行扩张的货币政策，扩大进口，刺激资金流出。

(四) 汇率政策

汇率政策是指通过调整汇率来调节国际收支的不平衡。这里所谓的“调整汇率”是指一国货币金融当局公开宣布的货币法定升值与法定贬值，而不包括金融市场上一般性的汇率变动。汇率调整政策是通过改变外汇的供需关系，并经由进出口商品的价格变化、资本融进融出的实际收益（或成本）的变化等渠道来实现对国际收支不平衡的调节。当国际收支出现逆差时实行货币贬值，当国际收支出现顺差时实行货币升值。

（五）直接管制政策

直接管制政策包括外汇管制和贸易管制两个方面：外汇管制方面主要是通过对外汇的买卖直接加以管制来控制外汇市场的供求，以维持本国货币对外汇率的稳定。贸易管制方面的主要内容是奖出限入。在奖出方面常见的措施有：①出口信贷；②出口信贷国家担保制；③出口补贴。而在限入方面，主要是实行提高关税、进口配额制和进口许可证制。此外，还有许多非关税壁垒的限制措施。

（六）国际借贷

国际借贷就是通过国际金融市场、国际金融机构和政府间贷款的方式，弥补国际收支不平衡。国际收支逆差严重而又发生支付危机的国家，常常采取国际借贷的方式暂缓国际收支危机。

（七）国际经济、金融合作

当国际收支不平衡时，除了实施上述调节措施以外，有关国家还试图通过加强国际经济、金融合作的方式，从根本上解决国际收支不平衡的问题。1985 年的《广场协议》和随后的《卢浮宫协议》就是国际合作消除国际收支不平衡的代表。

第四节 国际文化环境

跨国公司的经营范围超出单一的文化环境，而且跨国公司内部不同的管理人员、不同客户可能拥有不同的文化背景。因此，跨国企业的管理者应熟悉不同文化的差异，采取有效措施来减少文化间的冲突与对抗，以凝聚各方力量实现经营目标。

一、文化差异

随着经济全球化和区域经济一体化的发展，世界变成了一个统一的大市场，“国界”在全球化的趋势下越来越缺乏实际意义。国内市场与国际市场的统一，使生产力要素和各种资源在更大范围内得到有效配置。但是，无国界的生产和经营，并不意味着文化的界限和差别也随之消失。文化差异带来的矛盾和冲突，对跨国公司在东道国的进入模式产生了重要的影响。如果跨国公司选择的进入模式不能降低文化差异造成的负面效应，就会对跨国公司的经营带来严峻的挑战。

文化差异主要是指不同的民族具有不同的文化模式，存在着语言沟通、宗教信仰、价值观念、思维方式、社会组织、风俗习惯、教育和工作态度等方面的差异。文化差异源于文化产生的具体历史过程，具有普遍性和客观性，有其各自产生的历史的必然性与合理性。东方文化与西方文化，传统文化与现代文化，彼此之间的差异就在于其历史环境的不同。任何一种文化，即使是同属一种文化体系，也会因各个民族所处地理环境的不同、形成和发展的历史条件的不同而呈现其独特的个性。尤其是民族文化的心理层面，即由于地域和历史原因长期形成的民族传统习俗、生活方式、社会风情、心理意识及思维模式，是一种具有特殊超稳定性的民族整体心理结构和精神力量，它所具有的稳定性、长久性、普遍性、承继性等多种属性，使得民族文化在走向世界文化的过程中，永远保持着自身的特点。

许多有实力的公司在跨国经营中失利，其主要原因不在于其资本和技术方面，而是缺乏对当地文化的理解，忽视了文化差异的影响。而这种差异主要表现为以下几个方面①。

（一）思维方式的差异

东方人多用意象思维方式，偏重于直观直觉，而以英美为代表的西方人则是呈线性顺序进行演绎推理。在跨文化交流中，这种不同表现在不同国家的人对于客观事实的主观看法上。西方人着眼于对客观事实的主观看法，东方人则着眼于对对方发出的信息或表明的态度做出直接反应。例如，对于一件产品或一项设计，不论满意与否，英美人倾向于先给予赞扬，而中国人往往更挑剔。对于别人的赞扬，中国人和英美人的反应也是不同的：英美国家的人对称赞会表现出欣赏、高兴的态度，认为对方的赞扬是对自己的认同和认可；而中国人觉得，谦逊是一种美德，因此得到他人赞赏时，常会表现出不好意思和受之有愧之感。

（二）价值观念的差异

不同的民族和国家，其历史的发展不同，沉淀下来的文化也不尽相同。历史文化的不同会使人们在对待同一事物时形成不同的观念。在企业跨国经营的过程中，不同文化背景的人在时间观念、决策方式和处理冲突的态度上也会存在较为明显的差异。例如，美国人信奉个人主义，个人敢于承担责任在美国人眼里是一种美德，是积极进取的表现。而中国人却十分注重集体决策，强调集体智慧。中

① 刘玉茹．文化差异对跨国公司在华投资模式的影响［J］．北京金融评论，2013（2）．

西方价值观念的差异导致了中国人和英语国家的人对某些事物的理解不同，从而造成在企业经营及语言交际中不能相互沟通。

（三）风俗习惯的差异

东西方国家有着不同的风俗习惯，在传统生活方式、爱好、忌讳等方面体现出的风土人情都不尽相同。东方普遍受以儒家思想为核心的传统文化的熏陶，在商务洽谈时，往往使用一些不确定的模糊词汇，表现谦恭、随和的态度。而西方人特别是美国人，说话开门见山，直奔主题，认为过多的模糊词会给人一种模棱两可、缺乏自信的印象，因此他们会觉得和东方人特别是中国人的商务交往非常困难，会造成商务往来的困难和低效率，形成了对外商务交往的冲突。

（四）语言现象的差异

美国文化学家萨姆瓦认为，对跨文化交流产生影响的文化因素，除了在思维方式、价值观念、风俗习惯等方面的差异外，还有语言形式和内涵的差异。不同的语言形式和丰富的语言内涵的客观存在影响着对语言的理解，成为跨文化交流的障碍，容易造成跨国经营过程中的误会和冲突。如两种文化中都具有某词句、某事物或某现象，但两种文化分别赋予其不同的含义或感情色彩，因而影响了语言的准确表达。

二、文化冲突

文化差异容易诱致文化冲突。跨文化的冲突主要表现在两个层面上：一是企业的内部冲突。跨国公司内部来自多个国家和地区的人员由于各自所处的文化环境不同，可能在企业内部造成文化冲突而导致管理者与员工、员工与员工之间互相不信任。员工之间的文化冲突通常导致企业组织管理的不畅，管理效率的低下，从而影响到企业的正常运转。二是企业的外部冲突。企业从事跨国经营活动进入东道国之后，会受到来自东道国外在文化环境的影响。由于与东道国文化的人生目标、价值观和世界观的不同，往往使企业及其在东道国的经营活动受到东道国的国民抵制，甚至会受到来自东道国政府及有关部门的限制和制裁，从而导致企业不能积极高效地去进行市场竞争，丧失了良好的竞争机会。文化冲突的结果往往导致跨国经营的企业陷入困境，海外子公司与母公司越离越远，使得母公司难以对子公司进行控制。跨文化冲突归究其原因可以归纳为如下几个方面。

（一）语言障碍导致的文化冲突

语言是文化的代表，是保持某种文化身份的象征。由于语言上的障碍，文字的深层内涵无法被确切理解，从而严重影响了双方的准确交流，造成沟通中的误会，易产生文化冲突。语言障碍也提高了跨国公司的经营成本。比如，跨国公司派往国外子公司的管理人员只有懂得东道国的当地语言，才能直接与当地员工和顾客交流；在母国制作的广告须经翻译后才能在东道国使用；子公司向母公司汇报各种计划、报告和财务报表等也都必须翻译成母国语言。在跨文化交流中，如果能够准确地使用东道国的语言，不仅可以减少误解，而且能够进行满意的思想交流，使对方消除疏远感而产生亲切感。

（二）态度与价值观的不同而导致的文化冲突

不同的人处于不同的文化背景下，会产生不同的态度与价值观。态度是人在后天的社会生活中形成的，一旦形成就很难改变。稳定的态度是不会轻易地随着环境的变化而变化的。一个人所处的社会文化环境对其价值观的形成有决定性的影响。处于相同社会环境中的人，会产生基本相同的价值观念，并且每一社会都有一些共同认可的普遍的价值标准。虽然不同的社会文化所产生的价值观具有一定的普遍性，如许多社会都认为帮助他人、乐观向上等行为是积极的行为，但是由于各社会文化在语言、传统、生活方式方面不尽相同，每个国家都有着与自己的文化环境适应的价值观，这种价值观上的差异给企业的跨国经营带来了很多问题。

（三）宗教信仰与风俗习惯导致的文化冲突

宗教和信仰是文化中最为持久的因素，是一个民族的灵魂。不同的宗教信仰有不同的禁忌，影响着人们认识事物的方式、行为准则和价值观念。每一种文化都有其特定的价值观念，支配着人们的行为，影响着人们对事物的看法。同时，不同的国家、地区或民族由于受到传统文化的影响，形成了各自独特的风俗习惯，表现为其独有的消费传统、偏好和禁忌。

三、文化冲突的消除

跨国公司在进行跨国经营时，要消除文化差异所导致的种种矛盾和冲突，必须发展有效的跨文化沟通。而要成功地进行跨文化沟通与文化交流，不仅要熟知和尊重自己国家的文化，也要了解和尊重与你所交往的成员所处的文化背景。其管理者要识别和区分各文化的差异并尊重这种差异，同时也要认识到各文化间的共性，并找出其利益的最大平衡点。为消除文化冲突，跨国公司的管理应注意以下几个方面①。

（一）正确看待文化冲突

正确地看待文化冲突，就是要正确地认识到各种文化差异，理解和尊重他人

① 马晓宇，李莉，张廷伟．小议跨国公司的中外文化冲突［J］．企业导报，2011（8）．

的文化。文化冲突是客观存在的，不以人的主观意志为转移。正确地看待文化冲突，能够促进员工之间的相互沟通和理解，使不同的价值观念相互渗透，这有助于增强企业的凝聚力，进而促进企业的长远发展。

(二) 遵循文化多元化法则

多元文化的互补性可以使组织充满活力和生命力，更容易碰撞出思维的火花，使企业更具创造力和创新性，可激发员工的创造性、积极性和主动性，有利于开发新的产品，运用新的管理技术和管理模式等各种新方法，最终提升企业竞争力。

(三) 管理方式的相互借鉴

任何一种管理方式都是在一定的文化背景下产生的，管理方式的相互借鉴有助于跨国公司异质文化的融合。例如，日本企业采用家庭主义的管理方式，强调雇员和经理之间有一种亲属式关系，彼此间有着极强的责任感。在此基础上，日本管理者借鉴美国的管理方式，不仅重视家庭主义，而且强调个人权威，充分将权力下放，也发挥了员工的个人主观能动性。

(四) 跨文化培训

进行跨文化培训是解决文化冲突的有效途径。通过对企业所有员工进行语言、沟通方式和冲突处理等方面的培训，可以使员工更好地尊重彼此的文化；也可以通过开展公共培训课程、进行文化敏感性培训等方式营造相互信任、真诚合作与沟通的氛围，使员工的价值观和思维方式相互渗透、相互影响，尽可能地消除个人偏见。

(五) 核心价值观管理

跨国公司应明确提出自己的创业精神即公司文化。企业管理人员应根据本身的特点，提炼核心价值观，实现共同价值观管理。企业根据环境要求和公司战略发展的原则，创立一种双方都能认同的企业文化。

总之，经济全球化进程的加快和通信、网络技术的发展，大大增进了各种文化间的交流与相互理解。当今社会，各个国家的文化存在一定程度上的融合与相似之处，如果人们拥有相似的经历，而且与来自不同文化的其他人相互沟通，那么文化的差异将会日益缩小。跨国企业领导者若能够充分掌握有关国家之间相似性的知识，国际企业就能合理安排其国际代理人，建立合适的地方机构，预测实行各种不同政策的可能结果，就能事半功倍。同时，通过增强跨国企业成员的跨文化知识，增进相互间的交流和理解，也有助于促进跨国公司健康发展。

案例 2.4　大连日资L公司的跨文化冲突与融合

“要是工作流程再由20秒压缩为14秒，那我们的劳动强度岂不又增加了？看来咱们不罢工抗议不行了！”“是啊，原先需要加班才能干完的活，现在要压缩在正常工作时间内，根本无法按时完成，而且取消加班后，薪水还得降低！”随着员工们的牢骚不断升级，2005年7月27日，东芝大连有限公司的一条流水线上的数百名员工，针对工资和福利问题终于正式举行了罢工，要求增加工资、改善福利。

几乎是同一时间，在大连开发区的另一家日资企业——L公司2005年举行的盛大的30周年庆典上，大连市副市长对L公司本土化发展的成功给予了高度评价，对L公司中方总经理的责任心、员工的主人翁精神给予了充分的肯定。副市长在会议上指出：“针对当下开发区日资企业的罢工事件，不要一味强调外部环境因素，企业自身要进行反省。像L公司这样的日资企业，我不相信会出现罢工。”

日本L公司概况

日本L公司始建于1975年，注册资本300万日元，创业初期只有5人。公司主要经营的产品有塑料模具产品、冲压模具产品、工厂自动化用产品、工装夹具产品等。随着公司营业范围的不断扩大，1983年在日本岩手县北上市成立了北上工厂；1989年在日本岩手县宫古市成立了宫古工厂；1990年在中国大连经济技术开发区成立了独资子公司——中国L公司；1996年在日本千叶县旭市成立了千叶工厂；另外在日本国内的主要城市拥有14个营业所，日本国内员工人数810名，年销售额达160亿日元。

日本L公司文化背景

最初日本L公司派遣来中国L公司的员工大多数是现场技术人员，他们在日本L公司并没有参与管理或者决策的经验，他们的任务更多的是把模具产品的加工方法教给中国员工。在这样的背景下，中国L公司便具备了以中国人为主导的企业文化发展的潜在条件。

第一，由于日方人员管理水平不高，难以在中国搭建以日方人员为主导的管理平台，为后来中国人成为主角埋下了伏笔。

第二，1990年至今日本经济低迷，日本L公司的业绩增长也远低于中国L公司，因此中国L公司突飞猛进的发展势头让公司总部看到了L公司集团未来的希望。

第三，中国人敢于主动争取，肯站出来参与管理。当中国人兢兢业业、把事情做得很好的时候，就会赢得日方的信任，这样日方就愿意把更多的权力授予中方来行使，中国人也就有了更大的发挥空间。这种良性循环逐渐使中国人在L公司赢得了信任和尊重并逐渐占据了主导地位。

第四，日方在中国L公司发展上的战略缺失，客观上促使了中国L公司的“自我进化”。也就是说中国L公司在自身发展方向的选择上留下很多的不确定因素，为中国人施展才能提供了很大的空间。

第五，20世纪90年代初期，标准件行业竞争并不激烈，L公司品牌在不经意中赢得了重要的先入优势。虽然前几年的成长比较缓慢，但后期在中国国内的营业额已占总体销售额的80%，中国市场受到日本L公司的极大关注。

年度会议上的冲突

从2005年开始，中方部分高层管理人员开始参加日本L公司每年两次分别在中国和日本召开的董事会，从而进一步确立了中国人在L公司发展和经营活动中举足轻重的地位。事实上，常有日本L公司的高管人员为中国L公司的日方人员打抱不平，提出“若日方人员在中国L公司不受重视，今后谁还愿意去中国”之类的问题，可见在中国L公司的跨文化的实践磨合中，也不是一帆风顺的。

在2005年7月例行召开的有100多名中日管理人员参加的年度会议上，有多名日方管理人员在发言中充满了指责与抱怨，将一切问题的责任都推给了中国人。这与此前和谐团结、配合默契的局面形成了强烈的反差，这种对立使“中国人为主角”的管理模式遭到了冲击和挑战。此时恰逢第三任日方总经理刚刚到任，搞不好会直接影响总经理对中国L公司文化的认同与传承。于是，中方总经理在认真听取他们的意见后，在会议总结发言中严肃批评了部分日方管理人员的观点，提出了一些跨文化管理的重要见解：①L公司既不是日方的L公司也不是中方的L公司，而是“L人”的公司；②L公司所具有的竞争优势或者说竞争对手最难以模仿之处就在于拥有一群忠诚于企业的、信奉L公司文化的人。如果中方和日方各自为政、离心离德，那么L公司的竞争优势就会丧失殆尽，不战自败！从这个角度讲，L公司面临的最大威胁不在外部而在内部；③日方管理人员应该不断反省自身的价值所在，想想自己的工作给中国L公司带来了什么改变，公司也应该以此为依据评价每位日方管理人员。如果只是发牢骚、挑毛病，当一个批评家，中国L公司是不需要的；④中国L公司在员工年龄结构、员工素质、发展速度等方面与日本L公司有很大的不同，不能简单照搬日本的管理方法，更不能拿日本L公司与中国L公司做简单对比；⑤中国人也要进行反省，为什么日方管理人员在质量管理、技术指导方面没有更好地发挥作用，是否中方与日方缺乏必要的沟通；⑥L公司是一个大团队，全体与会的管理者应该更多地学会使用“我们”，而不是“我”“你”“你们”这样的词汇。一荣俱荣、一损俱损，团结一致共同解决问题是L公司每个人的责任！

新上任的日方总经理在随后的讲话中立即对中方总经理的意见表示了赞赏和支持。一次积郁已久而突然爆发的文化冲突在中方总经理充满勇气、“舍得一身剐”的发言中得到化解，并得到中日双方心悦诚服的认同。当然也有不少管理人员为中方总经理的“胆大包天”捏了一把汗。

经过中日双方多年的共同努力与磨合，L公司关乎企业命运的跨文化管理冲突基本上得以化解，使L公司人统一了思想，并以主人翁的精神全力配合，精诚团结，去共同实现L公司的远景目标，担负起其使命。

思考：

（1）企业高层管理人员对企业文化的形成和维系有着怎样至关重要的作用？

（2）L公司怎样形成“以中国人为主角”的日企跨文化冲突与融合发展模型？

案例来源：网络。

第五节　跨国公司金融管理环境评估

跨国公司整体的金融管理环境如何考察？现实中有一些基本的定性方法可以参考，其中比较有代表性的就是PEST方法。

PEST分析是战略咨询顾问用来帮助企业考察其外部宏观环境的一种方法，用于宏观环境的分析。宏观环境又称一般环境，是指影响一切行业和企业的各种宏观力量。对宏观环境因素做分析，不同行业和企业根据自身特点和经营需要，分析的具体内容会有差异，但一般都应对政治（Political）、经济（Economic）、社会文化（Sociocultural）和技术（Technological）这四大类影响企业的主要外部环境因素进行分析。简单而言，称之为PEST分析法，如图2－3所示。

PEST分析的具体内容包括以下几个方面。

一、政治法律环境

政治环境（Political Factors）包括一个国家的社会制度，执政党的性质，政府的方针、政策、法令等。不同国家有着不同的社会性质，不同的社会制度对组织活动有着不同的限制和要求。即使社会制度不变的同一国家，在不同时期，由于执政党的不同，其政府的方针特点、政策倾向对组织活动的态度和影响也是不断变化的。重要的政治法律变量有：执政党性质，政治体制，政府的管制，税法

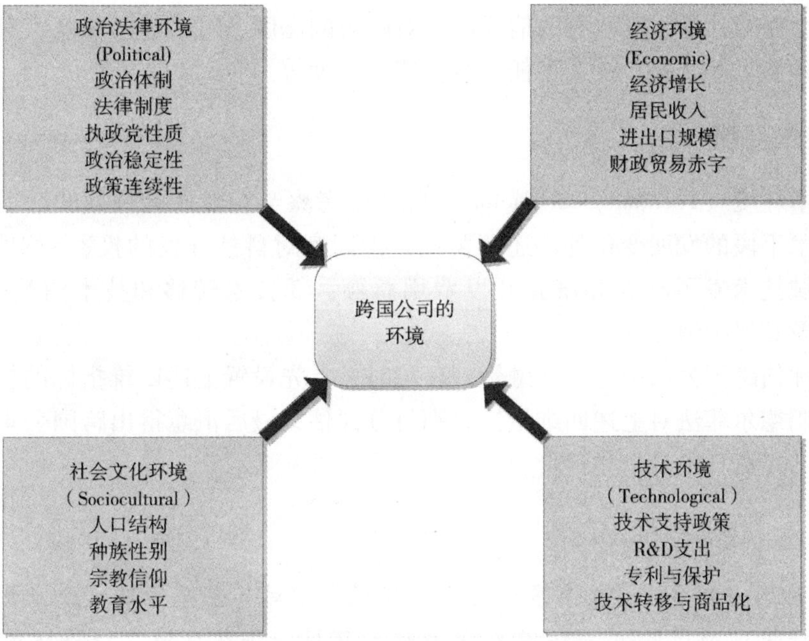

图2-3 PEST分析模型的构成要素

的改变，反垄断法规，与重要大国的关系，地区关系，对政府进行抗议活动的数量、严重性及地点，民众参与政治行为，政局稳定状况，各政治利益集团等。

二、经济环境

经济环境（Economic Factors）主要包括宏观和微观两个方面的内容。宏观经济环境主要指一个国家的人口数量及其增长趋势，国民收入、国民生产总值及其变化情况，以及通过这些指标能够反映的国民经济发展水平和发展速度。微观经济环境主要指企业所在地区或所服务地区消费者的收入水平、消费偏好、储蓄情况、就业程度等因素。这些因素直接决定着企业目前及未来的市场大小。重要的经济变量有：GDP及其增长率、贷款的可得性、可支配收入水平、居民消费（储蓄）倾向、利率、通货膨胀率、政府预算赤字、劳动生产率水平、汇率、进出口状况、不同地区和消费群体间的收入差别、货币与财政政策。

三、社会文化环境

社会文化环境（Sociocultural Factors）包括一个国家或地区的居民教育程度和文化水平、宗教信仰、风俗习惯、审美观点、价值观念等。代表性的指标有：

宗教信仰和风俗习惯、妇女生育率、人口结构比例、性别比例、结婚数、离婚数、社会保障计划、对政府的信任度、对政府的态度、对工作的态度、对道德的关切、种族平等状况、社会责任、对权威的态度等。

四、技术环境

技术环境（Technological Factors）除了要考察与企业所处领域的活动直接相关的技术手段的发展变化外，还要关注：①国家对科技开发的投资和支持重点；②该领域技术发展动态和研究开发费用总额；③技术转移和技术商品化速度；④专利及其保护情况等。

在评估跨国公司的总体金融管理环境时，首先设置上述四维指标的权重，然后可利用德尔菲法对上述四维指标分别打分评估，最后汇总得出跨国公司在东道国整体的经营环境的量化评价。

【本章小结】

1. 跨国公司面临着复杂多变的国际环境，这对其金融管理提出了挑战。通常可以将跨国公司的外部环境划分为政治环境、法律环境、经济环境和文化环境。

2. 现代政府在各种利益集团（本国或者国外）的压力下会对跨国公司的经营管理施加不同程度的影响。政治环境的重要特点之一是强制性和变化性。

3. 跨国公司在东道国受到的法律规制（规定）主要集中在避税行为、商业贿赂、并购行为以及环境侵权行为等方面。

4. 跨国公司的经济环境是由一系列经济要素构成的，如东道国的产出水平、经济增速、物价水平、金融市场发育程度、税收制度、监管制度、国际收支情况等。上述因素随时间推移而改变，因此跨国公司处于动态的经济环境之中，应适时调整政策。

5. 跨国公司的经济面临着文化差异带来的挑战。文化差异主要是指不同的民族有不同的文化模式，存在语言沟通、宗教信仰、价值观念、思维方式、社会组织、风俗习惯、教育和工作态度等方面的差异。文化差异源于文化产生的具体历史过程，具有普遍性和客观性，有其各自产生的历史必然性与合理性。

6. 跨国公司要消除文化差异所导致的种种矛盾和冲突，必须发展有效的跨文化沟通。其管理者要识别和区分各文化的差异并尊重这些差异，同时也要认识到各文化间的共性，并找出其利益的最大平衡点。

7. 可以使用 PEST 方法评估跨国企业金融管理环境状况。PEST 评价体系涵盖政治（Political）、经济（Economic）、社会文化（Sociocultural）和技术

(Technological) 四大类影响企业经营的因素。

【本章习题】

1. 政治稳定性与政策连续性对于跨国公司金融管理的意义有哪些？

2. 根据中国企业“走出去”的经验，分析制约发展中经济体的跨国公司经营的主要因素有哪些？

3. 东道国的通货膨胀对跨国公司的经营活动会产生哪些影响？

4. 导致跨国企业文化冲突的外部原因有哪些？

5. 以可口可乐（中国）为例，定性评价其总体的外部环境状况。

第三章 汇率及其决定理论

【本章提要】

外汇市场是跨国企业投融资管理不可或缺的部分。汇率则是外汇市场的交易结果。本章首先介绍汇率的内涵及分类，在此基础上进一步考察全球外汇市场状况和外汇衍生品种类，随后重点讲解三个汇率决定理论。

【学习目标】

通过本章学习，读者应该掌握：①汇率的内涵及其基本分类；②外汇市场结构与汇率形成之间的关系；③外汇衍生品的种类及其作用；④汇率决定理论。

第一节 外汇与汇率

一、外汇的内涵与分类

（一）外汇的内涵

外汇是“国际汇兑（Foreign Exchange）”的简称。外汇有广义与狭义之分。广义上外汇是指能用于弥补国际收支逆差的本外币国际债权。按照 IMF 的界定，广义外汇是“货币行政当局（中央银行、货币管理机构、外汇平准基金、财政部）以银行存款、财政部国库券、长短期政府债券形式持有的在国际收支逆差时可以使用的债权。其中包括中央银行及政府间协议发行的在市场不流通的债券，而不管它是以债权国还是债务国的货币表示。”

我们通常所说的外汇是狭义上的外汇，指以外币表示的用于清偿国际债务的支付手段。按照《中华人民共和国外汇管理条例》第三条的规定：“本条例所称外汇，是指下列以外币表示的可以用作国际清偿的支付手段和资产：①外币现钞，包括纸币、铸币；②外币支付凭证或者支付工具，包括票据、银行存款凭证、银行卡等；③外币有价证券，包括债券、股票等；④特别提款权；⑤其他外汇资产。”

狭义上的外汇须具备三个必要条件：①普遍可接受性（Generally Accepted），即外汇必须为各国政府及投资者接受其作为债权债务的清偿工具；②可兑换性（Convertibility），即外汇必须在国际金融市场上可以自由买卖，自由兑换为其他国家的货币而无限制；③可偿性，即外汇必须是在国外能得到清偿的债权。按照这三个标准，国际上诸如美元、欧元、英镑、日元、澳元、加元、瑞士法郎、新加坡元、港币等属于国际常用外汇。尽管人民币启动了国际化进程，但限于中国现行的资本管制和汇率制度，人民币的可接受性有限，尚不属国际常用外汇。

（二）外汇的分类

1. 自由兑换外汇、有限自由兑换外汇、记账外汇

按照外汇兑换的限制性程度，可将外汇划分为自由兑换外汇、有限自由兑换外汇和记账外汇。

自由兑换外汇是指在国际结算中用得最多、在国际金融市场上可以自由买卖、兑换，可用于偿清债权债务的外汇，如美元、欧元、加元、英镑、港币、瑞典克朗、瑞士法郎等。

有限自由兑换外汇是指未经货币当局批准不能自由兑换成其他货币或他国进行支付的外汇。国际货币基金组织规定，凡对国际性经常往来的付款和资金转移有一定限制的货币均属于有限自由兑换货币。世界上大多数国家的货币都属于有限自由兑换货币，包括人民币。

记账外汇指记账在双方指定银行账户上的外汇，不能兑换成其他货币，也不能对第三国进行支付，一般只用于当事方的清算轧差。

2. 贸易外汇和非贸易外汇

按照来源可将外汇分为贸易外汇、非贸易外汇。

贸易外汇指来源于出口和支付进口的货款以及与进出口贸易有关的从属费用，如运费、保险费、样品、宣传、推销费用等所用的外汇。

非贸易外汇指进出口贸易以外收支的外汇，如侨汇、旅游、港口、民航、保险、银行、对外承包工程等外汇收入和支出。

二、汇率及其分类

（一）汇率

汇率又称汇价，是以一国货币表示的另一国货币的价格。货币本身具有价值，其外在价格在国内表现为购买力（一般物价水平的倒数），其对外价格则体现在汇率上。货币的对内价格是对外价格的基础，同时对内价格和对外价格是统一的。当一国由于本币供应过度而导致通货膨胀时，货币对内价格（购买力）下降，同时货币对外贬值。

（二）汇率的基本分类

汇率实际上是双边货币的交换比率，按照不同标价方法、计算方法，可以将汇率划分为多种类型。

1. 直接标价与间接标价

直接标价法（Direct Quotation）是以本币表示单位外币的标价方法，形如100 美元 =631 元人民币，100 英镑 =965 元人民币。直接标价法使用范围较广，除美元、英镑外，几乎所有国家的货币都使用直接标价法。在直接标价法下，汇率上升说明本币贬值、外币升值，反之则本币升值、外币贬值。

间接标价法（Indirect Quotation）是以外币表示单位本币的标价方法，形如100 元人民币 = 15.85 美元，100 元人民币 = 1 714.89 日元，100 元人民币 = 12.82 欧元。使用间接标价法的国家主要有英国、美国。在间接标价法下，汇率上升说明本币升值、外币贬值，反之本币贬值、外币升值。

标价法的选择与货币的历史和现实地位密切相关，之所以美元、英镑使用间接标价法，源于其货币辉煌的历史地位。

2. 买入价、卖出价、中间价

银行是外汇市场交易的主体，其外汇交易中采用双向报价（Two - way Price）的方式获取营利。

买入价（Bid Price）又称买入汇率（Bid Rate），是银行从同业或客户买入外汇时所使用的汇率。比如，中国银行某日报出的美元买入价为 6.301 0 人民币/美元，这意味着银行从客户手中收购 1 美元而支付给客户 6.301 0 元人民币。

卖出价（Ask Price）也称卖出汇率（Offer Rate），是银行向同业或客户卖出外汇时所使用的汇率。如中国银行某日报出的美元卖出价 6.351 0 人民币/美元，这意味着银行向客户出售 1 美元时客户须支付 6.351 0 元人民币。

买入价、卖出价通常一起出现，如某日中国银行报出的美元对人民币买入卖出价为 6.301 0/6.351 0，则单位美元买入价为 6.301 0 元人民币，单位美元卖出价为 6.351 0 元人民币。通常在直接标价法下，外币折合成本币较少的那个汇率是买入价，较多的是卖出价。间接标价法下，单位本币折合成外币较多的是买入价，单位本币折合外币数量较少的是卖出价。

中间汇率（Middle Price），指银行买入价和银行卖出价的算术平均数，即两者之和再除以 2。中间汇率的实质意义并不大，主要在新闻报道中用于体现双边汇率走势。

与买入、卖出价相关的汇率重要指标是买卖差价率（Bid - Ask Spread）。这一指标用于刻画银行的外汇买卖报价差，通常以公式（卖出价 - 买入价）/买入价表示。这一价差越大，说明银行从中获利越丰厚，从另一侧面反映客户的兑换成本越高。根据上面的数据可知，中国银行的美元买卖价差为7.94‰。国际上外汇买卖价差率通常在1‰～5‰，但对于存在兑换限制、汇率波动剧烈的外汇，其差价通常较高。

3. 现汇价与现钞价

按照交易对象的形态，可以将汇率分为现汇汇率（现汇价）和现钞汇率（现钞价）。这里的现汇是指由国外汇入或由境外携入、寄入的外币票据和凭证，在日常生活中能够经常接触到的主要有境外汇款和旅行支票等。现钞主要指的是由境外携入或个人持有的可自由兑换的外国货币，如美元、日元、英镑等（见表3－1）。

表3－1　中国银行即期汇率牌价

货币名称	现汇买入价	现钞买入价	现汇卖出价	现钞卖出价
澳大利亚元	481.98	467.1	485.36	485.36
巴西里亚尔		192.11		210.12
加拿大元	499.71	484.29	503.73	503.73
瑞士法郎	651.25	631.15	656.49	656.49
丹麦克朗	90.31	87.52	91.03	91.03
欧元	672.66	651.87	679.42	679.42
英镑	952.09	922.71	958.77	958.77
港币	79.86	79.22	80.16	80.16
印尼卢比		0.045 4		0.048 6
日元	5.036 3	4.880 9	5.071 7	5.071 7
韩国元		0.541 5		0.587 2
澳门元	77.66	75.05	77.95	80.45
林吉特	170.41		171.61	
挪威克朗	80.28	77.8	80.92	80.92
新西兰元	450.58	436.67	453.74	456.46
菲律宾比绍	13.82	13.4	13.94	14.36
卢布	12.26		12.36	
瑞典克朗	73.17	70.91	73.75	73.75
新加坡元	458.51	444.36	461.73	461.73
泰国铢	18.38	17.81	18.52	19.09
新台币		19.63		21.05
美元	619.09	614.13	621.57	621.57

注：报价时间2015年5月26日17：38：20。源自中国银行官网。

在大多数国家，外币是不允许在境内流通的，也不能作为支付手段，只有在境外才能成为流通货币。银行在管理外币现钞中需要支付保管、包装、运输、保险等费用，而现汇作为账面上的外汇，其转移出境只需进行账面上的划拨即可。因此站在银行的角度，其现汇买入价高于现钞买入价。但现汇卖出价和现钞卖出价一般是相同的。

4. 基本汇率与套算汇率

基本汇率（Basic Rate）是本币与关键货币（如美元、欧元、英镑等）之间的汇率。所谓关键货币，主要是指对一国贸易、资本流动、国际收支影响较大的货币，同时该货币在本国的外汇储备、对外债务的币种结构中占据较大比例，因而该货币与本币的汇率成为一国汇率管理的参照，或曰“锚（Anchor）”。

套算汇率（Cross Rate）是指以关键货币为媒介，通过交叉计算得出的双边汇率。比如，1 美元等于 6. 31 元人民币，1 巴西雷亚尔（Real）等于 0. 494 3 美元，那么一个人民币就等于 0. 32 个巴西雷亚尔。对于存在买卖报价的汇率而言，计算交叉汇率略显烦琐，但仍有规律可循。在计算交叉汇率的买入价时，可假定客户拥有 1 单位 A 货币，借由银行兑换为 B 货币，那么所得的 B 货币数量即为 A 货币交叉汇率的买入价。同样，客户想从银行购买 1 单位 A 货币，其支付给银行等值 B 货币的数量即为 A 货币的卖出价。

（1）关键货币（如美元）在两组买卖报价中均为基础货币时，如 SFR/USD：1. 624 0/48 ，EUR/USD：0. 811 0/18 ，则 SFR /EUR 的汇率可以采用交叉相除的计算方法得到。在本例中 SFR /EUR 的交叉汇率为 2. 000 4/35。

（2）关键货币（如美元）在两组汇率报价中均为标价货币，如 USD/CAN：0. 895 0/53，USD/GBP：1. 587 0/80，则 CAN/GBP 的交叉汇率仍采用交叉相除的方法得到。在本例中 CAN/GBP 的交叉汇率为 1. 772 6/43。

（3）关键货币（如美元）在一组汇率报价中是基础货币，在另一组汇率报价中是标价货币，如 USD/ GBP：1. 587 0/80，EUR/USD：0. 811 0/20，则 EUR/GBP 的交叉汇率为垂真相乘（同边相乘），即两种汇率的买入价和卖出价分别相乘。在本例中 EUR/GBP 的交叉汇率为 1. 287 1/95。

5. 即期汇率与远期汇率

按照外汇买卖达成后实物交割的时间，可以将汇率划分为即期汇率（Spot Rate）和远期汇率（Forward Rate）。即期汇率是指外汇买卖双方达成交易后在当天或者两个营业日内办理外汇交割所使用的汇率。远期汇率则指买卖双方成交，约定在未来一段时间进行交割所使用的汇率。远期汇率按月计算，常见的远期汇率有 7 天、1 个月、3 个月、6 个月、9 个月和 12 个月六种类型，12 个月以上的远期汇率由买卖双方约定。与即期汇率一样，远期汇率也每日挂牌公布。一般而言，远期汇率的买卖差价要大于现汇的买卖差价（见表3－2）。

表3－2　中国银行远期汇率牌价

		美元	欧元	日元	港元	英镑	瑞郎	澳元	加元
7天	买入	618.97	675.25	5.066 3	79.68	953.95	652.85	482.43	501.08
	卖出	622.47	683.75	5.132 3	80.44	963	659.2	488.77	506.42
1个月	买入	619.68	676.35	5.074 7	79.76	955.01	653.92	482.24	501.48
	卖出	623.35	684.89	5.139 4	80.55	964.43	660.79	488.85	507.1
3个月	买入	621.75	679.28	5.095 9	80.04	957.5	657.77	482.34	502.64
	卖出	625.47	687.93	5.162 8	80.83	967	664.67	489.07	508.31
6个月	买入	625.07	683.84	5.132 5	80.47	962.46	663.9	482.64	504.73
	卖出	628.99	692.61	5.199 4	81.26	972.09	671.46	489.29	510.51
9个月	买入	628.66	689.22	5.175 2	80.93	967.44	670.86	483.37	507.24
	卖出	632.78	698.28	5.243 3	81.76	977.54	678.65	490.2	513.19
12个月	买入	632.26	694.97	5.220 3	81.41	972.93	678.19	484.17	509.89
	卖出	636.48	704.22	5.289 1	82.24	983.13	685.65	491.25	515.94

注：报价时间2015年5月26日当日开盘价，每100外币兑换人民币。

在实践中，远期汇率的报价有两种：其一是直接报价（Outright Rate），即直接将各种不同交割期限的期汇的买入价和卖出价表示出来，这与现汇报价相同。其二是用远期差价（Forward Margin）或掉期率（Swap Rate）报价，即报出期汇汇率偏离即期汇率的值或点数。如果远期汇率比即期汇率贵，则称为外汇升水（Exchange at Premium），反之为贴水（Exchange at Discount）；若二者相等，则为平价（Exchange at Par）。银行报出的远期差价值在实务中常用点数表示，每点（Point）为万分之一，即0.000 1。例如，在巴黎外汇市场上，美元即期汇率为USD1 = FRF5.100 0，如果三个月美元升水500点，六月期美元贴水450点。则在直接标价法下，三月期美元汇率为USD1 = FRF（5.100 0 + 0.050 0） = FRF5.150 0，六月期美元汇率为USD1 = FRF（5.100 0 − 0.045 0） = FRF5.055 0。在伦敦外汇市场上，美元即期汇率为GBP1 = USD1.550 0，一月期美元升水300点，二月期美元贴水400点。则在间接标价法下，一月期美元汇率为：GBP1 = USD（1.550 0 − 0.030 0） = USD1.520 0，二月期美元汇率为GBP1 = USD（1.550 0 + 0.040 0） = USD1.590 0。

在实际外汇交易中，也要报出远期外汇的买入价和卖出价。这样，远期差价的升水值或贴水值也都有一大一小两个数字。在直接标价法下，如远期外汇为升水，则报出的远期差价形如“小数～大数”；如远期外汇为贴水，则报出的远期差价形如“大数～小数”。在间接标价法下，如远期外汇为升水，则报出的远期差价形如“大数～小数”；如远期外汇为贴水，则报出的远期差价形如“小数～大数”。例如，某日香港外汇市场外汇报价为即期汇率 USD1 = HKD7.780 0～7.800 0，一月期 USD 升水：30～50（小数～大数），三月期 USD 贴水：45～20（大数～小数）。又如，某日纽约外汇市场即期汇率报价 USD1 = FRF7.222 0～7.224 0（间接标价法），六月期 FF 升水：200～140（大数～小数），九月期 FF 贴水：100～150（小数～大数）。

6. 名义汇率与实际汇率

名义汇率（Nominal Exchange Rate）就是现实中的货币兑换比率，它可能由市场决定，也可能由官方制定。名义汇率通常可以用双边价格之比表达，形如：

$$NE = \frac{P}{P_f} \tag{3.1}$$

其中 NE 为直接标价法下的汇率，P 为本国一般物价水平，P_f 为国外一般物价水平。当 NE 上升，说明本币贬值，外币升值。

实际汇率（Real Exchange Rate）是名义汇率用两国价格水平调整后的汇率，即外国商品与本国商品的相对价格，反映了本国商品的国际竞争力。名义汇率 NE 与实际汇率 RE 之间的关系如下式所述。当 RE 上升时，说明本币实际贬值，反之则升值。

$$RE = NE \cdot \frac{P_f}{P} \tag{3.2}$$

与名义汇率、实际汇率相关的另一个指标是有效汇率（Effective Exchange Rate），它是一种以某个变量为权重计算的加权平均汇率指数，指报告期一国货币对各个样本国货币的汇率以选定的变量为权数计算出的与基期汇率之比的加权平均汇率之和。通常可以一国与样本国双边贸易额占该国对所有样本国全部对外贸易额比重为权数。有效汇率反映出报告期一国加权平均汇率与基期汇率的变动程度，通常用于度量一国商品贸易的国际竞争力、货币危机预警等。

有效汇率通常分为名义有效汇率（Nominal Effective Exchange Rate，NEER）和实际有效汇率（Real Effective Exchange Rate，REER）。一国的名义有效汇率等于其货币与所取样本贸易国货币各双边名义汇率乘以本国与各样本国的贸易权重，形如：

$$\text{NEER} = \prod_{i=1}^{n} ER_i^{\omega_i} \tag{3.3}$$

其中，权重处理有传统的算术加权和目前流行的几何加权。这里展示的是几何加权的方法。ω_i 表示本国与 i 国的贸易量占本国总贸易量的比重，$\omega_i = \frac{X_i + M_i}{\sum_k X_k + M_k}$。其中，$X_i$ 为本国对 i 国的出口额，M_i 为本国从 i 国的进口额，k 表示

i 国的贸易对象有 k 个国家。

如果以名义有效汇率为基础，剔除通货膨胀对一国和各样本国货币购买力的影响，就可以得到实际有效汇率。实际有效汇率不仅考虑了一国对各样本国双边名义汇率的相对变动情况，而且还剔除了通货膨胀对货币本身价值变动的影响，能够综合地反映本国货币的对外价值和相对购买力。在测算有效汇率时，研究人员往往根据自己的特殊目的来选择样本货币范围、变量指标和加权平均数的计算方法以及基期，样本货币范围、变量指标和加权平均数的计算方法以及基期不同，在计算上存在一定的差异。常见的实际有效汇率计算方法有以下三种：

$$REER = \frac{NEER \cdot \prod_{i=1}^{N}(P_i)^{\omega_i}}{P}, \quad \sum_{i=1}^{N}\omega_i = 1 \tag{3.4}$$

$$REER = \prod_{i=1}^{N}(NE_i \cdot P_i)^{\omega_i} \cdot \frac{1}{P}, \quad \sum_{i=1}^{N}\omega_i = 1 \tag{3.5}$$

$$REER = \prod_{i=1}^{N}(RE_i)^{\omega_i}, \quad \sum_{i=1}^{N}\omega_i = 1 \tag{3.6}$$

其中，P_i 表示 i 国的一般物价水平，P 表示本国的一般物价水平，NE_i 表示本国与 i 国的名义汇率水平（见图 3－1）。

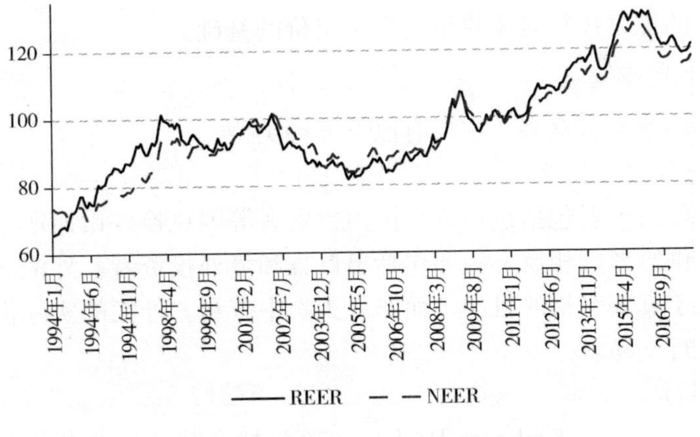

资料来源：BIS 并经作者整理，以 2010 年的汇率指数为 100。

图 3－1　中国的名义和实际有效汇率走势图

第二节　外汇市场及其交易

一、外汇市场的内涵

（一）外汇市场的内涵与分类

外汇市场（Foreign Exchange Market）是从事外汇买卖的场所或网络，通过外汇买卖双方的交易实现外汇资源的优化配置。

按组织形式可将外汇市场划分为有形市场和无形市场。前者指在固定场所和统一交易时间内，外汇买卖双方进行外汇交易所形成的市场。后者指买卖双方通过电话、电传或网络交易系统而完成的外汇买卖和清算所形成的市场。无形市场中的外汇交易没有固定交易地点和交易时间。

按照交易范围可将外汇市场分为零售市场（Retail Market）和同业市场（或称为批发市场，Wholesale Market）。零售市场是微观客户与银行之间的交易市场，客户由于商品服务买卖、投融资而形成分散、零星的外汇供求，同银行进行柜台交易（Over the Counter）。同业市场的参与主体是银行，微观客户的外汇供求会影响到银行的外汇头寸，这样在同业市场中处于外汇空头的银行势必需要购买外汇以满足自身客户的潜在需求，而处于外汇多头的客户则可以出售多余外汇。同业市场所形成的汇率往往是零售市场汇率定价的基础。

（二）外汇市场的参与者

外汇市场的参与者众多，主要有以下五种类型。

1. 外汇的实际供求者

外汇的实际需求者包括进口方、国内投资者等因兑换外币而产生外汇需求的人士。外汇的供给者则相反，主要包括出口方和境外投资者。外汇的实际供求者买卖外汇是出于真实交易的目的，而非从买卖中获利。外汇的实际供求者主要通过零售市场进行交易。

2. 外汇银行

外汇银行（Foreign Exchange Bank）主要包括专营外汇业务的商业银行。在外汇零售市场中商业银行进行外汇买卖是为客户提供服务并赚取买卖价差。而在同业市场中银行的外汇买卖主要是为了规避外汇头寸风险，同时赚取一定的手续费。

3. 外汇经纪人

外汇经纪人（Broker）是介于外汇银行或客户与外汇银行之间，通过撮合买卖双方交易而收取佣金的中间商。外汇经纪人利用自身在网络和信息上的优势，促成买卖双方交易。其收入是靠收取外汇买卖点差和手续费来获得的，他们自身不承担交易风险。

4. 外汇交易商

外汇交易商（Dealer）是指以自由资金专门从事大额外汇交易，利用时间与空间的差异获取外汇买卖价差的市场参与者。外汇交易商多数是信托公司、银行等兼营机构，也有专门经营这种业务的公司和个人。

5. 中央银行和外汇监管机构

一般而言，各国货币当局都会介入外汇市场的交易活动，目的是为平抑汇率过度波动、稳定外汇储备。货币当局往往会通过代理人在市场中进行干预。

（三）全球主要的外汇市场

1973 年布雷顿森林体系崩溃后，全球资本流动日趋频繁，外汇交易规模不断膨胀。全球逐渐形成了以伦敦外汇市场为中心，包含纽约、东京、巴黎、法兰克福、苏黎世、卢森堡、香港、新加坡、巴林、米兰、蒙特利尔、阿姆斯特丹外汇市场的全球 24 小时不间断交易的外汇市场。在这些市场上买卖的外汇主要有欧元、英镑、瑞郎、加元、日元等货币，其他货币也有买卖，但为数极少。

全球外汇市场的独特性表现为：①地理位置分散，覆盖全球；②交易量巨大，每日交易量达 3.98 兆美元，确保了市场的充分竞争性；③全球不间断交易，当亚洲交易时段结束时，欧洲交易时段开始，然后接着是北美交易时段，接着又回到亚洲时段。

巨大的交易量表明外汇市场属于世界上资产类别最多、流动性最好的市场。尽管有时中央银行会干预汇市，外汇市场仍被认为是最接近完全竞争的市场。主要的外汇交易没有统一或集中的清算中心，而且极少有跨境监管。全球外汇市场由一些相互关联的交易市场组成，这也意味着不存在一个单一的汇率，具体的汇率取决于其所交易的银行、做市商和交易地点。不过实际上汇率通常是非常接近的，否则的话瞬间的套利将消除价差。汇率的波动通常是由实际货币流动、GDP 的可能变化、通货膨胀、利率、政府预算、国际收支、大型跨国并购和其他宏观条件所引起的。重大的消息会公开发布，并且通常是在事先约定的日期，所以许多人同时可以得到同一个消息。

根据国际清算银行（BIS）统计，在外汇现货市场交易中，EUR 对 USD 的交易额约占全部交易的28%，美元对日元约占14%，英镑对美元约占9%。就币种而言，全球外汇市场交易币种和交易机构如表 3 - 3 所示。

表 3-3 全球外汇交易币种及交易机构占比情况

排名	币种	代码	占比	机构名称	交易量占比
1	美元	USD（$）	87.00%	花旗银行	16.11%
2	欧元	EUR（€）	33.40%	德意志银行	14.54%
3	日元	JPY（¥）	23.00%	巴克莱银行	8.11%
4	英镑	GBP（£）	11.80%	JP 摩根	7.65%
5	澳元	AUD（$）	8.60%	瑞士联合银行集团	7.30%
6	瑞士法郎	CHF（Fr）	5.20%	美林银行	6.22%
7	加元	CAD（$）	4.60%	汇丰银行	5.40%
8	墨西哥比绍	MXN（$）	2.50%	巴黎国民银行	3.65%
9	人民币	CNY（¥）	2.20%	高盛集团	3.40%
10	新西兰元	NZD（$）	2.00%	苏格兰皇家银行	3.38%
	其他		13.4%		
	合计		200%		

数据来源：交易币种数据源自 investopedia 网站 2012 年的统计数据；金融机构占比数据源自“欧洲货币调查统计（2015）”。

国际汇市是一个 24 小时不间断交易的市场，市场间汇率波动相互传递，每一个市场又都有其自身的不同特点。

伦敦外汇市场交易货币种类众多，经常有三十多种，其中交易规模最大的为英镑兑美元的交易，其次是英镑兑欧元、瑞郎和日元等。其交易时间约为北京时间 17：00～次日 1：00。伦敦外汇市场上，几乎所有的国际性大银行都在此设有分支机构。由于其与纽约外汇市场的交易时间衔接在一起，因此在每日的21：00～次日 1：00 是各主要币种波动最为活跃的阶段。

纽约外汇市场是重要的国际外汇市场之一，其日交易量仅次于伦敦。目前占全球 90% 以上的美元交易最后都通过纽约的银行间清算系统进行结算，因此纽约外汇市场成为美元的国际结算中心。除美元外，各主要货币的交易币种依次为欧元、英镑、瑞郎、加元、日元等，其交易时间约为北京时间 21：00～次日 4：00。

东京外汇市场的交易品种较为单一，主要集中在日元兑美元和日元兑欧元。日本作为出口大国其进出口贸易的收付较为集中，因此具有易受干扰的特点。交易时间约为北京时间的 8：00～11：00 和 12：30～16：00。

1994 年 4 月 4 日，中国外汇交易系统启动运营，全国统一、规范的银行间外汇市场正式建立。银行间外汇市场（简称“外汇市场”）主要为外汇指定银行平补结售汇头寸余缺及其清算提供服务，外汇指定银行为交易主体，外汇管理部门对银行结售汇周转头寸实行上下限额管理，对于超过或不足限额的部分，银行可通过银行间市场售出或补充。目前，中国场内外汇交易的市场是中国外汇交易中心，中心的参与主体是商业银行和农村金融机构。中心采用统一、高效的电子交易系统，提供集中竞价与双边询价两种交易模式，并提供单银行平台、交易分析、做市接口和即时通信工具等系统服务。

中国外汇交易中心提供人民币对 13 种外币［美元、欧元、日元、港元、英镑、澳大利亚元、新西兰元、新加坡元、加拿大元、林吉特、俄罗斯卢布、泰铢（区域交易）和坚戈（区域交易）］的即期，人民币对 11 种外币（美元、欧元、日元、港元、英镑、澳大利亚元、新西兰元、新加坡元、加拿大元、林吉特和俄罗斯卢布）的远期、掉期，人民币对 5 种外币（美元、欧元、日元、港元、英镑）的货币掉期和期权交易，9 组外币对（欧元/美元、澳元/美元、英镑/美元、美元/日元、美元/加元、美元/瑞士法郎、美元/港元、欧元/日元、美元/新加坡元）的即期、远期和掉期交易，3 种外币（美元、欧元和港元）的拆借交易以及与上海黄金交易所合作的银行间黄金询价即期、远期和掉期交易。

中国外汇市场，无论是从人民币外汇即期市场还是远掉期市场，交易规模都经历了爆发式的增长。2006 年，银行间外汇市场累计成交 756.9 亿美元，而到 2012 年人民币外汇即期成交 3.36 万亿美元。2006 年，银行间远掉期市场共成交 649.2 亿美元，而 2012 年相对应的成交规模达到 2.52 万亿美元。2015 年 1 月即期市场共完成 37 234.52 亿元人民币交易。除此之外，远期、掉期和期权市场各完成 2 983.23 亿元、28 466.34 亿元和 2 123.15 亿元人民币交易，仅仅一个月中国外汇市场交易量就达到 70 807.25 亿元人民币。

与此同时，银行间外汇市场的参与主体也随之不断扩容。2006 年年末，中国银行间外汇市场有 262 家即期市场会员银行、76 家远期市场会员银行和 62 家掉期市场会员银行。而截至 2014 年年末，共有外汇市场即期市场会员 485 家，远期会员 105 家，掉期市场会员 104 家，期权会员 49 家。

二、外汇市场的交易

跨国公司利用不同的外汇交易形式，不仅可以满足贸易、投资、融资等需求，而且可以规避汇率风险，甚至可以投机获利。比较常见的外汇交易有即期外汇交易、远期外汇交易、套汇交易、套利交易、掉期交易和期权交易。

（一）即期交易

外汇的即期交易（Spot Transaction）也称现汇交易或现汇买卖，是指外汇交易双方以当时外汇市场的价格成交，并在成交后两个交易日内办理有关货币收付交割的外汇交易。外汇即期交易是外汇市场上最常见、最普遍的买卖形式。即期交易的交割时间较短，因此买卖双方的外汇风险较小。一般而言，买卖双方进行即期交易主要出于交易性动机。

（二）远期交易

1. 全额交割

远期交易（Forward）是指在外汇买卖成交时，双方先签订合同，规定交易的币种、数额、汇率以及交割的时间、地点等，并于将来某个约定的时间按照合同规定进行交割的一种外汇方式。远期外汇交易的期限按月计算，一般为 1 个月到 6 个月，也有可以长达 1 年，通常为 3 个月。买卖双方进行远期外汇交易主要是为了规避外汇风险，固定外汇收入或支出，这对于面临着应收款/应付款问题的跨国公司非常重要。

假如国内 A 公司未来 3 个月将获一笔 3 亿美元的外汇收入，此时 A 公司面临着美元贬值的汇率风险。为防范风险，A 公司今天可以在外汇市场中以 6.10 RMB/USD 的价格出售 3 个月期的远期合约。到期时不管市场即期汇率如何，对方都应付给 A 公司 18.3 亿元人民币（6.10 ×3）。通过远期交易，A 公司稳定了外币收入的本币价值，但同时也会失去汇率波动的潜在收益，即本例中如到期时美元汇率大幅升值至 5.90RMB/USD，那么 A 公司在签署了远期交易的情况下仍需按照 6.10 RMB/USD 的价格出售 3 亿美元，而不能按照市场汇率出售。因为远期协议一经签署，就不能违约。

假如国内 A 公司未来 3 个月将发生一笔 3 亿美元的外汇支付，则 A 公司同样面临美元升值的汇率风险。为了固定本币支付，A 公司同样可以在远期外汇市场中以敲定的汇率买入三个月期的远期美元，到期交割即可消除汇率风险，取得确定的本币支付，但同时也失去了美元到期贬值的潜在收益。

2. 无本金交割

无本金交割（Non – deliverable Forward，NDF）远期外汇主要用于实行外汇管制国家的货币，是从事国际贸易的企业为规避汇率风险所衍生出来的金融手段。相对于本地银行即可操作的普通远期外汇交易，NDF 一般只能由海外银行操作，其核心观念在于交易双方基于对汇率看法（或目的）的不同，签订非交割远期交易合约，该合约确定远期汇率，合约到期时只需将该汇率与实际汇率差额进行交割清算，结算的货币是自由兑换货币（一般为美元），无需对 NDF 的本金（受限制货币）进行交割。NDF 的期限一般在数月至数年之间，主要交易品种是一年期和一年以下的品种，超过一年的合约一般交易不够活跃。

无本金交割远期外汇交易与全额交割远期外汇交易的差别在于，前者不用备有本金的收付，只需根据到期日的市场汇率价格与合约协定价格的差价进行交割清算，本金实际上只是用于汇差的计算，无须实际收支，对未来现金流量不会造成影响。而后者在到期后需现汇全额交割。

假如国内A公司未来3个月将获一笔3亿美元的外汇收入，此时A公司面临着美元贬值的汇率风险。为防范风险，A公司卖出NDF远期，成交价为6.10 RMB/USD。如果到期时市场即期汇率为6.20 RMB/USD，则A公司在NDF下应向交易对手支付 $\frac{(6.20-6.10)\times 300\ 000\ 000}{6.20}=4\ 838\ 709.68$ 美元方可结束交易。这时A公司的3亿美元外汇收入扣除应付后，按照市场汇率折算成本币为18.3亿元人民币。这一结果与采用全额交割的结果一致。

同样，如果到期时市场汇率为6.00RMB/USD，则A公司处于盈利头寸，交易对手应向A公司支付 $\frac{(6.10-6.00)\times 300\ 000\ 000}{6.00}=5\ 000\ 000$ 美元。这时A公司的3亿美元外汇收入加上对手的补偿后，按照市场汇率折算成本币为18.3亿元人民币。这一结果与采用全额交割的结果一致。

由此可见，无论是完全交割还是NDF交易，交易方都能将未来外汇的应收/应付问题转化为确定的本币应收/应付问题，从而消除汇率波动的风险。但另一方面，采用远期工具避险，也丧失了市场汇率有利变动下的收益。

(三) 掉期交易

掉期交易（Swap）是指同时买进和卖出相同金额的某种外汇，但买和卖和交割期限不同的一种外汇交易方式。这种金融衍生品是用来规避由于汇率发生变化而给企业带来财务风险的一种主要手段。其目的包括两个方面：一是轧平外汇头寸，避免汇率变动引发的风险；二是利用不同交割期限汇率的差异，通过贱买贵卖，牟取利润。

掉期交易的特点是：外汇的买与卖同时进行的，外汇买与卖的货币种类相同、金额相等，但买卖交割期限不相同。具体而言，可将掉期交易划分为如下三种类型：

1. 即期对远期的掉期交易

即期对远期的掉期交易（Spot - forward Swaps）指买进或卖出某种即期外汇的同时，卖出或买进同种货币的远期外汇。它是掉期交易里最常见的一种形式。

例如，某日花旗银行向客户A按US＄1 = EURO 1.18的汇率卖出336万欧元，收入200万美元。此时花旗银行的欧元头寸减少，美元头寸增加。为防止将来欧元升值的不利影响，该行利用掉期交易，在卖出即期欧元的同时，又买进3个月的远期欧元，其汇率为US＄1 = DM 1.25。这样，虽然卖出了即期欧元，但又补进了远期欧元，从而花旗银行的马克、美元头寸结构不变。虽然在这笔远期买卖中该行要损失若干马克的贴水，但这笔损失可以从较高的美元存款利率和这笔现汇交易的买卖差价中得到补偿。

2. 远期对远期的掉期交易

远期对远期的掉期交易（Forward - forward Swaps）指买进并卖出两笔同种货币不同交割期的远期外汇。该交易有两种方式，一是买进较短交割期的远期外汇，卖出较长交割期的远期外汇；二是买进期限较长的远期外汇，而卖出期限较短的远期外汇。

例如，巴克莱银行在一个月后将收到一笔100万英镑的收入，而3个月后又要向外支付100万英镑。假设某天市场即期汇率为£1 = US＄1.596 0/1.597 0，1个月远期汇率为£1 = US＄1.586 8/1.588 0；3个月远期汇率为£1 = US＄1.572 9/1.574 2。

这时该银行可作如下两种掉期交易：

（1）进行两次“即期对远期”的掉期交易。将1个月后将要收到的英镑，先在远期市场上卖出（汇率为1.586 8美元），并在即期市场上买入（汇率为1.597 0美元）。此时每镑亏损0.010 2美元。同时，在远期市场上买入3个月期的英镑（汇率为1.574 2美元），在即期市场上将其卖出（汇率为1.596 0美元）。此时每镑收益0.021 8美元。两笔交易合计，每镑可获得收益0.011 6美元。

（2）直接进行远期对远期的掉期交易。即买入3个月的远期英镑（汇率为1.574 2美元），再卖出1个月期的远期英镑（汇率为1.596 0美元），每英镑可获净收益0.021 8美元。可见，这种交易比上一种交易较为有利。

（四）期货交易

外汇期货交易（Future）是指按照合同规定在将来某一指定月份买进或卖出规定金额外币的交易方式。目前，世界主要金融中心都设立了金融期货市场，外汇期货现在已经成为套期保值甚至投机的重要工具。

1. 外汇期货交易的有关规定

（1）保证金制度（Margin）。保证金是确保交易顺利执行的押金，期货买卖双方都需按照规定缴纳交易保证金。具体保证金额度取决于汇率的波动性、交易产品的特征和交易所的规定。在美国的外汇期货市场中，保证金分为初始保证金（Initial Margin）和维持保证金（Maintenance Margin）。前者指外汇期货买卖双方在签订期货合同时必须向交易所缴纳的保证金数量。由于汇率每天都在变化，汇率变动差额往往构成了买卖双方的损益，而且损益会体现在保证金的变动上。为了避免信用风险，期货交易者需要缴存初始保证金。后者指保证金允许下降的最低水平。如交易所规定加元外汇期货的初始保证金为每份合约2 200美元，维持保证金为 1 500 美元。如果买者的加元期货价格不断下降，那么其初始保证金余额也会不断下降；若低于维持保证金，则交易所会通知卖方增加保证金额度至初始额，否则交易所会强制平仓。

（2）每日结算制度。交易所会根据每天的汇率变化计算买卖双方的损益，并将损益体现在买卖双方的保证金账户上。客户可以提取保证金账户中超出初始保证金的部分作为自己的利润。

（3）标准化交易。外汇期货进行的是标准化合约交易，其标的物一般使用一定数量的货币单位表示。另外，期货合约月份也是标准化的，常见的有 3 月合约、6 月合约、9 月合约、12 月合约。各种外汇期货合约均用美元标价。同时，交易所对于外汇期货合约均有每日价格上下浮动的限额（见表 3－4）。

表 3－4　芝加哥商品交易所的部分外汇期货产品

指标	欧元期货	英镑期货	日元期货	澳元期货
合约规模	125 000 欧元	62 500 英镑	12 500 000 日元	100 000 澳币
合约月份	20 个季度合约（合约到期月份为 3 月、6 月、9 月、12 月）			
结算流程	实物交割			
持仓限制	10 000 份合约			6 000 份合约
最小价格增幅	$ 0.000 1/欧元增幅（$ 12.50/份）。$ 0.000 05/欧元增幅（$ 6.25/份）*	$ 0.000 1/英镑增幅（$ 12.50/份）。	$ 0.000 001/日元增幅（$ 12.50/份）。$ 0.000 000 5 /日元增幅（$ 6.25/份）*	$ 0.000 1/澳元增幅（$ 12.50/份）。$ 0.000 05 /澳元增幅（$ 6.25/份）*
交易时间	GLOBEX（美国日间及隔夜交易时间）	周日至周五：17：00～次日 16：00（美国中部时间），除了周五 16：00收市并于周日 17：00 开市		
	CME ClearPort	周日至周五：17：00～16：15（美国中部时间），期间每天自 16：15 美国中部时间起休市 45 分钟		
	公开喊价	7：20～14：00（美国中部时间）		
最后交易日	合约月份的第 3 个星期三之前第 2 个营业日（通常是周一）美国中部时间 9：16			
交易所规则	合约按照芝加哥商业交易所规则和条例挂牌交易并受其约束			
大宗交易资格	是			
大宗交易门槛	150 份合约	100 份合约	150 份合约	100 份合约

数据来源：芝加哥商品交易所官网。

* 代表“适用于人工交易、电子盘交易以及 AON 系统交易执行欧元/美元期货内部利差者”。

2. 外汇期货的使用

外汇期货的重要应用是利用期货与现货市场价格同方向变动的特点，做与现货市场相反、金额相等的期货交易，通过对冲使持有者的外汇头寸保值。

（1）处理应付款问题：采用多头套期保值策略。

当跨国公司面临一笔未来的外币应付款时，为防止外币升值而导致本币支付上升，公司应在外汇期货市场上做多该外汇期货。例如，2015 年 3 月 1 日一家美国公司从德国进口机械部件，3 个月之后将支付 25 万欧元，那么该公司面临着欧元升值的风险。如果今天即期汇率为 EURO 1 = US ＄ 1. 222 1，该公司在期货市场上以 EURO 1 = US ＄ 1. 224 7 的汇率购买两份欧元期货合约（每份 12. 5 万欧元），1 个月到期时期货合约价格为 EURO 1 = US ＄ 1. 236 7，市场即期汇率为 EURO l = US ＄ 1. 235 1。那么该公司可以：①履行合约，期货变现货，支付 30. 617 5 万美元换得 25 万欧元；②对冲平仓，在市场中出售两份合约，然后以即期汇率购买欧元。这种情况下该公司须支付 250 000 × 1. 235 1 － 250 000 ×（1. 236 7 － 1. 224 7）= 305 775 美元即可换得 25 万欧元。如果不进行任何套期保值操作，一旦到期时欧元大幅升值，公司须支付更多的美元以换取 25 万欧元。如果此时该公司买入欧元远期，公司可以选择执行远期协议，或者对冲平仓（这种情况下该公司对冲平仓仍会获利，因为现货汇率上涨，期货也会上涨）而获利以弥补现货市场的亏损（见表 3－5）。

表 3－5　多头套期保值

现货市场	期货市场
3 月 1 日 面临 25 万欧元支付问题，即期汇率 EURO 1 = US ＄ 1. 222 1，则 25 万欧元 = 30. 552 5 万美元	买入两份欧元期货合约，买入价为 EURO 1 = US ＄ 1. 224 7，价值 30. 617 5 万美元
6 月 1 日即期汇率为 EURO 1 = US ＄ 1. 235 1，则 25 万欧元 = 30. 877 5 万美元	卖出两份欧元期货合约，卖出价为 EURO 1 = US ＄ 1. 236 7，价值 30. 917 5 万美元
亏损 30. 552 5 － 30. 877 5 = －0. 325（万美元）	盈利 30. 917 5 － 30. 617 5 = 0. 3（万美元）

从表 3－5 可以看出，如果该公司不进行任何套期保值的话，那么当欧元汇率上升时，在现货市场上该公司将面临亏损。但如果该公司使用期货进行保值，则期货市场中的盈利可以对冲现货市场的亏损，使整体的损失下降。

（2）处理应收款问题：采用空头套期保值策略。

空头套期保值指在现货市场上处于空头地位的公司（如公司面临外币应付款时，该公司处于外币空头地位），在外汇市场中卖出一笔相应的期货合约。例如，某跨国公司 3 月 1 日向英国出口商品，6 月 1 日时该公司会收到 100 万英镑的货款。该公司担心到期时英镑汇率下降而遭遇汇率风险，于是决定在期货市场做空头套期保值（见表3-6）。

表3-6 空头套期保值

现货市场	期货市场
3月1日 面临100万英镑收入问题，即期汇率GBP 1 = US \$ 1.560 0，则100万英镑=156万美元	卖出两份英镑期货合约，卖出价为GBP 1 = US \$ 1.544 0，价值155.4万美元
6月1日即期汇率为GBP 1 = US \$ 1.530 0，则100万英镑=153万美元	买入两份欧元期货合约，买入价为GBP 1 = US \$ 1.522 0，价值155.2万美元
亏损153-156=-3（万美元）	盈利155.4-155.2=3.2（万美元）

从表3-6可以看出，该公司如不进行套期保值，则现货市场会亏损3万美元；如果采用空头套期保值策略，则在期货市场能盈利3.2万美元，盈亏相抵后净获利0.2万美元。

（3）外汇投机。

持有外汇头寸的公司可以利用外汇期货进行避险，未持有现货头寸的公司，亦可利用外汇期货进行投资。在这种投机性投资中，若预期汇率上涨则买入外汇期货合约，反之则出售外汇期货合约。如果汇率走势与预期方向一致，则可获利，反之则投机失败。

例如，某公司3月1日预期欧元兑美元汇率上升，于是该公司在货币市场中以EURO 1 = US \$ 1.137 6买入10份12月份交割的欧元期货合约，每份合约为125 000欧元。按照期货交易规定，公司须缴纳1 500美元/份的保证金，共计15 000美元。6月1日时欧元对美元大幅升值，12月份期货价格升至EURO 1 = US \$ 1.142 1，于是该公司可以抛出10分期货合约从中获利，获利额为：

$$125\ 000 \times 10 \times (1.142\ 1 - 1.137\ 6) = 5\ 625(\text{美元})$$

（五）外汇期权交易

1. 外汇期权的界定

外汇期权（Foreign Exchange Option）也称为货币期权（Currency Option）或外币期权（Foreign Currency Option），是以买卖权利为交易对象的金融产品，权利的买方支付一定的费用（Premium，期权费）而获得在一定的时刻或时间内拥有按照事先约定的协议价格买入或卖出某种外汇的权利的和约。期权卖方则有义务在买方要求执行时卖出（或买进）期权买方买进（或卖出）的该种外汇资产。

外汇期权的特点是：①权责不对称。期权的买入方（Buyer）付出权利费而取得在未来一定时间内以事前确定的价格买入、卖出一项外汇资产的权利，而期权的卖出方（Seller）获得权利费，代价是他应在期权买入方要求行权时必须履约。更通俗地讲，期权买入方付出权利费而获得买卖权利，如果市场价格走势对其有利，其可以选择行权，否则可以放弃行权；期权卖出方获得权利费但须承担履约义务，即只要买方要求行权，则卖方必须配合履约；②权利费沉淀。期权交易规定期权买方应向卖方支付一定权利费以弥补卖方在汇率上可能遭受的损失。权利费在期权合约成交的第一个营业日内一次性缴清而且不能追回。权利费的数额等于期权价格与期权合约面值、合约分数的乘积，期权价格则取决于汇率的波动率和期权合约到期时间；③风险程度差别。对于期权合约的买入方而言，其最大的损失是权利费；而对于期权买方而言，其损失理论上无上限。

2. 外汇期权的基本要素

（1）行权价格（Strike Price）。行权价格是指期权合约中事前规定的在行使期权（看涨期权或看跌期权）时所使用的汇率。

（2）到期月份（Expiration Month）。到期月份通常为每年 3 月、6 月、9 月、12 月四种类型。

（3）到期日（Expiration Date）。到期日指期权买方有权履约的最后时间。芝加哥商品交易所的期权产品到期日通常为上述到期月份的第 3 个星期三之前第 2 个营业日（通常是周一）。纳斯达克外汇期权的到期日为到期月份第 3 个星期五之后的星期六。

（4）权利费（Premium）。权利费是期权买方支付给期权卖方的，用以弥补卖方出售权利可能遭受的损失。

（5）交易数量（Transaction）。每笔期权交易的产品有统一标准数量。纳斯达克外汇期权的交易数量为每份合约 10 000 美元。

（6）保证金（Margin）。卖方缴纳保证金至清算所的保证金户头内，随行市涨跌，在必要时追加，以确保当买方要求履约时，卖方依行权价格进行交割。

3. 外汇期权的分类

按照交割时间可以将外汇期权分为欧式期权（Euro Option）和美式期权（American Option）。前者指期权买方只能在合约到期日行权，后者指期权买方可以在到期日及之前任何一天行权。美式期权赋予购买者更多的自由选择权，因而同样条件下其期权费高于欧式期权。

按照期权的形式可将外汇期权划分为看涨期权（Call Option）和看跌期权（Put Option）。看涨期权又称为买入期权，赋予期权的购买者可以以事前协定的汇率水平购买特定数量外汇的权利。看跌期权又称为卖出期权，它赋予期权的购买者可以以事前协定的汇率水平出售特定数量外汇的权利。

按照行权价与标的资产价格的相关关系，期权可以分为实值期权（In the Money Options）、虚值期权（Out of the Money Options）和平值期权（At the Money Options）。实值期权也叫价内期权，是指行权价与标的资产的当前市场价格相比较为有利，即如果立即行权可以获得相应收益的期权。如果是看涨期权，那么行权价小于标的资产价格的期权为实值期权。如果是看跌期权，那么行权价大于标的资产价格的期权为实值期权。虚值期权也叫价外期权，是指行权价与标的资产的当前市场价格相比较为不利，即如果立即行权将会导致亏损的期权。如果是看涨期权，那么行权价大于现行标的资产价格的期权为虚值期权。如果是看跌期权，那么行权价小于现行标的资产价格的期权为虚值期权。平值期权也叫价平期权，是指行权价与标的资产的当前市场价格一致的期权。

期权还可以组合使用，即将期权进行改造重组，在发行时间、数量、价格和方式上加以组合，形成新的金融工具，以达到规避风险、保值增值的目的。典型的期权组合是跨式组合（Straddle）和勒式组合（Strangle）。跨式组合期权是指投资人以相同的行权同时购买/出售相同到期日、相同标的资产的看涨期权和看跌期权。这种策略通过在市场上涨时履行看涨期权，在下跌时履行看跌期权而使期权的购买者能够享受价格波动较大的好处。风险是如果价格只小幅波动，价格的变化过小，无法抵偿购买两份期权的成本。勒式期权是指购买/出售行权价不同但到期日都相同的看涨期权和看跌期权，但两种期权的执行价格水平都位于价外，即为价外期权。由于两个期权都是价外期权，所以只有当基础工具剧烈变化时，交易才会产生利润。勒式组合的出售者在基础工具位于两个执行价格间的范围内获利，但如果价格移至持平范围（执行价格加获取的期权金）以外，出售者将会蒙受损失。

4. 典型形态

（1）买入期权的买卖双方损益。对于一份英镑看涨期权合约，行权价格为 GBP = USD 1.52，权利费为 0.02USD/GBP，则该看涨期权买卖双方的损益如图 3－2 所示。

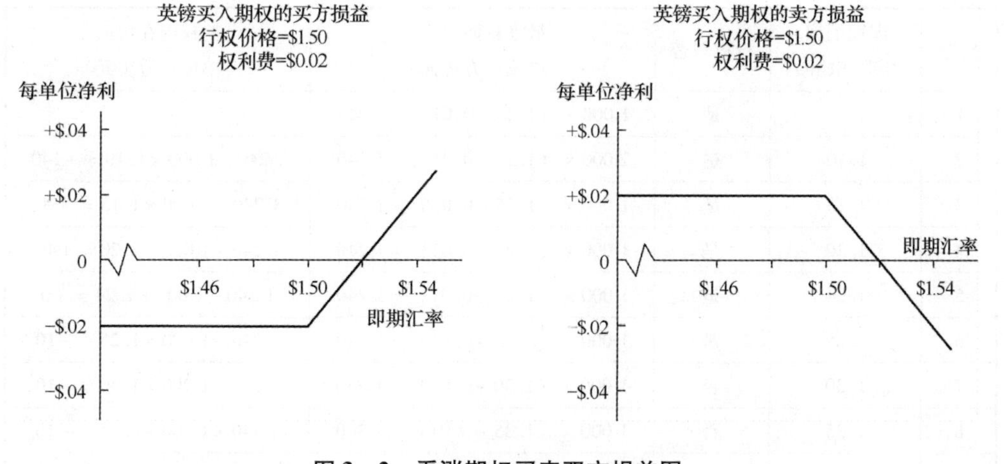

图 3－2 看涨期权买卖双方损益图

（2）卖出期权的买卖双方损益。对于一份英镑看跌期权合约，行权价格为 GBP = USD 1.50，权利费为 0.03USD/GBP，则该看跌期权买卖双方的损益如图 3－3 所示。

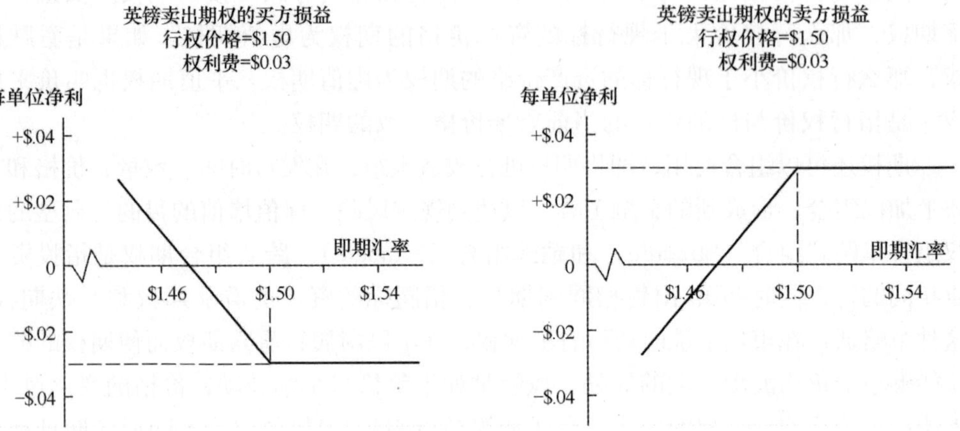

图 3－3　看跌期权买卖双方损益图

5. 简单应用

跨国公司 A 在三个月后有一笔 1 000 万欧元的货款到账，目前汇率为 EURO1 = USD 1.25。A 公司担心三个月后欧元下跌，希望三个月后能将欧元货款兑换美元的汇率锁定在 1.25。1 月 1 日，A 公司买入 10 份看跌期权，权利费为 0.01USD/EURO，行权价为 1.25 USD/EURO。A 公司共需支付权利费 10 万美元。如果 4 月 1 日看跌期权到期时市场即期汇率分布在如下情形，A 公司的损益如表 3－7 所示。

表 3－7　A 公司的损益

情形	即期汇率（USD/EURO）	行权与否	最终兑换收入（单位：万美元）	期权内在价值（单位：万美元）
1	⋮	是	1 000 ×（1.25 − 0.01）= 1 240	→ + ∞
2	1.10	是	1 000 ×（1.25 − 0.01）= 1 240	1 240 − 1 000 × 1.10 = +140
3	1.15	是	1 000 ×（1.25 − 0.01）= 1 240	1 240 − 1 000 × 1.15 = +90
4	1.20	是	1 000 ×（1.25 − 0.01）= 1 240	1 240 − 1 000 × 1.20 = +40
5	1.24	是	1 000 ×（1.25 − 0.01）= 1 240	1 240 − 1 000 × 1.24 = +0
6	1.25	是	1 000 ×（1.25 − 0.01）= 1 240	1 240 − 1 000 × 1.25 = −10
7	1.30	否	1 000 ×（1.30 − 0.01）= 1 290	1 290 − 1 000 × 1.30 = −10
8	1.35	否	1 000 ×（1.35 − 0.01）= 1 340	1 340 − 1 000 × 1.35 = −10
9	⋮	否	⋮	−10

由以上的例子和分析可以看出买入看跌期权的基本特点：

（1）盈利和亏损的特征：最大亏损是为期权所付的权利金。任何高于期权行权价格的市场价格运动都会减少亏损、增加盈利。

（2）盈亏平衡点：行权价格减去看跌期权的权利费。

（3）波动性：波动性越大，看跌期权的价值越大；波动性越小，则价值越小。

第三节 外汇套利

外汇市场中的汇率是买卖双方外汇交易所形成的均衡价格。如果银行（官方）公布的汇率定价偏离了均衡水平，则会诱发微观主体的大量套利（套汇）行为，并最终导致官定汇率趋同于均衡汇率。可以说，外汇市场中的套利机制对均衡汇率的发现、维护功不可没。

一、地点套汇

地点套汇（Space Arbitrage）是指套汇者利用不同外汇市场与不同银行之间的汇率报价差异，在不同的地点进行外汇买卖，以赚取汇率差额的一种套汇交易。地点套汇又可分为两角套汇（Locational Arbitrage）和三角套汇（Triangular Arbitrage）两种。

（一）两角套汇

两角套汇是指套利者利用同一时间两个外汇市场与外汇银行的汇率报价差异，无风险地进行贱买贵卖，以赚取汇差收益的外汇买卖活动。例如，在同一时间内两家银行出现下列报价：

巴克莱银行£ 1 = US $ 1.481 5/1.482 5

汇丰银行 £ 1 = US $ 1.484 5/1.485 5

给出上述报价，首先明确是否存在套汇机会？地点套汇的实质是低买高卖，这就需要两家银行给出的报价必须满足这样的条件：一方银行的外汇买入价应高于另一方银行的卖出价。从上述报价可以看出，汇丰银行的英镑买入价 1.484 5 高于巴克莱银行的英镑卖出价。如何操作才能获利呢？如果手中持有 1 英镑，则应先到汇丰银行兑换 1.484 5 美元，之后再到巴克莱银行换回 1.484 5/1.482 5 = 1.001 35 美元，收益率达 1.35%。如果手中持有 1 美元，则应先到巴克莱银行兑换 0.674 5 英镑，之后到汇丰银行兑换 1.001 35 美元，收益率达 1.35%。由此可见，地点套利的前提是一方报出的买入价高于另一方的卖出价，而且地点套汇无论持有何种标价货币，投资者所获收益率是相同的。更进一步，伴随着套汇行为的加剧，银行也会逐渐调整其买卖报价之差。可以预期的是巴克莱银行将调高英镑卖出价，汇丰银行将调低英镑的买入价。

（二）三角套汇

三角套汇是指利用三个或多个不同地点的外汇市场与外汇银行中关于三种或三种以上货币之间的汇率差异，同时在这三个或以上外汇市场与银行中进行外汇买卖，以赚取汇差收益的一种外汇交易。

三角套汇相对于两角套汇更为复杂，其一是必须先判断是否有套汇的机会。比较简洁的方法是把三地汇率改成相同的标价法，然后用三个卖出价或三个买入价相乘。若乘积等于1或者几乎等于1时，说明汇差较小或近乎为0，套汇收益不足以抵补交易成本；若乘积明显不等于1，说明存在显著的汇差，此时套汇有利可图。

假定某一时刻美元、欧元和英镑之间的汇率在下列三个外汇市场的情况为：

纽约外汇市场：　　　US $ 1 =0.835 5/0.837 6 €

法兰克福外汇市场：　　£ 1 =1.528 5/1.538 0 €

伦敦外汇市场：　　　£ 1 =1.776 3/1.780 3 US $

首先要判断上述报价是否存在套汇机会。纽约、伦敦外汇市场采用间接标价法，为统一起见，将法兰克福外汇市场的直接标价法改为间接标价法，为€ 1 = 0.650 2/0.654 2£。将三个买入价或卖出价连乘，可得 0.835 5 × 0.650 2 × 1.776 3 =0.965 0，其值显著不为1，因此存在投机套汇的空间。

其次要选择正确的套汇途径，这里须采用“试错”的方法进行。假定套汇者持有的是美元资金，按上述汇率，只可能有两种套汇：第一种是“美元→欧元→英镑→美元”路径，第二种是“美元→英镑→欧元→美元”路径。在第一种路径下，1US $→0.835 5 €→0.543 2£ →0.965 0US $，由此可见1美元套汇后所得更少，此套汇路径不可取！在第二种路径下，1US $→0.561 7£ →0.858 6€→1.025US $，由此可见投入1美元，套汇后可得1.025 0美元，套汇成功！说明套汇途径正确，其套汇利润率为2.5%。同时可以预期，伴随着套汇行为加剧（供求压力），可以预期纽约外汇市场将会调高美元的卖出价（0.837 6），法兰克福外汇市场将会调低英镑的买入价（1.528 5），伦敦外汇市场将会调高英镑卖出价（1.780 3），三个外汇市场将会调整各自报价直至消除套汇机会。

二、抵补套利

抵补套利（Covered Interest Rate Arbitrage）是指投资者利用两国市场的利率差异，借入利率低国家的货币转换为高利率国家货币，并投资于该国，在一段时间后将利率高国家的货币重新转为利率低国家的货币，从而谋取利差收入的国际套利行为。投资者为了避免汇率风险，在初期兑换外币时即在远期市场中抛售该外币本息以锁定本币汇率。

以英、美两国为例，如果美国的利率 I^{us} 低于英国的利率 I^{uk}，美国人就愿意按即期汇率 E 把 A 数量的美元兑换成英镑存于英国。同时套利者为了避免汇率变动的风险，又都按远期汇率 F 出售数量为 $\frac{A(1+I^{uk})}{E}$ 的英镑，可得 $\frac{A(1+I^{uk})F}{E}$。如果 $\frac{A(1+I^{uk})F}{E} > A(1+I^{us})$，那么套利的行为将会一直持续下去。不过伴随着套利行为的持续，英镑与美元之间的即期汇率 E 与远期汇率 F 将会发生显著的变化：首先在即期外汇市场中，美元兑换英镑的需求增加，这将导致美元与英镑之间的即期汇率 E（采用直接标价法，单位英镑的美元价）上升，即：即期市场中美元贬值英镑升值。同时投资者在远期市场中抛售英镑，导致远期汇率 F 下降。E 和 F 的相对变化将导致 $\frac{A(1+I^{uk})F}{E}$ 整体下降，直至与 $A(1+I^{us})$ 趋同。届时抵补套利将难以为继。

三、非抵补套利

非抵补套利（Uncovered Interest Rate Arbitrage）是指把资金从利率低的货币转向利率高的货币，从而谋取利率的差额收入。在这种交易过程中，不对远期外币收入进行套期保值，因而承担着一定汇率波动的风险。

仍以上例为例，如果美国的利率 I^{us} 低于英国的利率 I^{uk}，美国人就愿意按即期汇率 E 把 A 数量的美元兑换成英镑存于英国，并于投资到期时将外币本息和 $\frac{A(1+I^{uk})}{E_0}$ 按照到期时的即期汇率兑换成本币，可得 $\frac{A(1+I^{uk})E_1}{E_0}$。由于 E_1 是到期时的汇率水平，其值并不确定，因此套汇者承担较大的汇率波动风险：如果 E_1 相对于 E_0 大幅上升，即到期时美元贬值，则套汇者的投资收益比较可观；如果 E_1 相对于 E_0 大幅下降，即到期时美元升值，则套汇者的收益较小甚至出现亏损。即便在 $\frac{A(1+I^{uk})E_1}{E_0} > A(1+I^{us})$ 条件下，伴随着套利行为的持续，英镑与美元之间的即期汇率 E_0 与未来即期汇率 E_1 将会发生显著的变化：在即期外汇市场中，美元兑换英镑的需求增加，这将导致美元与英镑之间的即期汇率 E_0（采用直接标价法，单位英镑的美元价）上升，即：即期市场中美元贬值英镑升值。同时，投资者也会预期到在 t_1 时刻的即期外汇市场中投资者将抛售英镑，导致即期汇率 E_1 下降。E_0 和 E_1 的相对变化将导致 $\frac{A(1+I^{uk})E_1}{E_0}$ 整体下降，直至与

$A(1+I^{us})$ 趋同。

第四节 经典的汇率决定理论

一、购买力平价理论

（一）绝对购买力平价理论

购买力平价理论（Purchasing Power Parity）是汇率决定理论的基础。第一次世界大战后，瑞典经济学家古斯塔夫·卡塞尔（Gustav Cassel）系统地提出并检验了购买力平价理论。而购买力平价理论的内在逻辑基础是"一价定律（Law of One Price）"。

在封闭的经济条件下，如果信息充分、交易成本为零，那么套利将使一价定律成立，意味着两个完全相同的商品必须有相同的售价，即：

$$P_{ai} = P_{bi}, i = 1,2,3,\cdots,n \tag{3.7}$$

其中，P_{ai}，P_{bi}分别代表相同的商品 i 在 a、b 两地的价格。

在开放的经济条件下，不同国家使用的货币不同，一价定律可以重新表述为：

$$P_i = EP_i^* \tag{3.8}$$

其中，P_i为第 i 种商品的本币价格，P_i^* 为该商品的外币售价，E 为两种货币的兑换比率，即单位外币的本币价格。式（3.8）说明同一商品在不同国家用同一种货币表示的价格应该是相同的。如果定价不满足式（3.8），那么就会产生商品套利，最终驱动一价定律成立。

由于 $P_i = EP_i^*$，可以进一步假定国内外的物价指数编制规则（货币篮子中商品的种类 n、权重 w）是相同的，那么国内外物价指数分别是：

$$P = \sum_{i=1}^{n} w_i P_i \quad P^* = \sum_{i=1}^{n} w_i P_i^* \tag{3.9}$$

从式（3.9）可得下式：

$$P = EP^* \tag{3.10}$$

上式即为绝对购买力平价表达式，这里的 P 和 P^* 不再代表一价定律下的单一商品价格，而是代表一国的一般物价水平。从绝对购买力平价的表达式可知，双边汇率取决于双边价格或购买力之比。

但现实中，由于产品差异、市场结构、贸易障碍、交易成本甚至风俗习惯的原因，部分商品存在异质性，难以满足一价定律的前提条件，遑论购买力平价。比如，每年《经济学人》（Economist）都会公布"巨无霸指数（Big Mac Index）"

用来刻画不同国家间的汇率差异，具体见表3－8。

表3－8 2015年1月份巨无霸指数

国家（地区）	当地价格	名义汇率	折算美元价	隐含汇率	低估/高估比率
阿根廷	28	8.61	3.25	5.85	－32.11
澳大利亚	5.3	1.23	4.32	1.11	－9.84
巴西	13.5	2.59	5.21	2.82	8.7
英国	2.89	0.66	4.37	0.6	－8.81
加拿大	5.7	1.23	4.64	1.19	－3.14
智利	2 100	627.49	3.35	438.41	－30.13
中国	17.2	6.21	2.77	3.59	－42.19
哥伦比亚	7 900	2 364.98	3.34	1 649.27	－30.26
哥斯达黎加	2 150	536.09	4.01	448.85	－16.27
捷克	70.45	24.13	2.92	14.71	－39.06
丹麦	34.5	6.42	5.38	7.2	12.23
埃及	16.93	7.35	2.3	3.53	－51.91
欧元区	3.68	0.86	4.26	0.77	－10.98
中国香港	18.8	7.75	2.43	3.92	－49.37
匈牙利	860	271.39	3.17	179.54	－33.84
印度	116.25	61.62	1.89	24.27	－60.61
印度尼西亚	27 939	12 480	2.24	5 832.78	－53.26
以色列	17.5	3.93	4.45	3.65	－7.14
日本	370	117.77	3.14	77.24	－34.41
马来西亚	7.63	3.62	2.11	1.59	－55.94
墨西哥	49	14.63	3.35	10.23	－30.07
新西兰	5.9	1.31	4.49	1.23	－6.21
挪威	48	7.62	6.3	10.02	31.46
巴基斯坦	300	100.74	2.98	62.63	－37.83
秘鲁	10	3.01	3.32	2.09	－30.6
菲律宾	163	44.41	3.67	34.03	－23.37
波兰	9.2	3.71	2.48	1.92	－48.18
俄罗斯	89	65.23	1.36	18.58	－71.51
沙特	11	3.76	2.93	2.3	－38.87
新加坡	4.7	1.33	3.53	0.98	－26.4
南非	25.5	11.48	2.22	5.32	－53.62

续表

国家（地区）	当地价格	名义汇率	折算美元价	隐含汇率	低估/高估比率
韩国	4 100	1 083.3	3.78	855.95	-20.99
斯里兰卡	350	131.88	2.65	73.07	-44.59
瑞典	40.7	8.19	4.97	8.5	3.73
瑞士	6.5	0.86	7.54	1.36	57.49
中国台湾	79	31.49	2.51	16.49	-47.63
泰国	99	32.61	3.04	20.67	-36.61
土耳其	9.25	2.33	3.96	1.93	-17.24
阿联酋	13	3.67	3.54	2.71	-26.11
乌克兰	19	15.82	1.2	3.97	-74.93
美国	4.79	1	4.79	1	0
乌拉圭	113	24.43	4.63	23.59	-3.42
委内瑞拉	132	52.1	2.53	27.56	-47.11
越南	60 000	21 380	2.81	12 526.1	-41.41
奥地利	3.39	0.86	3.93	0.71	-18
比利时	3.7	0.86	4.29	0.77	-10.5
爱沙尼亚	2.9	0.86	3.36	0.61	-29.85
芬兰	4.1	0.86	4.75	0.86	-0.83
法国	3.9	0.86	4.52	0.81	-5.66
德国	3.67	0.86	4.25	0.77	-11.23
希腊	3.05	0.86	3.53	0.64	-26.22
爱尔兰	3.49	0.86	4.04	0.73	-15.58
意大利	3.85	0.86	4.46	0.8	-6.87
荷兰	3.45	0.86	4	0.72	-16.55
葡萄牙	3	0.86	3.48	0.63	-27.43
西班牙	3.65	0.86	4.23	0.76	-11.71

数据来源：http：//bigmacindex.org/

表中“隐含汇率”是用各国巨无霸的当地售价除以美国售价（4.79）得到的。以中国为例，中国市场中2015年1月份美元对人民币名义汇率为6.21。以巨无霸为媒介，使用一价定律可以计算出美元与人民币隐含汇率为17.2/4.79 = 3.59。如果认为隐含汇率是公允、均衡的汇率水平，那么中国的名义汇率存在低估现象，人民币被低估的比重达（3.59 - 6.21）/6.21 = -42.19%。

巨无霸在各国间是标准化的工业品，使用巨无霸指数方法测度各国实际汇率水平及汇率高估、低估程度比较直观。但这种测算存在缺陷：①巨无霸是非贸易品，纵然一国的厂商存在歧视性定价，那么投机者也不可能进行套利；②以巨无霸代表一国的消费结构和物价水平，难免以偏概全。巨无霸在发达国家普遍被视为廉价的垃圾食品，但在发展中国家则存在炫耀标签，因此其在不同国家消费品中的结构、地位不一致，且存在歧视性定价。

（二）相对购买力平价理论

理论上可以假定阻碍绝对购买力平价理论成立的因素诸如交易成本、关税是固定不变的，那么如何将这些因素剔除呢？通常的处理方式是对式（3.10）取对数并微分，可得下式：

$$\frac{dE}{E} = \frac{dP}{P} - \frac{dP^*}{P^*} \tag{3.11}$$

式（3.11）即为相对购买力平价的简化表达式。还可以进一步将式（3.11）进一步整理成标准式为：

$$\Delta e = \frac{E_1 - E_0}{E_0} = \frac{\pi^h - \pi^f}{1 + \pi^f} \tag{3.12}$$

其中，Δe 表示汇率变化率，π^h，π^f 分别代表本国和国外的通货膨胀水平。式（3.11）、式（3.12）意味着汇率的变化取决于双边通胀率的变化，当一国通胀率相对另一国增加时，通胀率高的经济体其货币会贬值，贬值幅度与通胀之差相等。相对 PPP 可以用图 3－4 表示。

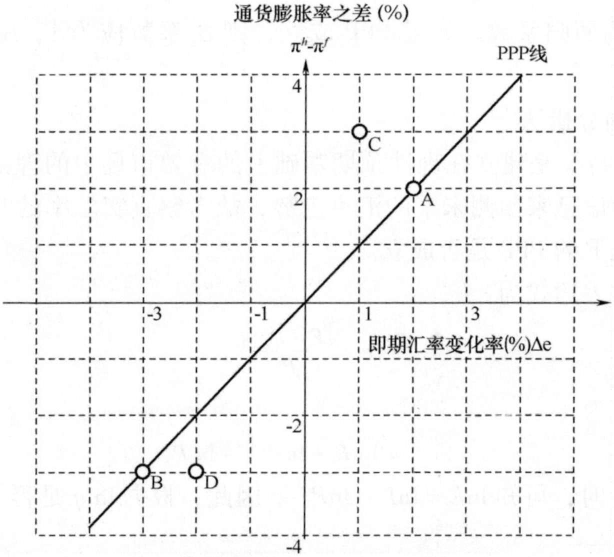

图 3－4　相对 PPP 的示意图

从图 3－4 可以看出，如果以横轴表示双边汇率变化率，以纵轴表示双边通货膨胀率之差，那么相对 PPP 的线应穿过原点与横轴呈 45 度夹角。在 PPP 上的点如 A，B 说明遵循相对购买力平价定律。如果有的点位于 PPP 之外如 C 点，那么说明此时的状态偏离了相对 PPP，市场的力量将会驱使 C 点回归 PPP 线上。以 C 点为例，C 点处说明此时国内通胀率比国外高 3%，而汇率变动（国内汇率贬值）仅 1%，此时存在套利空间。具体做法是本国投资者兑换外币，从境外采购商品入境销售，尽管汇率上会遭受 1% 的贬值损失，但价格上仍比国外高 3%，两下相权，仍有 2% 的净收益。这种投机行为会导致两个后果：一是大量商品从境外流入，导致境内的通胀相对于境外通胀下降；二是投资行为也推动本币相对外币进一步贬值。这两方面的作用推动 C 点向 PPP 线移动（但具体的回归路径并不明确）。可以说，在整个 PPP 线以上的区域都意味着既定通胀差异水平下汇率调整不足，会导致大规模的套利行为。PPP 线以下意味着既定通胀差异水平下汇率调整过度，同样会导致大规模的套利行为。

（三）购买力平价理论的检验

购买力平价理论有多重检验方法①，代表性的方法有以下两种。

1. 回归分析法

建立检验 PPP 是否成立的方程为：

$$\ln E = \alpha + \beta_1 P_t + \beta_2 P_t^* + \zeta_t \tag{3.13}$$

$$\ln \Delta E = \beta_1 \Delta P_t + \beta_2 \Delta P_t^* + \zeta_t \tag{3.14}$$

上述两个方程分别为绝对 PPP 和相对 PPP 的回归估计方程。式中 Δ 表示一阶差分，α、β 为回归系数。如果 PPP 成立，则 β_1 系数应为 1，β_2 系数应为 －1，α 系数应为 0。

2. 时间序列分析法

PPP 的现代特征是建立在理性预期基础上的有效市场中的理论。由于人们只能根据前一期的信息来预测未来的汇率走势，故考察真实汇率的时序特征可以检验有效市场情况下的 PPP 是否成立。

真实汇率的表达式为：

$$q = \frac{E \cdot P^*}{P} \tag{3.15}$$

其对数形式为：

$$\ln q = \ln E + \ln P^* - \ln P \tag{3.16}$$

当 PPP 成立时，可知 $\ln E = \ln P - \ln P^*$。因此，根据 $\ln q$ 是否等于 0 可以判断

① 何泽荣，邹宏元．国际金融原理（第三版）[M]．成都：西南财经大学出版社，2006.

PPP 是否成立。对有效市场中的购买力平价的检验可使用一阶自回归方程：

$$q_t = \alpha_0 + \alpha_1 q_{t-1} + \xi_t \tag{3.17}$$

如果 PPP 成立，那么 q_t 应当是一个零均值的平稳过程，这就要求 $\alpha_0 = \alpha_1 = \xi_t = 0$。

就实证检验结果而言，大多数实证研究证明短期内汇率高于或低于购买力平价的现象比较常见。但站在长期的角度看，其对汇率变化的解释和预测能力更好。另外，PPP 是建立在货币基础上的汇率决定理论，它更适合于分析货币冲击对汇率变动的影响，对于非货币因素冲击（如技术冲击、外部需求冲击）对汇率变化的解释和预测则相对比较差。

二、利率平价理论

利率平价理论（Interest Rate Parity）的实质是考察金融市场的套利行为。一般而言，可将利率平价划分为无抵补利率平价（Uncovered Interest Rate Parity，UIP）和抵补利率平价（Covered Interest Rate Parity，CIP）。无抵补套利平价理论研究的是预期汇率是如何确定的，而抵补利率平价理论研究的是远期汇率是如何确定的。

（一）无抵补利率平价

无抵补利率平价（Uncovered Interest Rate Parity）理论假定无交易成本、各国资产具有充分替代性、金融市场充分有效。假定在 t 时刻，单位本币投资于国内金融市场的收益率为 r_t，投资收益为 $R = (1 + r_t)$；同时即期汇率为 E_t，单位本币在 t 时刻投资于国外金融市场的收益为：

$$R^* = \frac{E_{t+1}^e (1 + r_t^*)}{E_t} \tag{3.18}$$

根据抵补套利和一价定律，投资于本土的收益 R 与投资于海外的收益 R^*（以本币表示）应该相等，否则就会产生无风险套利行为。但式（3.18）中 E_{t+1}^e 本身就是对未来即期汇率的预期，因此存在套利风险。进一步假定市场所有的投资者都是风险中性者，那么有：$R = R^*$，即：

$$1 + r_t = \frac{E_{t+1}^e}{E_t}(1 + r_t^*) \tag{3.19}$$

令

$$\frac{E_{t+1}^e}{E_t} = 1 + \frac{E_{t+1}^e}{E_t} - 1 = 1 + \frac{E_{t+1}^e - E_t}{E_t} = 1 + \Delta E_{t+1}^e \tag{3.20}$$

将式（3.19）代入式（3.20）可得：

$$1 + r_t = (1 + \Delta E_{t+1}^e)(1 + r_t^*) = 1 + r_t^* + r_t^* \cdot \Delta E_{t+1}^e + \Delta E_{t+1}^e \tag{3.21}$$

由于$r_t^*\Delta E_{t+1}^e$是个较小的量，可以忽略不计，于是式（3.21）可以转化为：

$$\Delta E_{t+1}^e = r_t - r_t^* \tag{3.22}$$

式（3.22）说明，无抵补利率平价定律意味着本国利率高于（低于）外国利率的差额等于本国货币的预期贬值（升值）幅度。

（二）有抵补利率平价

无抛补利率平价（Uncovered Interest Rate Parity）假定投资者都是风险中性，这与现实不完全吻合。事实上大多数投资者都是风险厌恶的，因此投资者在套利活动中会通过远期协议进行套期保值来抵补即期汇率变动的风险。因此，这里假定风险厌恶的投资者在t时刻使用远期协议来锁定汇率，即$F = E_{t+1}^e$。那么有：

$$1 + r_t = \frac{(1 + r_t^f)F_t}{E_t} \tag{3.23}$$

对上式进一步处理后可得：

$$f = \frac{F - E}{F} = \frac{1 + r}{1 + r^f} \approx r - r^f \tag{3.24}$$

上式中f代表汇率远期升贴水幅度。上式即为抵补的利率平价，它意味着本国利率高于（低于）外国利率的差额等于本国货币的远期贴水（升水）幅度。

（三）图形分析

从图3－5中可以看出，在IRP线上则意味着利率平价条件成立。如果不在IRP线上，则存在套利空间。市场中的套利行为会促使均衡点走向IRP线。例如，如果某一点（1%，2%）位于IRP线上的区域，则意味着本国利率高于国外利率2%，但是本币远期的升水程度为1%。这样国外资本将涌入国内，尽管利率上享受高于国内2%的收益，汇率上遭遇1%的损失，但整体上仍有正的额外收益。因此在IRP线上，会有大量的境外资本涌入境内。同样在IRP线下，大量的国内资本会涌入境外寻找套利机会。国内外资本的套利行为会推动远期汇率变化，同时也会改变国内及国外货币市场的利率水平，从而最终推动IRP线外的点向IRP线靠拢。

然而由于交易成本、信息摩擦等因素的存在，现实中的IRP往往是以理论IRP线条为中心的一个狭窄区域，在这个区域内国内外资本缺乏套利动机。一旦考虑到交易成本后的汇率升贴水幅度与利差幅度不一致，那么这时才会激发套利行为。

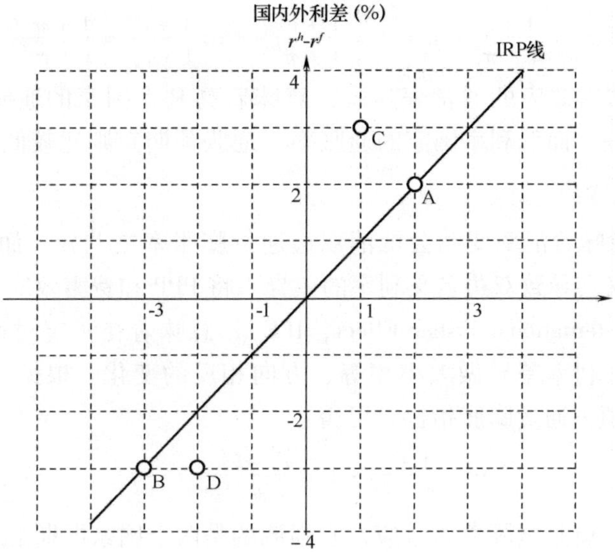

图 3－5　IRP 示意图

三、国际费雪效应

国际费雪效应（International Fisher Effect）融合了费雪效应和购买力平价理论以解释汇率变动。

（一）费雪效应

各国货币市场的利率都是名义利率，而决定投资者投资行为和投资决策关键的是实际利率（收益率）。美国经济学家欧文·费雪（Irving Fisher，1867—1947）认为，每个国家的名义利率应等于实际要求的收益率加上该国的预期通货膨胀率，形如：

$$1 + i = (1 + r)(1 + \pi) \tag{3.25}$$

其中，i 为名义利率，r 为实际利率，π 为预期通货膨胀率。如果 r，π 是一个比较小的量，那么式（3.25）可以修正为：

$$i = r + \pi \tag{3.26}$$

根据费雪效应，如果要求实际收益率为 3%，而预期通胀率为 10%，则名义利率为 13.3%（近似为 13%）。这一数值背后的逻辑是：借款人现在借 100 美元除了须归还 3 美元以满足 3% 的实际收益率外，还需支付 10.3 美元以补偿 103 美元本息和损失的购买力，两部分相加，借款人共应在到期时支付 13.3 美元利息。

费雪效应认为，套利活动会使各国的实际收益率相等。这样，在没有政府干预的情况下，均衡时的名义利率之差大致等于两种货币的预期通胀率之差，即：

$$r^h = \frac{1+i^h}{1+\pi^h} - 1 = r^f = \frac{1+i^f}{1+\pi^f} - 1 \Rightarrow \frac{1+i^h}{1+i^f} = \frac{1+\pi^h}{1+\pi^f} \tag{3.27}$$

上式即为费雪效应的通常表达式，意味着高利率国家的通胀率（或通胀预期）通常比较高，而低利率国家的通胀率（通胀预期）则比较低。

（二）国际费雪效应

PPP 理论意味着汇率变动会抵消双边通货膨胀率之差异。而根据费雪效应，双边通胀差异又会导致双边名义利率的差异。将 PPP 和费雪效应合并，则得到国际费雪效应（International Fisher Effect，IFE），意味着在一定时期内即期汇率的变动与两国名义利率差异做大小相等、方向相反的变化。根据式（3.27）和式（3.12），同时消去通货膨胀指标，可得：

$$\Delta e = \frac{1+i^h}{1+i^f} - 1 = \frac{i^h - i^f}{1+i^f} \approx i^h - i^f \tag{3.28}$$

式（3.28）就是国际费雪效应，它强调的是两个国家即期汇率的预期变动等于两国间名义利率之差。

（三）图形分析

从图 3－6 可以看出，在 IFE 线上则意味着国际费雪效应成立。如果不在 IFE 线上，则存在套利空间。市场中的套利行为会促使均衡点走向 IFE 线。例如，C 点位于 IFE 线上的区域，则意味着本国利率高于国外利率 3%，但是外币预期升值程度为 1%。这样国外资本将涌入国内，尽管汇率上遭遇本币 1% 的贬值损失，

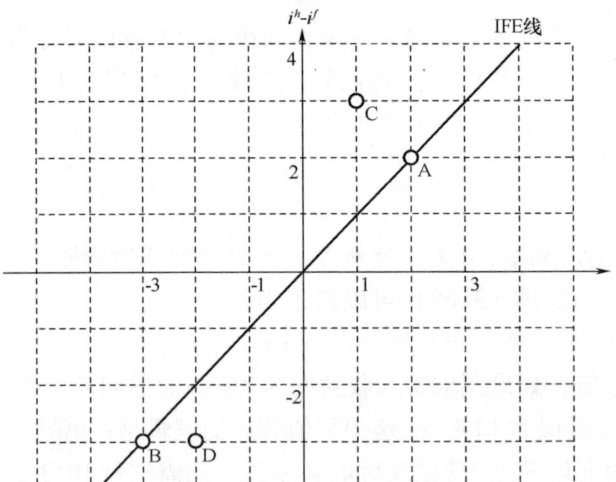

图 3－6　IFE 示意图

但利率上享受高于国内3%的收益，整体上仍有正的额外收益。因此在IFE线上，会有大量的境外资本涌入境内（自然意味着国内资本流出）。同样在IFE线下的D点，大量的国内资本会涌入境外寻找套利机会。国内外资本的套利行为会推动远期汇率变化，同时也会改变国内及国外货币市场的利率水平，从而最终推动IFE线外的点向IFE线靠拢。

四、平价条件的内在关联

上述三个汇率平价理论将商品价格、利率水平、通货膨胀水平及即期、远期汇率有机地结合在一起，构成了理解和解释国际金融环境和汇率波动的分析框架。对跨国公司而言，深刻领会平价理论及内在关联是进行汇率中长期预测的关键。

图3－7描绘的是购买力平价理论（PPP）、利率平价理论（IRP）、国际费雪效应（IFE）和费雪效应（FE）之间的内在联系。

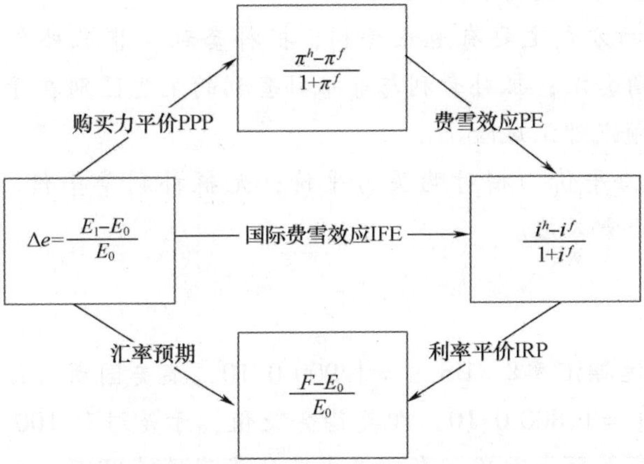

图3－7　各种平价理论内在关系图

根据图3－7，假定某时英国预期通货膨胀率为5%，美国预期通货膨胀率为3%，则可得到下列结论（预测）：

（1）根据购买力平价理论可以预测，美元将相对于英镑升值2%。

（2）根据利率平价理论可以预测，美元远期将升水2%。

（3）根据费雪效应，美国名义利率低于英国2%。

（4）根据预期理论，美元未来的即期汇率相对于英镑升值2%。

【本章小结】

1. 外汇的界定，广义上外汇是指以不同形似出现的能用于弥补国际收支逆差的本外币国际债权。狭义上的外汇，指以外币表示的用于清偿国际债务的支付手段。狭义上的外汇须具备三个必要条件：普遍可接受性（generally accepted）、可兑换性（convertibility）、可偿性（compensability）。

2. 汇率又称汇价，是以一国货币表示的另一国货币的价格。按照不同标价方法、计算方法，可以将汇率划分为多种类型。按照标价方法，可将汇率划分为直接标价法与间接标价法；按照市场交易报价，可以将汇率分为买入价、卖出价、中间价；按照交易对象的形态，可以将汇率分为现汇汇率（现汇价）和现钞汇率（现钞价）；按照计算方法，可将汇率分为基本汇率和套算汇率；外汇买卖达成后实物交割的时间，可以将汇率划分为即期汇率和远期汇率；按照是否调整价格因素，可将汇率分为名义汇率和实际汇率。

3. 外汇市场分为一级市场（批发市场）和二级市场（零售市场），一级市场中参与者包括商业银行、外汇交易商、外汇经纪人、中央银行及代理人。二级市场的参与者主要是商业银行和微观个体企业；外汇市场交易分为即期交易、远期交易、掉期交易、期货交易和期权交易。

4. 外汇套利的方式主要有地点套利、抵补套利、非抵补套利；地点套利包括两点套汇和三角套汇；抵补套利与非抵补套利的主要区别在于投资者是否采取远期卖出操作以锁定外汇风险。

5. 绝对购买力平价、相对购买力平价；无抵补利率平价、抵补利率平价；费雪效应、国际费雪效应。

【本章习题】

1. 设三个月远期汇率£ /US ＄ =1. 900 0/10，某美国商人预期3个月后英镑即期汇率£ /US ＄ =1. 800 0/10，即英镑会贬值，于是进行100万英镑的卖空交易。如果该美国商人预期准确，在不考虑其他费用的情况下，美国投机商获利情况如何？在伦敦外汇市场上，英镑对美元的汇率为£ / ＄ =1. 445 7，英镑和美元的利率分别是7. 5%和6. 5%（年利率）。如果利率平价条件成立，则£ / ＄ 3个月的远期汇率为多少？

2. 有下列汇率报价

	Bid Price	Ask Price
Value of a British Pound（£ ）in ＄	＄ 1. 61	＄ 1. 62
Value of a New Zealand Dollar（NZ ＄ ）in ＄	＄ . 55	＄ . 56
Value of a British Pound in New Zealand Dollars	NZ ＄ 2. 95	NZ＄ 2. 96

假设你手里拥有 ＄ 10 000，上述汇率报价是否有投资机会？如果有，如何进行套利？套利的结果如何？

3. Victor 公司在美国和澳大利亚均有工厂，同样的一瓶 Viner 啤酒在美国的售价为 22 美元，在澳洲售价为 34 澳元，那么按照购买力平价理论，美元与澳元的即期汇率应为多少？假如 Viner 酒明年上涨至 27 美元，同样的产品在澳洲的销售价上升至 44 美元，则美元与澳元 1 年期远期汇率为多少？

4. 假定现行的瑞士法郎与美元的 1 年期利率分别为 4% 和 13%，如果现行汇率为 1SFr = 0. 63USD，那么 1 年后的预期即期汇率是多少？若对美国的通货膨胀预期发生变化，使得 1 年后的预期即期汇率上升至 0. 70USD/SFr，美国利率应如何变化？

5. 假设一美国公司拥有 1 000 万美元自有资金，目前英镑与美元的即期汇率为 USD1. 780 0 ~ 1. 783 5；270 天远期汇率为 USD1. 800 0 ~ 1. 803 0；美元的年利率为 6%，英镑年利率为 4%。如果该公司要实现投资收益最大化，它应该在何处投资？为何如此？

6. 假设某公司要出口一批设备，合同金额为 1 000 万美元，6 个月后收款。现在美元与人民币之间的即期汇率为 1∶8. 270 0。该公司担心 6 个月后美元与人民币之间的汇率波动会带来汇率风险，决定采用期权交易来锁定汇率风险。若该公司购买的是 6 个月后的外汇卖出期权，行权汇率为 1∶8. 250 0，支付的权利费总额为 50 万元人民币。

（1）计算该公司此笔交易的平衡点汇率是多少？

（2）若美元与人民币之间的汇率为 1∶8. 170 0，该公司该不该执行买入期权？

（3）若 3 个月后美元与人民币之间的汇率分别为 1∶8. 250 0 和 1∶8. 245 0，结果又如何？

（4）画出该期权的多头与空头的盈亏图。

第四章　汇率预测技术

【本章提要】

汇率预测是外汇风险管理的前提和基础。对于跨国公司而言，汇率预测工作贯穿其融资、投资、资金管理的全过程。本章主要介绍汇率预测的三类方法，并对每类方法进行计算演示，通过对比使读者明确不同方法的优缺点，最后能根据公司的实际情况选择恰当的预测方法。

【学习目标】

通过本章学习，读者应该掌握：①汇率预测的重要性；②汇率预测的三类技术方法；③汇率预测技术的优点与不足。

第一节　汇率预测的逻辑起点

汇率预测与跨国公司经营活动密切相关。由于跨国公司的“跨国”经营特性，其往往面临着不同币种的资金流。而汇率频繁波动必然影响资金流的本币价值，从而对公司的收入和支出乃至公司总体价值产生影响。

一、汇率变动对跨国公司的影响渠道

汇率变动对公司价值的影响具体可以通过以下几个渠道实现。

（一）汇率变动影响跨国公司套期保值决策

对于存在外币应收/应付款的公司而言，未来汇率走势直接决定着其进行套期保值的必要性及程度。比如，对于华为公司而言，未来 3 个月后将会收入 3 000万美元的货款，那么华为现在面临着汇率波动的风险。华为是否需要套期保值呢？关键在于未来美元对人民币的汇率走势！如果未来 3 个月人民币对美元贬值（或汇率变动较小），对于华为而言无须套期保值；但如果未来 3 个月人民币对美元将升值，华为必须进行套期保值，否则将面临大额亏损。因此，分析未来汇率走势往往成为套期保值决策的前提。

（二）汇率变动影响跨国公司短期投资决策

一般而言，跨国公司拥有一定的闲置资金。为提高资金使用效率，通常会进行短期投资。而汇率变动恰恰会影响公司短期投资的收益。比如，跨国公司将一笔美元资金投资于境外，那么未来到期时外币与美元之间的汇率走势将直接影响其投资收益。

（三）汇率变动影响跨国公司资本预算决策

一般而言，跨国公司进行海外项目投资前都会进行资本预算，测算海外项目的当地货币现金流。对于母公司而言，其投资收益是以本币测度的。未来汇率波动将影响到海外项目现金流折算成本币的价值，从而使母公司的项目投资决策、后续资金管理难度增加。

（四）汇率变动影响跨国公司长期融资决策

跨国公司在使用债权融资时倾向于发行以存在贬值趋势的外币标价的债券，因为这样可以减少母公司的财务压力。但在发行这种债券之前，须首先预测未来外币的汇率走势。

汇率变动正是通过上述四个途径影响跨国公司的经营活动，并对跨国公司的价值产生最终影响。因此跨国公司有必要掌握汇率预测技术以趋利避害。

二、汇率预测的理论基础

进行汇率预测，首先要面对的是外汇市场的有效性问题。尤金·法马（Eugene Fama）于20世纪70年代关注金融市场（含外汇市场）的有效性问题并提出有效市场假说（Efficient Market Hypothesis，EMH），成为金融学的重要理念。该假说认为，金融市场的产品价格准确反映了市场上可得到的信息，并随着新信息的披露而做出相应的调整。根据这一假说，外汇市场的汇率是不可预测的，无论是凭运气还是根据内幕消息，对汇率进行预测都是徒劳的，任何对汇率的技术分析都是无效的。

法马的有效市场理论存在三个基本假设：①市场将立即根据新的信息，将价格调整至新的价位；②新信息的出现呈随机性，即好、坏信息是相伴而来的；③市场上许多投资者是理性的，而且每人对汇率的分析是独立的，不受相互的影响。在这三个条件下，汇率反映了所有可得的信息，而且由于信息的随机性使汇率波动具有随机性，任何人都无法左右外汇汇率，也没有投资者能从外汇市场中获取超额利润。

法马进一步将有效市场划分为三类：弱式有效市场、半强式有效市场及强式有效市场。

（一）弱式有效市场

弱式有效市场（Weak Form Efficiency）认为目前汇率水平已充分反映了过去外汇市场所有的各项信息，所以投资人无法运用各种方法对过去的汇率进行分析，再利用分析结果预测未来汇率走势。这意味着投资者无法利用过去信息来获得高额报酬。所以在弱式有效市场中，以过去量价为基础的技术分析来进行预测效果将会十分不准确。

（二）半强式有效市场

半强式有效市场（Semi - strong Form Efficiency）认为，目前的汇率水平已充分反映了包括历史和当前所有的公开信息，投资者无法利用历史和当前的公开信息进行汇率预测进而获取高额报酬。半强式有效市场效率越高，依赖公开经济情况、货币供应、收入水平及政治形势等来进行基本面分析，然后再预测汇率走势就越是徒劳无功。

（三）强式有效市场

强式有效市场（Strong Form Efficiency）认为，目前股票价格充分反映了所有已公开和未公开之信息。即使信息未公开，但投资者仍能利用各种渠道来获得相关信息，进而反映于汇率走势上。在这种情形下，投资者也无法因拥有某些内幕消息而获取高额报酬。

到目前为止，对外汇市场效率的研究无论采用哪种方法，都没有得出与有效市场假设相吻合的结论。大多数的研究表明，弱势有效市场假设基本上不存在，半强式有效市场假设比较含糊，而强式有效市场假设基本正确。正是由于现行外汇市场并非强式有效甚至半强式有效，这为汇率预测提供了前提和空间。

固定和浮动汇率制度下的汇率走势差异明显，对应的预测技术也有差异，因此应在两种汇率制度背景下分别进行预测。

第二节 固定汇率制下的汇率预测

在固定汇率制下，汇率的预测主要是对官方汇率水平的预测，而对汇率水平变动的预测主要是对变动时间、变动方向和变动程度的预测。

汇率水平变动方向比较容易确定。如果通货膨胀率较高、国际收支赤字较高、货币供给增加均表明该国货币已出现贬值的压力，相反则存在升值压力。对固定汇率的这种压力最终将导致汇率水平的调整。

汇率水平调整的时间一般与外汇储备消耗时间、政府的外部融资能力和资本外逃强度相关联，因而比较难预测。在资本大规模外逃的背景下，官方为维持汇率平价而不得不进行外汇市场干预，抛售外币回收本币，这样往往会导致外汇储备数量骤降。一旦官方储备不足时，官方首先会考虑到国际金融市场借贷，如果无法获取足够的资金融通，那么汇率贬值在所难免。这一点在东南亚金融危机中频频得到印证。一国储备下降的速度、政府的外部融资能力和国际资本投机性外逃的强度共同决定着平价调整的时间。

汇率水平调整的幅度也难以确定。对于存在贬值压力的经济体而言，如果外汇储备减少，官方不得不采用贬值策略，但贬值的数量难以确定。如果贬值不足，资本外逃现象不仅不会被抑制，反而会诱发国内资本外逃动机；如果贬值过度，那么资产负债表效应使外贸企业资不抵债，企业倒闭、工人失业在所难免。所以官方要权衡不同贬值程度所带来的影响，根据自身的经济结构、贸易条件和承受能力选择合适的贬值幅度。

同时，汇率水平的调整不仅仅是一个经济问题，还可能涉及政治压力。1985 年 9 月 22 日，美国、日本、联邦德国、法国以及英国的财政部长和中央银行行长在纽约广场饭店达成联合干预外汇市场、诱导美元对主要货币的汇率有秩序地贬值，从而解决美国巨额贸易赤字问题的“广场协议”。协议签订后，上述五国开始联合干预外汇市场，导致美元持续大幅度贬值。1985 年 9 月，美元兑日元在 1 美元兑 250 日元上下波动，协议签订后不到 3 个月的时间里，美元迅速下跌到 1 美元兑 200 日元左右，跌幅 25%。同样在美国的主导下，1987 年 2 月 G7 国家财政部长和中央银行行长在巴黎的卢浮宫达成协议，一致同意 G7 国家要在国内宏观政策和外汇市场干预两方面加强“紧密协调合作”，保持美元汇率在当时水平上的基本稳定。2005 年 7 月 21 日，人民币汇率改革也是在以美国为首的西方国家的压力之下开启的。

在固定汇率制下预测汇率走势时，两个指标须特别注意：一是无交割远期汇率水平（Non - develivered Forward，NDF）；二是外汇市场压力指数（Exchange Market Pressure Index）。

NDF 是指无本金交割远期外汇，它是一种远期外汇交易模式，用于对那些实行外汇管制的国家和地区的货币进行离岸交易。人民币 NDF 常用于衡量海外市场对人民币升值或贬值的预期。

正常情况下，NDF 与即期汇率维持在一定区间，当 NDF 突然大幅上升（升水）或者下跌（贴水）时，即期汇率市场会起到跟随作用。通过观察长期 NDF 的趋势变化，可以预判未来人民币即期汇率的趋势。投资者以及进出口商在做人民币外汇交易时，应多关注人民币 NDF 的变化（尤其是一年期以上的 NDF），从而有利于提高行情分析能力以及降低投资风险（见图 4 - 1）。

虽然由于 NDF 市场投机的成分居多，不能完全反映其真实价格，而且随着国内市场交易越来越重要，NDF 的重要性随之降低，但 NDF 的变化情况一直是国内银行外汇部门的重要参考参数，汇率方面的研究者也越来越重视 NDF 市场的变化。从较大的时间尺度来看，NDF 的变化趋势与汇率变化趋势基本一致，并且存在一定的前瞻性。

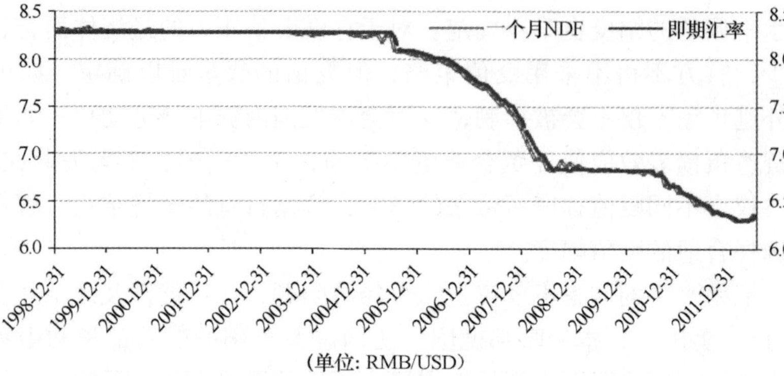

图 4-1　人民币 NDF 与即期汇率变化示意图（1998—2011 年）

根据国际收支货币分析法，本国居民对商品和资产的超额供给/需求将引致对本币的超额需求/供给，对本币的过度供求会在外汇市场上造成本币的贬/升值压力，这就是外汇市场压力（*Exchange Market Pressure*，EMP）。哥顿和罗珀（Girton 和 Roper，1977，简称 G-R 模型）① 从货币主义角度出发，认为国内货币市场状况与国际收支密切联系。当国内货币市场失衡时，利率变化引致资本流动，进而致使本国汇率和外汇储备波动。他们将 EMP 界定为必须通过汇率、外汇储备或二者共同消除的国内货币市场失衡程度。在他们的设定下，当货币当局采取管理浮动汇率时，外汇市场压力为汇率变动率和外汇储备变动量的某种组合，即 $EMP = \Delta e_t + \eta \Delta R_t$，其中 $\Delta e_t = (E_t - E_{t-1}) / E_{t-1}$，$\Delta R_t = (R_t - R_{t-1}) / H_{t-1}$，$E$、$R$、$H$ 分别表示即期汇率、外汇储备和基础货币，η 为转换因子（$\eta < 0$）。此处汇率 E 采用直接标价法，那么 Δe_t 上升表示本币贬值。从 EMP 的表达式可以看出，一国外汇市场压力主要是通过两个渠道释放的，即汇率变化和外汇市场干预（由储备变化表示）。较高的 EMP 指数值说明一国或者面临贬值压力或者储备下降较快；反之，EMP 数值越低，则说明一国或者面临升值压力或者储备上升较快。

威马克（Weymark，1995）将外汇市场压力定义为：在给定货币当局已经实施政策所产生的预期下，当货币当局并未采取外汇市场干预时，通过汇率变动和

① Girton L and Roper D. A Monetary Model of Exchange Market Pressure Applied to the Postwar Canadian Experience [J]. *American Economic Review*, 1977, 67 (4): 537-548.

外汇储备变动的某种组合消除一国外汇市场上存在的对某种货币的超额需求/供给，这就是外汇市场压力①。威马克定义下的外汇市场压力是汇率和外汇储备变动的组合。当货币当局采取的是固定汇率制时，那么 EMP 表示为外汇储备 R_t的变动程度；当货币当局采取的是浮动汇率制时，那么外汇市场压力表示为汇率 e_t的变动程度。当货币当局采取的是中间汇率制时，EMP 表示为二者的某种组合，可以写为：$EMP = \Delta e_t + \omega_1 \Delta R_t$。从这个表示可知，威马克定义下的 EMP 已不是 G－R 模型定义下汇率和外汇储备的等权组合。同时有 $\omega_1 = -\partial(\Delta e_t)/\partial(\Delta R_t) < 0$，其中 ω_1是将外汇储备变动转化为与汇率变动同尺度的转化因子。

因循威马克（Weymark，1997）模型建立小型开放经济体模型，推导出汇率变动和外汇储备变动的关系式作为计算中国 EMP 指数的基础。之所以建立如此模型是因为中国的资本管制和金融发展程度相对于美国而言仍属小型，同时中国在 1994—2005 年采用钉住汇率制，此后又采取管理浮动汇率制，符合威马克模型的制度背景。根据威马克模型可以计算 1996—2011 年中国的 EMP 指数，具体详见图 4－2。

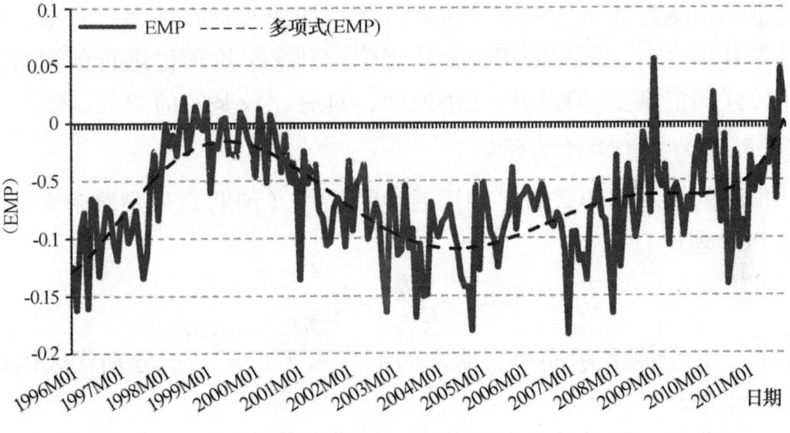

图 4－2　1996—2011 年中国外汇市场压力（EMP）示意图

从图 4－2 可以看出，中国货币当局 1996—2011 年的 EMP 指数基本上在 0 以下，这说明这期间货币当局主要面临的是人民币升值的压力。但在 1996—2000 年货币当局的升值压力逐渐减少，也可以认为此间货币当局面临着一定的贬值压力。在 2000—2006 年货币当局的 EMP 指数一直呈现下降态势，说明此间货币当局面临着较大的升值压力。2008 年以后 EMP 指数再度上升，说明货币当局的升

① Weymark D N. Estimating Exchange Market Pressure and the Degree of Exchange Market Intervention for Canada［J］. Journal of International Economics，1995，39（3－4）：273－295.

值压力逐渐缓解，甚至在2011年前后出现贬值的压力。

通过观察NDF汇率走势以及外汇市场压力指数EMP的变化，可以大致分析固定汇率制下汇率的走向。如果一国EMP指数大幅变动，同时NDF与即期汇率之差大幅上扬，那么说明固定汇率很可能要发生调整，跨国公司应根据汇率调整的方向做好套期保值工作。

上述的分析思路同样适用于采取有管理的浮动汇率制（Management Floating）经济体的汇率走势分析。

第三节　浮动汇率制下的汇率预测技术

浮动汇率制下的汇率预测方法相对比较成熟，一般认为有三大类方法：基础预测法（Fundamental Forecasting）、技术预测法（Technical Forecasting）和基于市场预测法（Market - based Forecasting）。

一、基础预测法

所谓基础预测是建构于汇率同重要经济指标如通货膨胀率、利率、收入、货币供应量等基础之上，运用购买力平价理论、利率平价理论进行预测的方法。这类方法比较强调汇率变动背后的经济原因，具有比较坚实的微观基础。

（一）基于购买力平价理论的预测

基础预测的最基本形式就是利用通货膨胀率（预期）来预测未来汇率走势。

根据PPP理论有：

$$\Delta e = \frac{E_1 - E_0}{E_0} = \frac{\pi^h - \pi^f}{1 + \pi^f} \tag{4.1}$$

其中E_0，E_1分别表示期初、期末的汇率水平；π^h，π^f分别代表国内、国外的通货膨胀水平。

根据上述公式，假设英镑与美元年初的即期汇率为1.574 7USD/GBP，预期未来一年内英国的通胀率为1.5%，美国通胀率为2%。则年末时英镑与美元的即期汇率为：

$$E_{GBP/USD} = \frac{1.574\ 7 \times (1 + 2\%)}{1 + 1.5\%} = 1.582\ 5\text{USD/GBP} \tag{4.2}$$

（二）基于利率平价理论的预测

除利用购买力平价理论外，还可利用利率平价理论预测汇率走势。根据无抵补利率平价理论有：

$$\frac{E_{t+1}^e}{E_t} = \left(\frac{1 + r_t}{1 + r_t^*}\right)^t \tag{4.3}$$

其中，E_{t+1}^{e}是对未来即期汇率的预期，E_t为当前的即期汇率，汇率采用直接标价法。r_t，r_t^*为国内、国外的利率水平，t为时期。

假设英镑对美元的即期汇率为1.475 7USD/GBP，美国、英国三月期的利率水平分别为3.15%，2.89%。那么三个月后英镑对美元的即期汇率为1.479 4 USD/GBP。具体计算过程如下：

$$E_{t+3}^{e} = 1.475\ 7 \times \frac{1 + 3.15\%}{1 + 2.89\%} = 1.479\ 4\text{USD/GBP} \tag{4.4}$$

（三）基于多元回归分析的预测

多元回归分析实际上是建立一个影响汇率波动的多因素模型，然后根据历史数据估计模型参数，得到一个比较显著的回归模型，最后利用该模型预测未来汇率走势。

通常建立的多因素理论模型如下：

$$\Delta e = f(\Delta \text{inf}, \Delta \text{inc}, \Delta \text{int}, \Delta \text{gc}, \Delta \text{exp}) \tag{4.5}$$

其中，Δe表示汇率变化率，Δinf，Δinc，Δint，Δgc，Δexp分别表示通货膨胀率、国民收入、利率、政府管制、汇率预期的变化率。

对于跨国公司而言，应根据预测对象选择合适的回归模型变量。比如，对于跨国公司M而言，按照其既往经验，首先确定影响其本国货币同美元汇率的关键变量有双边通货膨胀差异、双边利率差异、双边产出增长率差异。汇率以直接标价法标注，那么就可以构建下列估计模型：

$$\Delta e = \alpha_0 + \beta_1 \cdot \text{inf} + \beta_2 \cdot \text{int} + \beta_3 \cdot \text{inc} + \mu \tag{4.6}$$

式（4.6）中α_0为截距，β_1，β_2，β_3分别为通胀率之差、利率之差、收入之差的估计参数，μ为随机误差项，代表预测值与实际值之间的差异。

其次，M公司将该外币同美元汇率的历史变化率、历史通货膨胀率之差、历史利率之差、历史收入之差代入上述模型进行参数估计。就历史数据的长度而言，一般应与预测区间相匹配。比如，预测未来六个月的汇率走势，应用历史的月度数据进行参数估计。如果预测下季度的汇率走势，则应使用历史的季度数据进行估计。经过参数估计后的回归结果如下：

$$\Delta e = 0.001 + \underset{(1.98^{**})}{0.60} \cdot \text{inf} + \underset{(1.75^{*})}{0.80} \cdot \text{int} - \underset{(2.64^{***})}{0.01} \cdot \text{inc} \tag{4.7}$$

上述模型中通货膨胀率之差、利率之差、收入之差的参数均显著，说明这三个变量对汇率变动存在显著影响。如果出现个别参数不显著，或者回归模型存在异方差、多重共线性、自相关性，那么应考虑剔除不显著变量、选择工具变量等措施，重新进行估计，直至获得变量显著、模型代表性强、解释力强的结果。

最后，将下一期通货膨胀率之差、利率之差、收入之差的预期结果代入（4.7）式，就可得出下一期的预期汇率水平。假设下一期双边通胀率之差为

2%，双边利率之差为 1%，双边收入水平之差为 7%，期初双边即期汇率为 1.574 7USD/GBP。将这些参数代入（4.7）式可得 Δe 为 0.029 3，进而可以预测出期末双边即期汇率为 1.620 8USD/GBP。

多元回归分析法的优点在于能为分析者提供汇率变化的具体预测数值，但缺陷是：①只考虑能量化的影响因素，对于不能量化的因素如公众预期，多元回归分析法则难以处理；②影响因素如物价、利率并非直接、同期作用于汇率变动，而往往存在滞后影响，那么在建立多元回归模型的时候应充分考虑到解释变量的滞后期问题；③多元回归分析是建立在历史数据基础上对未来的汇率走势进行预期，属于前瞻型预期。一旦经济结构、汇率制度发生重大转变，那么基于历史数据的前瞻预期可能存在比较明显的预测偏误。因此，在使用多元回归分析的时候应注意结构突变问题（Break Point）；④多元回归中一个难以克服的问题是为了预测汇率，往往需要先行预测影响汇率变动的其他变量数值。如果对这些影响因素的预测本身存在偏误，那么所得的汇率预测值误差将会更大。

由此可见，基础预测方法（包括多元回归）本身存在缺陷，纵然建立更复杂的、更先进的模型，也不一定能完美预测出汇率走势。同时跨国公司在预测汇率时要高度注意预测误差问题。

二、技术预测法

利用技术分析法预测汇率同用技术分析股票的原理相似，主要假设未来价格（汇率）以一定的趋势延续，相信“历史会重演”。技术分析法根据历史上汇率的量价关系，外推到未来以获得未来的汇率走势。技术分析法主要借助指标类、切线类、形态类、K 线类及波浪类分析工具。下面简单介绍形态分析和指标分析方法。

（一）形态分析法

1. 形态的基本原理

形态指主要通过价格波动中形成特定的形态，对后市的走势进行评估和预测。除遵循技术分析法的三个基本假设外，其本身还有一个假设：价格波动通过特定的形态运作。

2. 通道

在上升或下跌趋势或横向盘整中，常出现一些矩形般的图形。它是由连接最高价的直线（阻力线）与连接最低价的直线（支持线）构成的，两条直线巧妙地互相平行，构成一条矩形般的通道。上升趋势构成上升通道，下降趋势构成下降通道，横向延伸趋势构成横向通道。

（1）上升通道。上升通道反映的是一种以买方力量为主导的市场，尽管卖方力量也不断反击，造成价格不时下跌，但在买方力量占有优势的情况下，卖方力量反复被消化，价格持续上升，处于上升趋势。

（2）下降通道。下降通道反映的是一种以卖方力量为主导的市场，尽管买方力量也不断反击，造成价格不时反弹，但在卖方力量占有优势的情况下，买方力量反复被消化，价格处于下降趋势。

（3）横向延伸通道。横向延伸通道反映市场买方和卖方的力量相持，市场进入一个短暂均衡状态，这样的市场往往缺乏明确的方向，价格被限定在水平区间中反复波动。价格突破横向通道的时候，往往代表新的趋势即将展开。横向延伸通道一般持续时间较短。

3. 通道的识别

通道一般具有比较明显的形态特征，包括：①通道的两条轨道线相互平行；②通道可以相互包容；③通道包含所有价格变化；④上升通道先确定支持线，下降通道先确定阻力线；⑤通道的轨道线被触及次数越多，通道越重要，突破所造成的波动越大；⑥下降通道通常较上升通道陡峭，且下跌过程较快。

从图 4 –3 中可以清晰地看出人民币对美元汇率的走势通道。在不同的通道内，汇率的趋势性特征明显。同时近一年半以内，人民币对美元汇率经历了四次趋势转变，分别从 2014 年 1 月至 2014 年 5 月的贬值趋势，转变为 2014 年 6 月至 2014 年 10 月的升值趋势，再从 2015 年 3 月转变为贬值趋势；2015 年 3 月之后汇率在水平通道内波动，未来汇率走向并不明朗。

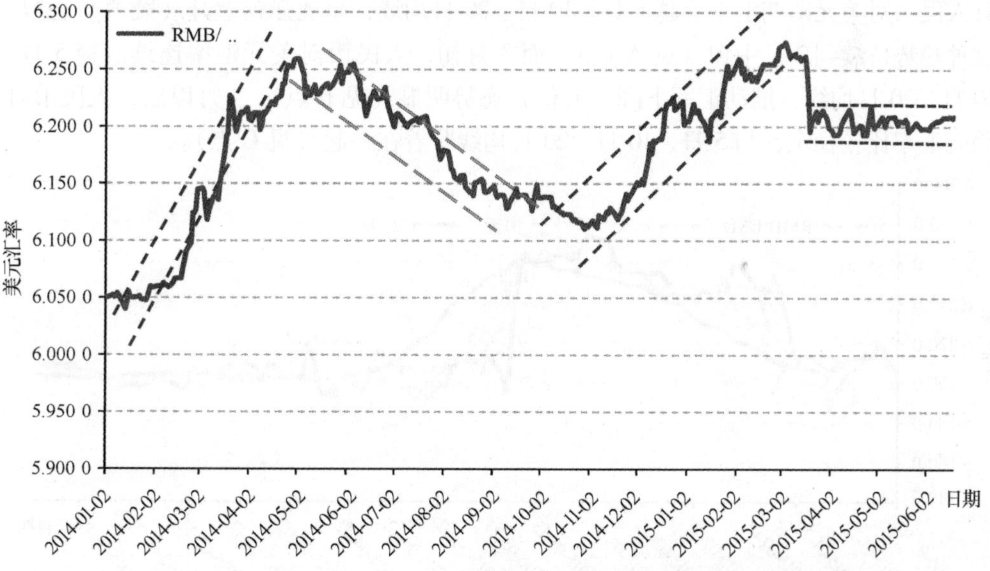

图 4 –3　2014 年 1 月 2 日至 2015 年 6 月 2 日人民币对美元汇率走势图

（二）均线分析

移动平均线由美国投资专家葛南维（Jogepsb Ganvle）所创立，由道氏理论的“三种趋势说”演变而来，它是从数字的变动中预测汇率未来短期、中期、长期的变动方向，为投资决策提供依据。常用的均线有 5 日线、10 日线、30 日线、60 日线、120 日线（半年线），不常用但是很重要的还有 3 日线、20 日线、55 日线、250 日线（年线）。短期均线上穿长期均线，则汇率上扬，反之汇率下跌。

从其计算方法上看，均线具有追踪趋势的功能，但均线也存在一定的滞后性，不能立即反映汇率的变化趋势，只能体现其长期态势。

按照葛南维的移动平均线八法则，①当平均线从下降逐渐转为盘局或上升，而市价却从平均线下方向上突破平均线时；②平均线持续上升，而市价却跌破平均线，但又立刻回升到平均线以上时；③市价趋势线一直在平均线以上，市价虽下跌但并未跌破平均线且立即反转上升时；④市价突然暴跌，跌破平均线且远离平均线时；这些状况都意味着后续行情看涨，汇率将进一步上升。同时，⑤平均线从上升逐渐转为盘局或下跌，而市价向下跌破平均线；⑥平均线持续下降，而市价虽向上突破平均线，但又立即回跌至平均线以下；⑦市价趋势线在平均线以下，市价上升并未突破平均线又回头下跌；⑧市价突然暴涨，突破平均线且远离平均线；这些情况下则意味着后市看淡，汇率将下跌。

图 4 -4 为 2015 年 1 月至 2015 年 6 月的人民币对美元汇率走势。2015 年 1 月 20 日人民币对美元即期汇率穿越 5 日、10 日、20 日均线，呈现强劲上升（贬值）态势，这种趋势持续到 2 月中旬（见 A 点）。而 3 月初，人民币对美元汇率连续洞穿 5 日、10 日、20 日均线，推动汇率下降（升值）态势明显（见 B 点）。4 月以后，人民币对美元汇率比较稳定，与 5 日、10 日、20 日均线胶着在一起（见 C 点）。

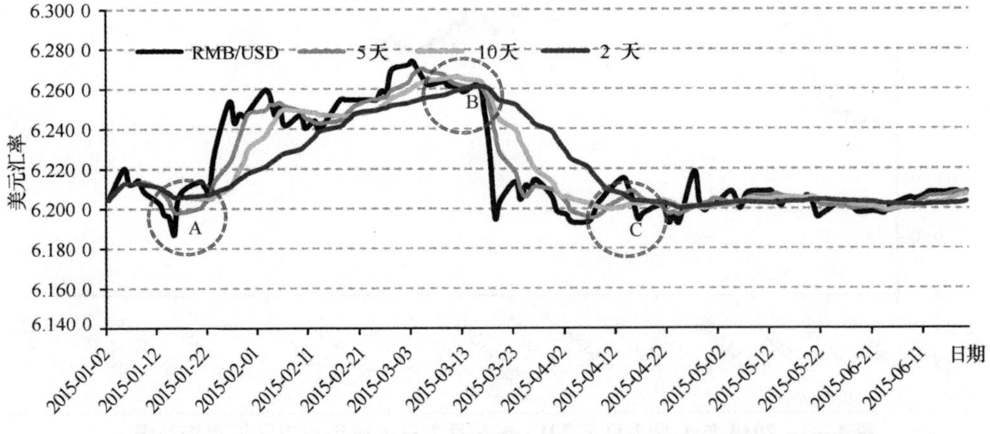

图 4 -4　2014 年 1 月 2 日至 2015 年 6 月 2 日人民币对美元汇率走势图

关于技术预测与基础预测之间的关系，历来存在不同的看法。实际上，市场汇率走势归根到底决定于基本因素的变动。但是在大多数情况下，诸多基本因素相互影响，其各自发挥作用的大小又难以测量。因此，技术分析也是预测汇率未来走势不可或缺的工具。

三、基于市场预测法

基于市场的预测方法一般着重以即期汇率、远期汇率作为基础来预测未来的即期汇率。这是因为在发达、完善的金融市场中，公众具有完全的理性预期，任何影响汇率走势的因素都会体现在即期和远期汇率的变化上。因此，跨国公司只需要根据即期和远期汇率即可做出对未来汇率走势的预测。

（一）即期汇率

利用即期汇率预测的逻辑在于：在完备的市场环境中，如果理性的公众预期未来（短期内）人民币对美元贬值，那么出于投机的考虑，公众会在即期市场中买入美元抛出人民币，这样会导致即期人民币对美元升值。反之，如公众预期未来人民币对美元升值，那么公众会在即期市场抛售美元，又会推动即期人民币升值。这样人民币汇率的即期汇率充分反映了市场的预期，则对于跨国公司而言可以利用即期汇率作为未来即期汇率的参照。但要注意的是，这种方法比较适用于短期预测，对于长期预测，这种方法误差较大。

（二）远期汇率

根据预期理论，现行的远期汇率包含了公众基于今天时点对未来即期汇率的预期。因此，可以使用远期汇率代表未来时点的即期汇率。但这种预测建立在完美预期的基础上，即今天公众的预期（体现在远期汇率上）是完美无误的，这多少与现实有些不符。

根据远期汇率的预测方法，如果美元对人民币的即期汇率为6.103 4RMB/USD，同时一个月远期汇率贴水5%，那么据此预测一个月后的即期汇率是多少？

首先汇率升贴水的表达式为：

$$\text{升水/贴水} = \frac{n\text{天远期汇率} - \text{即期汇率}}{\text{即期汇率}} \times \frac{360}{n} \tag{4.8}$$

那么根据上述背景，可得下式：

$$-5\% = \frac{F - 6.1034}{6.1034} \times \frac{360}{30} \tag{4.9}$$

可得远期汇率 F 为 RMB 6.078 0/USD，可以以此作为一个月时点上的人民币对美元即期汇率的预测值。

四、混合预测法

在实际操作中，单一的预测方法难免存在偏误，因此可以考虑采用混合预测的方法取长补短。具体而言，混合预测实际上是建立在基础预测、技术预测、基于市场预测这三类方法基础之上，按照一定的综合技术将上述这三类方法的单独结果进行综合评估的方法。常用的综合技术就是加权方法，即对上述三种方法的预测结果进行加权处理，最终得到综合的估计结果。

以华为公司为例，其使用三种方法得到不同的预测结果。根据历史经验，华为最重视市场预测，其次是基础预测，最后是技术预测，三种方法可主观分别赋权45%、35%、20%。如果即期美元对人民币汇率为6.103 4RMB/USD，未来3个月的即期汇率在不同预测方法下的结果如表4－1所示。

表4－1　不同方法下的美元对人民币即期汇率预测结果

预测方法	分析依据	分析过程	分析结果
市场预测	即期汇率、远期汇率	3个月远期汇率为6.154 7RMB/USD	6.154 7RMB/USD
基础预测	经济增长、物价、利率	根据回归模型，预测出三个月即期汇率为6.201 0RMB/USD	6.201 0RMB/USD
技术预测	既往汇率走势、升贬值通道	根据汇率K线形态，认为人民币与美元的汇率将会维持在稳定的通道内	6.103 4RMB/USD
综合预测	前面三种预测的基础上加权处理	三种结果主观分别赋权45%，35%，20%	6.160 6RMB/USD

运用综合分析的方法，可以预测3个月后美元对人民币的即期汇率为6.160 6RMB/USD。

五、预测方法的比较与评价

客观地讲，现在汇率预测技术日益更新，小波分析、人工智能、神经网络等先进技术不断引入。但这并未从实质上提高汇率预测的效率，一些重要的汇率变动往往超出各种软件模型的预测。一个突出的例证就是2014年年底俄罗斯卢布的暴跌。

可以说，现在主流的汇率预测仍然停留在上述三类预测方法上。但这三类方法各有优劣，适用范围各不相同（见表4－2）。

表 4-2 不同预测方法的优劣对比

预测方法	优点	不足	适用范围
市场预测	具有一定微观基础，重视公众预期	预期波动强烈，预测结果不稳定	短期预测
基础预测	微观基础好，内在逻辑严密	以偏概全、视角狭窄	中长期预测
技术预测	紧跟行情，指向性强	缺乏微观基础	超短期预测
综合预测	综合全面	容易受到个别极端预测值的干扰，权重设计偏主观	皆可

对于跨国公司而言，预测方法的选择应根据预测对象、预测时期的差异灵活进行，同时每次预测结束后应将预测值与实际值进行对比，检查误差来源，并在下期预测中不断修正预测模型，提高预测精度。

通常衡量预测精度的标准有均方误差（Mean Squared Error，MSE），是指参数估计值与参数真值之差平方的期望值，记为 MSE。MSE 是衡量“平均误差”的一种较方便的方法，MSE 可以评价数据的变化程度，MSE 的值越小，说明预测模型描述实验数据具有更好的精确度。与此相对应的，还有均方根误差 RMSE、平均绝对百分误差等。

对于 n 个美元对人民币汇率的预测结果 E^e 而言，其与实际值 E 之间的均方差 MSE 可以表达为：

$$MSE = \frac{1}{n}\sum_{i=1}^{n}(E_i^e - E_i) \qquad (4.10)$$

均方根误差为：

$$RMSE = \sqrt{\frac{1}{n}\sum_{i=1}^{n}(E_i^e - E_i)} \qquad (4.11)$$

跨国公司可以利用上述两个指标评价不同预测方法的预测精度问题。

【本章小结】

1. 汇率变动影响跨国公司套期保值决策、短期投资决策、资本预算决策、长期融资决策，因此跨国公司有必要掌握汇率预测技术以趋利避害。

2. 有效市场假说认为，金融市场产品价格准确反映了市场上可得到的信息，并随着新信息的披露而做出相应的调整。因此外汇市场的汇率是不可预测的，无论是凭运气还是根据内幕消息，对汇率进行预测都是徒劳的，任何对汇率的技术分析都是无效的。有效市场可进一步划分为弱式有效市场、半强式有效市场及强式有效市场。

3. 在固定汇率制下，汇率的预测主要是对官方汇率水平的预测，而对汇率水平变动的预测主要是对变动时间、变动方向和变动程度的预测。汇率水平变动方向比较容易通过通货膨胀率、国际收支状况、货币供给状况进行预测。汇率水平调整的时间一般与外汇储备消耗时间、政府的外部融资能力和资本外逃强度相关联，因而比较难以预测。汇率水平调整的幅度也难以确定。在固定汇率制下预测汇率走势时，两个指标须特别注意：一是无交割远期汇率水平；二是外汇市场压力指数。

4. 浮动汇率之下的汇率预测方法相对比较成熟，一般认为有三大类方法：基础预测法、技术预测法、基于市场预测法。所谓基础预测法是建构于汇率同重要经济指标如通货膨胀率、利率、收入、货币供应量等基础之上，运用购买力平价理论、利率平价理论、供求方法进行预测的方法。这类方法比较强调汇率变动背后的经济原因，具有比较坚实的微观基础。技术预测法根据历史上汇率的量价关系，外推到未来以获得未来的汇率走势。基于市场预测方法一般着重以即期汇率、远期汇率作为基础，预测未来的即期汇率。

5. 通常利用均方误差和均方根误差来评价预测精度。

【本章习题】

1. 如果年初瑞士法郎对美元的汇率为 SFr 0.931 2/USD，假设在接下来的一年里美国通胀率为5%，瑞士为3.1%，那么年底时双边即期汇率为多少？如果在这一年中美国利率水平为4.2%，瑞士为4.0%，那么根据利率平价理论，年底时双边即期汇率为多少？两种理论下的即期汇率是否存在显著差异？为何如此？

2. 欧元对美元的即期汇率为 USD1.23/EURO，欧元 90 天远期升水 13.79%，请问预期 90 天后欧元的即期汇率是多少？

3. 美国 Viner 公司开发出预测美元对英镑汇率的模型如下：

$$\Delta e_{t+1} = 0.001 + \underset{(1.68^{*})}{0.58} \cdot \text{inf}_t + \underset{(2.02^{**})}{0.85} \cdot \text{int}_t - \underset{(2.54^{**})}{0.14} \cdot \text{inc}_t$$

其中 inf 代表通胀率之差，int 代表双边利率之差，inc 代表双边收入水平之差。如果双边 t 时刻汇率为 1.211 7USD/GBP，且美国通胀率、利率、收入增长率分别为 2.1%，1.79%，4.01%，而英国的上述指标分别为 2.3%，1.35%，2.1%，则 $t+1$ 期双边即期汇率应为多少？

4. 某咨询公司预测人民币对美元、英镑、欧元的汇率情况如下：

时期	人民币对美元 (RMB/USD)		人民币对英镑 (RMB/GBP)		人民币对欧元 (RMB/ EURO)	
	预测值	实际值	预测值	实际值	预测值	实际值
3 月 1 日	6.321 1	6.301 6	9.642 1	9.562 5	6.642 1	6.662 5
4 月 10 日	6.270 3	6.251 1	9.341 3	9.127 6	6.341 3	6.504 7

续表

时期	人民币对美元（RMB/USD）		人民币对英镑（RMB/GBP）		人民币对欧元（RMB/ EURO）	
	预测值	实际值	预测值	实际值	预测值	实际值
5月12日	6.151 3	6.208 9	9.558 1	9.469 1	6.871 5	6.930 1
6月11日	6.164 9	6.156 7	9.471 7	9.498 2	6.809 0	6.930 4
6月20日	6.109 8	6.144 7	9.509 0	9.767 8	6.979 8	6.942 4

请问该咨询公司在哪种汇率的预测精度上比较高，哪种预测精度最差？

5. 假设美国公司运用下列模型对日元汇率进行预测：

$$\%ER = \underset{(1.68^{*})}{0.90 \cdot \mathrm{inf}_t} + \underset{(2.02^{**})}{0.80 \cdot \mathrm{int}_{t-1}}$$

其中%ER为日元汇率在期限内变动的百分比；int_t为期限t内两国实际利率之差；inf_{t-1}为前一期内两国通胀率之差。假设日美在下一期内通胀率之差为3%，而下一期双边利率之差遵循下表分别为：

利率之差	2%	1%	0%	-1%	-2%
概　率	15%	10%	20%	15%	20%

如果美国公司利用上述信息预测下一期的双边汇率，那么日元汇率变化百分比的概率分布如何？期望如何？

第五章　交易风险的测度与管理

【本章提要】

在汇率预测的基础上，本章进一步关注汇率波动对跨国公司形成的交易性风险。在介绍交易风险的内涵之后，本章重点讲解交易风险的两种测度手段：资产组合标准差和 VaR 方法，以及管理交易风险的四种常用工具：远期、期货、期权、货币市场套期保值，并通过案例讲解交易风险的一般管理流程：风险识别→风险测度→成本收益测算→管理决策。

【学习目标】

通过本章学习，读者应该掌握：①交易风险的识别和测度；②期货、期权、货币市场套期保值等工具在控制交易风险方面的优缺点；③独立完成对跨国公司交易风险的测度以及提出管理方案；④了解交易风险管理过程中的局限性。

第一节　交易风险的识别

一、交易风险的界定

对于跨国企业而言，除了面对国内企业所面临的市场风险（Market Risk）、通货膨胀风险（Inflation Risk）、利率风险（Interest Risk）及本身的财务风险（Financial Risk）、营运风险（Business Risk）之外，还须额外面对汇率风险（Exchange Rate Risk）以及来自于海外的国家风险（Country Risk），包括海外市场风险（Oversea Market Risk）及海外政治风险（Political Risk）。

在跨国公司面临的诸多风险中，汇率风险首当其冲。所谓汇率风险是指由于各种货币之间汇率的波动变化，一家公司的获利能力、净现金流量以及市价将随之发生变动而造成损失的可能结果。通常而言，汇率风险按照“事前、事中、事后”标准可以划分为交易风险、经济风险和折算风险三类，其中又以交易风险为重。因为相对于经济风险、折算风险，交易风险的影响巨大，且易于测度和控制。

交易风险（Transaction Exposure）是国际企业的一种最主要的风险，是指国际企业在经营过程中，由于货币汇率的变化而引起所拥有的债权或应付的债务价值变化的风险。交易风险主要存在于以下三类情形之中。

第一类：以即期或延期付款为支付条件的商品或劳务的进出口，在货物装运和劳务提供后而货款或劳务费用尚未收付前，外汇汇率变化所发生的风险。

第二类：以外币计价的国际信贷活动，在债权债务未清偿前所存在的汇率风险。例如，某项目借款为日元，到期归还也是日元，但该项目产生效益收到的是美元。若美元对日元汇率猛跌，该项目要比原计划多花许多美元，才能兑换成日元归还本息，结果造成亏损。

第三类：待履行的远期外汇合同，约定汇率和到期即期汇率变动而产生的风险。

二、交易风险识别

针对上述三种产生交易风险的情况，特举三个例证。

案例 1：美国 Victor 公司赊销 1 240 000 日元的商品给日本某家买主，60 天后支付，预期汇率为 US ＄ 1 = J ￥ 124。美国卖主在收到货款时，希望用 1 240 000日元兑换 10 000 美元。但到期时汇率变为 US ＄ 1 = J ￥ 134，美国公司只能收到 9 254 美元，比预期少收 746 美元。反之，若这时汇率变动为 US ＄ 1 = J ￥ 114，美国公司就可能收到 10 877 美元，比预期增加 877 美元。可见，汇率的变动使美国公司承担了收到的日元兑美元后不是 10 000 美元的风险。这就是第一种情形下的由于汇率变动导致贸易现金流折算成本币时发生价值波动的风险。

案例 2：日本 Sakura 公司于 2013 年 2 月向美国一公司借款 100 万美元，约定 12 个月后偿还，借款利率为 1%。而此时日本国内日元借款利率为 10%，签约时市场汇率为 1US ＄ = 111. 29J ￥，该借款的日元价值为 111 290 000J ￥。6 个月后市场汇率为 1 美元 = 134. 45J ￥，这时该公司须支付 135 794 500J ￥以偿付 100 万 US ＄借款的本金和 1 万美元的利息（共 101 万美元）。如果 Sakura 公司选择在国内借款，则只需支付本息 122 419 000J ￥。那么前后日本公司多支付了 13 375 500J￥，导致日本公司多支付日元借款本金的原因在于美元未来大幅升值，而日本公司须偿付的恰是硬通货。这是由于汇率波动导致的国际信贷成本增加的示例。

案例 3：中国 PHYT 公司 6 个月后拟向巴西投资 1 000 万 BRL，协议签署时即期汇率为 3. 127 2RMB/BRL，此时公司项目投资预期成本为 3 127. 2 万元人民币。未料 6 个月后巴西雷亚尔对人民大幅升值，汇率变为 3. 571 4RMB/BRL，此时 PHYT 公司投资项目的实际成本为 3 571. 4 万元人民币。正是由于汇率变动导致公司海外投资项目成本上升，这也是汇率风险。

由上述三个例子可知，交易风险指在约定的外币计价成交的交易过程中，由于结算时的汇率与交易发生时的汇率不同而引起收益或亏损的风险。

外汇交易风险产生的根本原因是跨国公司存在外汇敞口（Exposure）。一旦公司存在外汇风险敞口，那么汇率变动一定会导致外汇资产（收入）、负债（支出）的本币价值发生变动，进而导致公司净值发生变化。同时，即便公司外汇资产（收入）、负债（支出）的额度一致，但期限不匹配，则同样会面临外汇风险。如果跨国公司不存在外汇敞口，即公司的外汇资产（收入）、负债（支出）额度相当，期限一致，那么汇率的变化不会对其净值产生影响。

在固定汇率体制下，交易风险由官方承担；但在浮动汇率体制下企业等微观主体承担着汇率变化的交易风险，而且交易与清算的时间跨度越大，汇率波动的幅度可能越大，交易风险更加突出。

第二节　交易风险的测度

一、交易风险的测度方法——资产组合标准差

对于存在多个海外公司的跨国企业而言，其面临的并非单一货币带来的交易风险。如何评估其面临的全部交易风险？在资产组合理论中，可以使用标准差代表风险。鉴于此，可以通过计算跨国公司国外资产组合汇率的标准差来测度其面临的交易性风险程度。具体而言，使用下式：

$$\sigma_p = \sqrt{W_X^2\sigma_X^2 + W_Y^2\sigma_Y^2 + 2W_XW_Y\sigma_X\sigma_Y\text{CORR}_{XY}} \tag{5.1}$$

其中，σ_p为跨国公司海外现金流组合汇率的标准差，σ_X，σ_Y为海外 X，Y 货币现金流的标准差，CORR_{XY}为 X，Y 货币汇率的相关系数，W_X，W_Y 为 X、Y 货币现金流的价值占总体价值的比重。

从上面的公式可知，为降低资产组合的汇率标准差 σ_p，在降低不同币种现金流本身标准差的同时，还应注意降低不同币种之间的相关性，这样才能取得更好的组合效果。具体如表 5－1 所示。

表 5－1　货币资金流、币种相关系数与货币组合标准差的关系

货币资金流向	币种之间的相关性	货币组合标准差
等量资金同向流入	正相关	高
等量资金同向流入	不相关	中
等量资金同向流入	负相关	低
等量资金流入、流出	正相关	低

续表

货币资金流向	币种之间的相关性	货币组合标准差
等量资金流入、流出	不相关	中
等量资金流入、流出	负相关	高

由此可见，为降低资产组合的汇率标准差，应该选择资金流向相逆但币种汇率正相关的组合，或者虽然资金流向相同但币种汇率负相关的组合。

案例：Coleman 公司在俄罗斯、中国、印度有三家分公司，年底时将分别有外币资金流入母公司，具体情况如表 5－2、表 5－3 所示。如何评估 Coleman 公司所面临的交易风险程度？

表 5－2 Coleman 公司海外公司经营情况

分公司	未来 1 年现金流（当地货币）	年底汇率（即期）	现金流（美元）	比重（%）
俄罗斯分公司	35 899 100 RUR	1USD＝55. 843 5RUR	642 851. 90USD	12. 40
中国分公司	15 000 000 RMB	1USD＝6. 100 5RMB	2 458 814. 85USD	47. 43
印度分公司	132 500 000 INR	1USD＝63. 630 0INR	2 082 351. 09USD	40. 17

表 5－3 过去三年内货币汇率的相关系数

	俄罗斯卢布	中国人民币	印度卢比	标准差
俄罗斯卢布	1			2. 045 408
中国人民币	0. 788 969 (9. 348 094)***	1		6. 397 306
印度卢比	－0. 516 085 (－4. 386 446)***	－0. 854 018 (－11. 950 84)***	1	0. 241 175

数据来源：Fed St Louis 数据库；括弧内为双边相关系数标准差；汇率相关系数计算区间为 2010 年 1 月至 2014 年 7 月。

根据式（5. 1）可得 Coleman 公司海外公司现金流的交易风险为：

$$\sigma_p = \sqrt{\begin{array}{l}12.40\%^2 \times 2.0454^2 + 47.34\%^2 \times 6.3973^2 + 40.17\%^2 \times \\ 0.2412^2 + 2 \times 2.0454 \times 6.3973 \times 12.4\% \times 47.43\% \times 0.789 - 2 \times \\ 2.0454 \times 0.2412 \times 12.4\% \times 40.17 \times 43\% \times 0.5161 - 2 \times 47.43\% \times \\ 40.17\% \times 6.3973 \times 0.2412 \times 0.854\end{array}} = 3.1571 \tag{5.2}$$

Coleman 公司在未来一年面临的交易风险为 3. 157 1。这一绝对值用于刻画

Coleman 公司面临的交易风险程度，其值越小则说明公司所面临的汇率波动的交易风险越小。值得注意的是，不同类型跨国企业的经营行业、营业分布、交易货币的选择均会影响现金流组合的汇率标准差。跨国公司可以利用资产组合汇率标准差的方法评估其海外项目的风险，优化项目投资组合，尽量选择低汇率风险的国家开展业务。

二、交易风险的测度方法——VaR 方法

（一）概述

VaR 方法（Value at Risk，简称 VaR）称为风险价值模型，又称在险价值方法，是指在市场正常波动下，某一金融资产或资产组合，在一定概率水平（置信度）下的最大可能损失。

从统计学上讲，VaR 是指面临“正常”的市场波动时“处于风险状态的价值”，即在给定的置信水平和一定的持有期限内，预期的最大损失量（可以是绝对值，也可以是相对值）。例如，某一投资公司持有的证券组合在未来一天内，在95%的可靠性水平下，由于市场价格变化而带来的最大损失超过500 万元的概率为5%，也就是平均20 个交易日才可能出现一次这种情况。这 5% 的概率反映了金融资产管理者的风险厌恶程度，可以根据不同的投资者对风险的偏好程度和承受能力来确定。

从数学上讲，VaR 可以表达为：令 $\Delta V\ (l)$ 表示金融头寸从 t 到 $t+\ell$ 时刻资产价值的变化，t 为随机变量。用 $Fx\ (l)$ 表示 $\Delta V\ (l)$ 的累积分布函数（CDF）。定义一个多头头寸在持有期 ℓ 中概率为 p 的 VaR 是：

$$p = \Pr[\Delta V(l) \leqslant \text{VaR}] = F_l(\text{VaR}) \tag{5.3}$$

当 $\Delta V\ (l)\ \leqslant 0$ 时表示一个多头金融头寸持有者遭受损失。当 p 很小时，VaR 是一个负值，表示损失。对于空头持有者则相反，当 $\Delta V\ (l)\ \geqslant 0$ 资产价值增加时，空头头寸持有者遭受损失，此时 VaR 的定义为：

$$p = \Pr[\Delta V(l) \geqslant \text{VaR}] = 1 - \Pr[\Delta V(l) \leqslant \text{VaR}] = 1 - F_l(\text{VaR}) \tag{5.4}$$

对于一个小 p，空头头寸 VaR 为一个正值，表示损失。

前面的定义显示：累积分布函数（CDF）$Fx\ (l)$ 的尾部特征关系到 VaR 的取值。对于多头持有者而言，更关心左尾分布；对于空头持有者则关心右尾分布。上述公式中 p 表示资产价值损失小于可能损失上限的概率，VaR 即为给定置信水平 α 下的在险价值，即可能的损失上限。α 为给定的置信水平。

在计算汇率的交易风险时，通常采用下式：

$$\text{VaR} = E(\Delta e_t) - Z_\alpha \cdot \sigma \tag{5.5}$$

上式中，Δe_t表示汇率变化程度，σ 表示汇率波动率，α 为置信水平。上式中

VaR 表示在 α 置信水平下，公司面临的最大程度的汇率损失。值得注意的是，VaR 关注的是汇率波动的左尾风险，即只有汇率波动对公司造成损失而非盈利的风险。因此，在计算不同置信水平对应的 Z 统计量时应使用单侧检验值。下面通过例子来说明 VaR 的使用（见图 5－1）。

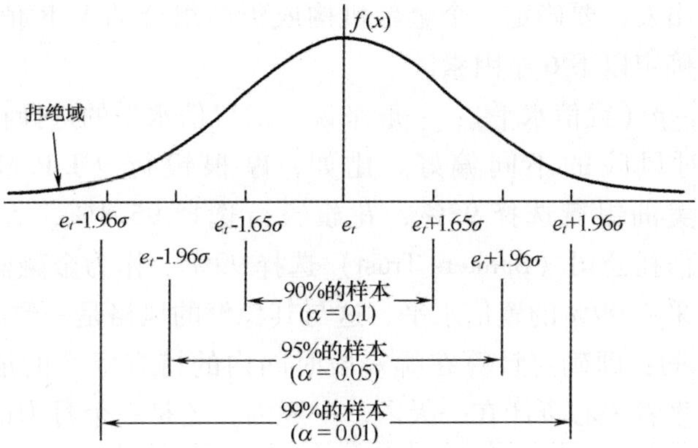

图 5－1　单侧检验下的拒绝域

（二）示例

2015 年 1 月 1 日，Coleman 公司有一笔总值 100 万英镑的外币收入。1 月 1 日英镑对美元即期汇率为 1.560 8USD/GBP。根据历史 100 天的经验，英镑对美元汇率的日标准差为 1.2%。同时 Coleman 公司预期英镑对美元第二天贬值 0.2%。那么在 95% 的置信度下，Coleman 公司外币收入的最大损失如何？

根据（5.5）式可知，在 95% 的置信度下未来汇率最大的变动为：

$$\text{VaR} = -0.2\% - 1.65 \times 1.2\% = -2.18\% \tag{5.6}$$

汇率变动带来的资产损失为：

$$-1\,000\,000 \times 1.560\,8 \times 2.18\% = -34\,025.44(\text{美元})$$

如果置信度为 97.5%，那么未来一天汇率最大变动幅度为：

$$\text{VaR} = -0.2\% - 1.96 \times 1.2\% = -2.552\% \tag{5.7}$$

则此时汇率变动带来的资产损失为：

$$-1\,000\,000 \times 1.560\,8 \times 2.552\% = -39\,831.62(\text{美元})$$

如果置信度不变，未来七天 Coleman 公司的汇率风险有多大？这时须使用平方根法则，即 K 天的交易风险可以表达为：

$$\text{VaR}_K = E(\Delta e_t) - Z_\alpha \cdot \sqrt{K} \cdot \sigma \tag{5.8}$$

从上式可知，K 天的交易风险与一天的交易风险区别在于 K 天的风险计算引入的是 K 的平方根。

Coleman 公司未来面临的汇率风险为：

$$VaR = -0.2\% - 1.65 \times 2.645\,751 \times 1.2\% = -5.438\,6\% \tag{5.9}$$

汇率变动带来的资产损失为：

$$-1\,000\,000 \times 1.560\,8 \times 2.18\% = -84\,885.48(\text{美元})$$

（三）总结

由上述定义出发，要确定一个金融机构或资产组合的 VaR 值或建立 VaR 的模型，必须首先确定以下 6 个因素。

（1）概率 $1-p$（置信水平）：一般来说，对置信水平的选择在一定程度上反映了金融机构对风险的不同偏好。比如，摩根银行（J. P. Morgan Chase 或 J. P. Morgan）与美洲银行选择 95%，花旗银行选择 95.4%，大通曼哈顿选择 97.5%，银行家信托公司（Bankers Trust）选择 99%。作为金融监管部门的巴塞尔委员会则要求采用 99% 的置信水平，这与其稳健的风格是一致的。

（2）时间区间：即确定计算在哪一段时间内的持有资产的最大损失值，也就是明确风险管理者关心资产在一天内、一周内，还是一个月内的风险价值。持有期的选择应依据所持有资产的特点来确定。比如，对于一些流动性很强的交易头寸往往需以每日为周期计算风险收益和 VaR 值，如 G30 小组在 1993 年的衍生产品的实践和规则中，就建议对场外 OTC 衍生工具以每日为周期计算其 VaR，而对一些期限较长的头寸如养老基金和其他投资基金则可以以每月为周期。

（3）数据频率：常见的数据频率有日频率、周频率、月频率、季度频率，但金融领域经常使用日频率测值。

（4）观察期间：观察期间是对给定持有期限的回报的波动性和关联性考察的整体时间长度，是整个数据选取的时间范围（又称数据窗口）。例如，选择对某资产组合在过去 6 个月，或是一年的观察期间内，考察其每周回报率的波动性。这种选择要在历史数据的可能性和市场发生结构性变化的风险之间进行权衡。为克服商业循环等周期性变化的影响，历史数据越长越好，但是时间越长，收购兼并等市场结构性变化的可能性越大，历史数据因而越难以反映现实和未来的情况。巴塞尔委员会要求最少为一年。

（5）汇率变动的累积概率分布：明确汇率变化是正态分布、t 分布还是 F 分布等。

（6）金融头寸数量或者组合的市场价值（Mark to Market Value）。

VaR 方法的优点在于可以简明地“事前”测算金融资产的风险价值，属于“前瞻型”的风险测度工具，而且 VaR 不仅能计算单个金融工具的风险，还能计算由多个金融工具组成的投资组合风险。

尽管 VaR 模型有其自身的优点，但在具体应用时应注意以下几个问题。

（1）历史数据问题。如果历史数据整体上不能满足风险计量的数据要求，则很难得到正确的结论。另外还需注意数据的有效性问题。部分发展中经济体的市场发育不成熟，使其数据不具有代表性，缺乏可信性。

（2）隐含假设问题。VaR 运用中的汇率变化、汇率标准差都是建立在历史数据基础上的，因此 VaR 内在地假定“历史会重现”。但金融市场的一些突发事件表明，有时未来的变化与过去没有太多的联系，因此 VaR 方法并不能全面地度量金融资产的市场风险，必须结合敏感性分析、压力测试等方法进行分析。

（3）极端值问题。如果市场出现极端情况，历史数据变得稀少或是因为金融市场不规范，金融市场的风险来自人为因素、市场外因素的情况下，这时无法有效测量其风险状况。

第三节 交易风险的管理工具

一、概述

交易风险管理是跨国公司通过各种金融工具防范金融风险的过程。这一过程涉及以下五个环环相扣的问题。

（一）公司面临的是何种风险

跨国公司面临的汇率风险有三种形式：交易风险、经济（营运）风险、折算风险。不同风险对应的管理方案存在显著差异。

（二）风险程度如何

这就是上一节里提到的使用资产组合汇率标准差或 VaR 的方法测度交易风险的问题。如果风险程度很小，则无管理的必要；如果风险程度很大，那么必须进行有效管理。

（三）公司面临的是外币“应收款（Receivable）”还是“应付款（Payable）”问题

不同的问题决定管理方向上的区别。对于“应收款”问题，管理的目标是实现外币应收款的本币价值最大化问题；对于“应付款”问题，管理的目标是实现外币应付款的本币价值最小化问题。

（四）应采用何种风险管理工具

典型的风险管理工具有远期、期货、期权、货币市场套期保值，如何恰当选择这些工具？对于“应收款”问题，工具选择的标准就是实现本币价值最大化。对于“应付款”问题，工具选择的标准就是实现本币价值最小化。

（五）最终的管理方案

前面已经明确采用何种管理工具进行套期保值，现在还需将其同不做任何套期保值情况下的本币价值进行比较，给出最终的管理建议。

以上五个环节是跨国公司进行风险管理过程中不可或缺的步骤。必须说明的是，在多数情况下，对所有风险都进行防范是不可能的，而且对某些风险的防范要付出代价（成本）。因此在防范风险之前，必须根据自身的实际情况确定风险管理目标，再采取具体的风险控制措施。

二、远期工具

远期交易是指买卖双方同意在未来某特定日以约定的交割价格进行资产的买卖。这种工具广泛运用于外汇避险上，能锁定外币收入的本币价值或外币支出的本币成本。这一交易的特色在于期初签订时双方无须支付现金，交易的价值只有在到期日才会实现。

使用远期交易事前能锁定交易风险。对于面临“应收款”问题的跨国公司，能提前锁定外币收入的本币价值；对于面临“应付款”问题的公司，远期交易能提前锁定外币支付的本币成本。但采用远期进行套期保值的缺陷在于，即便市场汇率走势对自己有利，自己依然无法从中获利。比如，公司存在一笔外币应收款，为防止外币汇率贬值，公司卖出外币远期。至交割时，如果外币即期汇率非跌反而大涨，公司依然需要按照既定的汇率卖出外币，而不能违约。如果采用NDF 远期，公司可以放弃履约，但须补偿交易对手履约价与市场价的差额。

案例 1：假定 1 月 1 日 Coleman 公司预计 3 个月后将收入 120 万英镑。为防止英镑贬值风险，Coleman 公司在远期市场中出售 120 万英镑，远期汇率为 1.50USD/GBP。则到期时在不同即期汇率水平下其外币收入情况如表 5－4 所示。

表 5－4　外币应收款远期避险可行性分析

4 月 1 日即期汇率 USD/GBP	概率（%）	套期保值下的美元收入（美元）	不套期保值下的美元收入（美元）	120 万英镑的避险收益（美元）
1.40	10	1 800 000	1 680 000	120 000
1.42	10	1 800 000	1 704 000	96 000
1.44	10	1 800 000	1 728 000	72 000
1.46	10	1 800 000	1 752 000	48 000
1.48	10	1 800 000	1 776 000	24 000
1.50	10	1 800 000	1 800 000	0
1.52	10	1 800 000	1 704 000	−24 000
1.54	10	1 800 000	1 848 000	−48 000
1.56	10	1 800 000	1 872 000	−72 000
1.58	10	1 800 000	1 896 000	−96 000

从表 5 -4 可以看出，如果 Coleman 公司采用卖出远期英镑的形式进行套期保值，那么 4 月 1 日会确定收入 1 800 000 美元。而不进行任何套期保值的话，其 120 万英镑的本币收入取决于汇率变化情况。如果英镑升值，那么其不做套期保值的策略是正确的，因为此时可以换得更多美元；如果英镑届时贬值，那么其不做套期保值的策略则是错误的，故此时它能换得的美元数量随着英镑贬值而缩水。所以，套期保值策略成功与否的关键在于到期时的市场即期汇率。

进行套期保值操作带来的收益有多大？或套期保值工具的价值有多大？可以使用套期保值下的收入检出不做套期保值下的收入差额进行测度：如果差额为正，说明套期保值给公司带来正收益；如果差额为负，说明套期保值给公司带来额外的损失。

在上例中，总体而言远期交易的这种工具给 Coleman 公司带来的收益为：

$$120\ 000 \times 10\% + 96\ 000 \times 10\% + 72\ 000 \times 10\% + 48\ 000 \times 10\% + 24\ 000 \times 10\% + 0 - 24\ 000 \times 10\% - 48\ 000 \times 10\% - 72\ 000 \times 10\% - 96\ 000 \times 10\% = 12\ 000(\text{美元})$$

从图 5 -2 中可以看出，只要套期保值汇率高于到期时的即期汇率，Coleman 公司不选择远期套期保值的策略是合理的；如果远期汇率高于即期汇率水平，那么 Coleman 公司选择远期套期保值的策略就是不明智的。

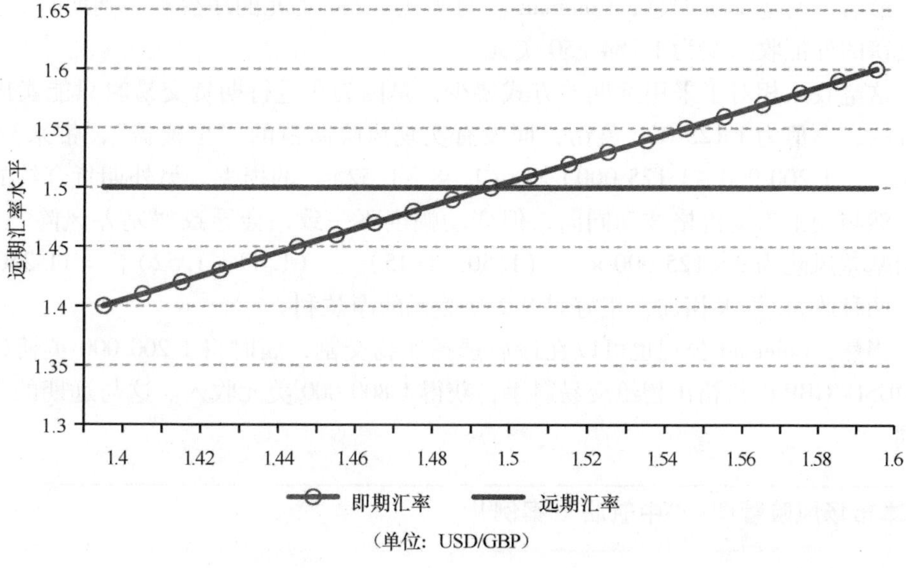

图 5 -2　即期汇率与套期保值汇率

三、期货工具

针对 Coleman 公司面临的外币应收款问题，同样可以考虑使用期货进行套期保值。

期货交易实际上是“标准化”的远期交易，所交易标的物的质量、数量、交割地点均有明确规定（具体见表 3 - 4）。

案例 2：假定 1 月 1 日 Coleman 公司预计 3 个月后将收入 120 万英镑。为防止英镑贬值风险，Coleman 公司采用卖出期货合约的方式进行套期保值。如果今天市场中即期汇率为 1.52USD/GBP，期货合约价格为 1.50USD/GBP。3 个月后的即期汇率为 1.48USD/GBP，期货合约价格为 1.45USD/GBP。下面逐步分析 Coleman 公司期货套期保值的效果。

首先，进行期货交易的收益分析。Coleman 公司为避免英镑贬值，采用空头套期保值策略，1 月 1 日卖出九份 3 月期英镑合约（12.5 万英镑一份，120 万英镑应收款应出售九份合约）。到期时再买入合约，实现对冲。那么这笔交易的利润是：1 125 000 ×（1.50 - 1.45）= 56 250 美元。

其次，企业收到 120 万英镑，在现货市场中抛售，此时企业因汇率贬值遭受的损失为：1 200 000 ×（1.48 - 1.52）= - 48 000 美元。

最后，两笔交易加总，Coleman 公司实现 8 250 美元的净盈利。到期时其 120 万英镑的外汇收入变为 1 784 250 美元。

这笔收入相对于采用远期的方式要少，是因为在进行期货交易时只能卖出九份合约，总值为 1 125 000 英镑，而没有实现风险防范的“全覆盖”，带来3 000 美元［（1 200 000 - 1 125 000）×（1.48 - 1.52）］的损失。另外期货合约的价格虽然与现汇市场价格波动同向，但变动幅度不一致，会导致“基差风险”。本题中基差风险为 9 × 125 000 ×［（1.50 - 1.45）-（1.48 - 1.52）］= 11 250 美元。两种收益/损失相加，正好是 8 250 美元的净盈利。

当然，Coleman 公司也可以在最后选择实物交割，届时将 1 200 000 英镑按照 1.50USD/GBP 的价格出售给交易对手，获得 1 800 000 美元收入。这与远期的效果相同。

资本市场风险管理：“中航油”案例①

一、案情回放

2003 年下半年：中国航油公司（新加坡）（以下简称“中航油”）开始交

① 招金期货贵金属研究院．http：//www.zjfco.com/Jinshu/Fengxian/13127019.html 2013 - 12 - 19 9：24：00.

易石油期权（Option），最初涉及200万桶石油，中航油在交易中获利。

2004年一季度：油价攀升导致公司潜亏580万美元，公司决定延期交割合同，期望油价能回跌；交易量也随之增加。

2004年二季度：随着油价持续升高，公司的账面亏损额增加到3 000万美元左右。公司因而决定再延后到2005年和2006年交割。

交易量再次增加。

2004年10月：油价再创新高，公司此时的交易盘口达5 200万桶石油，账面亏损再度大增。

10月10日：面对严重资金周转问题的中航油，首次向母公司呈报交易和账面亏损。为了补加交易商追加的保证金，公司已耗尽近2 600万美元的营运资本、1.2亿美元的银团贷款和6 800万元的应收账款资金。账面亏损高达1.8亿美元，另外已支付8 000万美元的额外保证金。

10月20日：母公司提前配售15%的股票，将所得的1.08亿美元资金贷款给中航油。

10月26日和28日：公司因无法补加一些合同的保证金而遭逼仓，蒙受1.32亿美元实际亏损。

11月8日到25日：公司的衍生商品合同继续遭逼仓，截至25日的实际亏损达3.81亿美元。

12月1日，在亏损5.5亿美元后，中航油宣布向法院申请破产保护令。

二、原因

1. 中航油的交易一开始就存在巨大隐患，因为其从事的期权交易所面临的风险敞口巨大。期权交易中，期权卖方收益是确定的，最大收益限于收取买方的期权费，然而其承担的损失却可能很大（在看跌期权中），以致无限量（在看涨期权中）。中航油恰恰选择了风险最大的做空期权。

2. 管理层风险意识淡薄。企业没有建立防火墙机制，在遇到巨大的金融投资风险时，没有及时采取措施，进行对冲交易来规避风险，使风险无限量扩大直至被逼仓。事实上，公司建立了由安永会计事务所设计的风控机制以预防流动、营运风险，但因为总裁的独断专行，该机制完全没有启动，造成制定制度的人却忘了制度应对自己有约束的局面。

3. 企业内部治理结构存在不合理现象。作为中航油总裁的陈久霖，手中权力过大，他绕过交易员私自操盘，发生损失也不向上级报告，长期投机违规操作最终酿成苦果。这反映了公司内部监管存在很大缺陷。中航油（新加坡）的风险管理系统从表面上看确实非常科学，可事实并非如此，公司风险管理体系的虚设导致对陈久霖的权力缺乏有效的制约机制。

4. 监管机构监管不力。中国航油集团公司归国资委管理，中航油造成的损失在5.3亿至5.5亿美元之间，其开展的石油指数期货业务属违规越权炒作行为。该业务严重违反了决策执行程序，这些监管漏洞无疑为后事埋下了伏笔。

三、启示

1. 管理层风险意识淡薄。企业没有建立起防火墙机制，即在遇到巨大的金融投资风险时，没有及时采取相应的措施进行对冲交易来规避风险，而是在石油价格居高不下的情况下采用挪盘的形式，继续坐等购买人行使买权，使风险敞口无限量扩大直至被逼仓。

2. 企业内部治理结构存在不合理现象。此次惨痛损失“归功”于一人，那就是中航油总裁、曾被《世界经济论坛》评选为“亚洲经济新领袖”的陈久霖，其原因在于他手中权力过大。他绕过交易员私自操盘，发生损失也不向上级报告，长期投机违规操作酿成苦果。而在“一人集权”的表象下也同时反映了公司的内部监管存在着重大缺陷。中航油新加坡公司有内部风险管理委员会，其风险控制的基本结构是：实施交易员—风险控制委员会—审计部—CEO—董事会层层上报、交叉控制，每名交易员亏损20万美元时，要向风险控制委员会汇报；亏损37.5万美元时，要向CEO汇报；亏损达50万美元时，必须平仓，抽身退出。从上述架构中可以看出，中航油（新加坡）的风险管理系统从表面上看确实非常科学，可事实并非如此，公司风险管理体系的虚设导致对陈久霖的权力缺乏有效的制约机制。

3. 外部监管失效。至2004年10月10日，中航油已经“纸包不住火”，在不得不向集团开口之前，它所从事的巨额赔本交易从未公开向投资者披露过，上市公司的信息披露义务已然成为可有可无的粉饰手段，使得外部监管层面的风险控制体系成为一种摆设。中国证监会作为金融期货业的业务监管部门对国企的境外期货交易负有监管责任，那么，在内控制度缺失的情况下，作为最后一道防线，外部监管的重要性是不言而喻的。但中航油连续数月进行的投机业务竟然没有受到任何监管和警示，也暴露出当时国内金融衍生工具交易监管的缺位。

四、货币市场套期保值

交易风险产生的原因是存在外汇敞口。如果企业能使外汇债权、债务的规模、期限相互匹配，那么就能消除汇率风险。

具体而言，对于面临“应收款”问题的出口商，为了防止汇率变动，先借入与应收外汇等值的外币（以此消除时间风险），与此同时，通过即期交易把外币兑换成本币（以此消除价值风险）；然后将本币存入银行或进行投资，以投资收益来贴补借款利息和其他费用。届时应收款到期，就以外汇归还银行贷款。从理论上讲，这样可完全消除外汇风险。

对于面临外币“应付款”问题的进口商，为防止汇率变动，先借入一笔本币并将其兑换成外币，然后将外币以存款的形式持有至到期日。到期时以外币存款本息和偿付外币“应付款”，同时支付确定数量的本币借款本息和。这样就将不确定的外币支付问题转化为确定的本币支付问题，从理论上讲可以完全消除“应付款”的外汇风险。

案例3：假定1月1日Coleman公司预计3个月后将收入120万英镑。为防止英镑贬值风险，Coleman公司采用货币市场套期保值。对于Coleman公司而言，其首先应借入一笔数量为A的外币，使其到期时借款本息和刚好为120万英镑。之后将这笔外币在即期市场中转换为美元，再将美元以存款的形式持有，这样到期时可以将120万英镑的外汇收入偿付A数量外币借款的本息和，同时获得本币存款的本息和（见图5－3）。

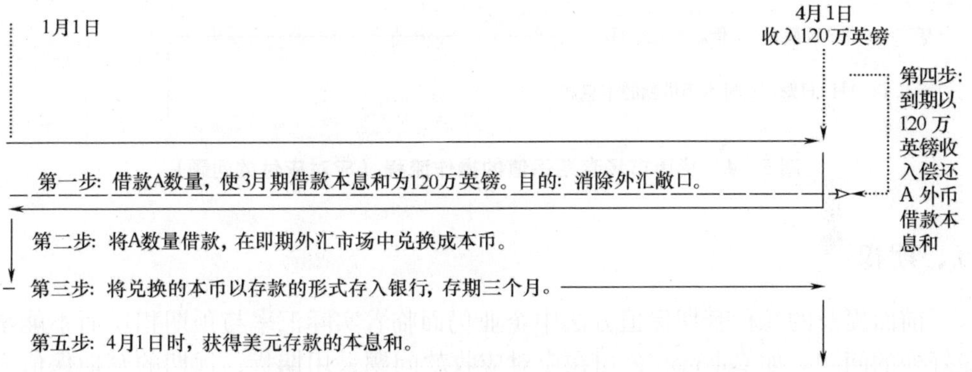

图5－3　货币市场套期保值的操作流程（应对应收款问题）

按照图5－3之流程，分步计算如下：

第一步，首先将外币收入转化为外币支付，消除外币敞口。Coleman公司可以借入A数量的资金，使其借款本币和为120万英镑。假如3月期的英镑借款利率为2%，那么Coleman公司应在1月1日借款120/（1＋2%）＝117.647万英镑。

第二步，Coleman将外币借款在即期市场中转化为美元。如果今天市场中即期汇率为1.52USD/GBP，那么可得1 788 235.29美元。

第三步，Coleman公司将1 788 235.29美元存入银行，3月期的利率为1.5%。

第四步，至4月1日，Coleman公司收入120万英镑货款，恰可用此归还117.647万英镑借款的本息和。外汇敞口为0。

第五步，4月1日本币存款到期，Coleman获得1 788 235.29×（1+1.2%）=1 809 694.12美元的存款本息收入之和。

这样Coleman公司就将初始的120万美元应收款问题转变为到期时的本币1 809 694.12美元的收入问题，完全消除了汇率风险。

如果Coleman公司面临的是应付款问题，当如何处置？这时流程与图5－3完全相反，具体见图5－4。

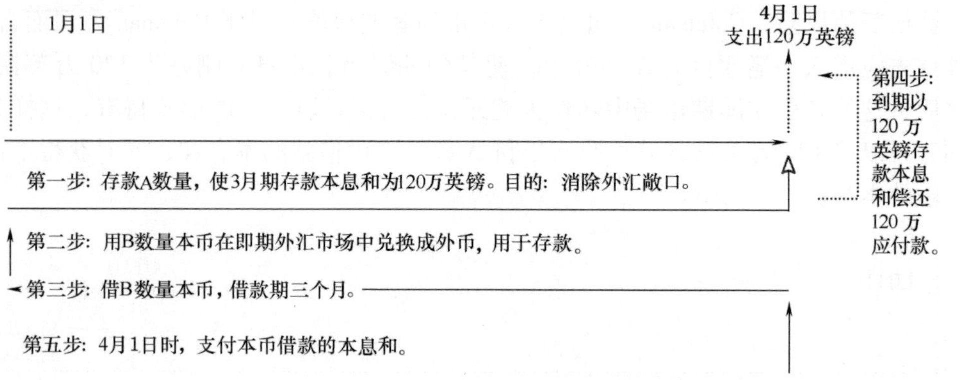

图5－4　货币市场套期保值的操作流程（应对应付款问题）

五、期权

前面提及的几种套期保值方法中企业仍面临着实际汇率与预期相反而不能享受好处的问题。如Coleman公司在应对应收款问题采用期货、远期的套期保值方式下，如果到期时英镑不仅没有贬值反而升值，Coleman公司依然须按照此前协定的汇率进行交割，而不能享受英镑升值的好处。如果Coleman公司既想从英镑升值中获得好处，又不想承担英镑贬值的风险，那么期权是比较理想的套期保值手段。不过采用期权这种工具，企业须支付权利费，这往往构成企业的沉淀成本。

针对面临应收款问题的公司，应采用买入期权的方式进行套期保值。针对面临应付款问题的公司，应采用买入卖出期权的方式进行套期保值。

案例4：假定1月1日Coleman公司预计3个月后将收入120万英镑。为防止英镑贬值风险又想享受英镑升值的好处，Coleman公司采用期权进行套期保值。Coleman公司买入一项英镑卖出期权，总额120万英镑，行权价为USD1.50/

GBP，权利费为 USD0.01/GBP。影响 Coleman 公司是否行权及盈亏的关键在于到期时的即期汇率。在不同汇率分布下，Coleman 公司的行权结果如表 5-5 所示。

表 5-5　外汇期权避险可行性分析

4 月 1 日即期汇率 USD/GBP	概率	是否行权	期权内在价值	所获的汇率水平	美元收入 USD
1.40	10%	是	0.09	1.49	1 680 000
1.42	10%	是	0.07	1.49	1 704 000
1.44	10%	是	0.05	1.49	1 728 000
1.46	10%	是	0.03	1.49	1 752 000
1.48	10%	是	0.01	1.49	1 776 000
1.50	10%	是	-0.01	1.49	1 800 000
1.52	10%	否	-0.01	1.51	1 704 000
1.54	10%	否	-0.01	1.53	1 848 000
1.56	10%	否	-0.01	1.55	1 872 000
1.58	10%	否	-0.01	1.57	1 896 000

根据上述信息，可以绘制成图，具体见图 5-5。

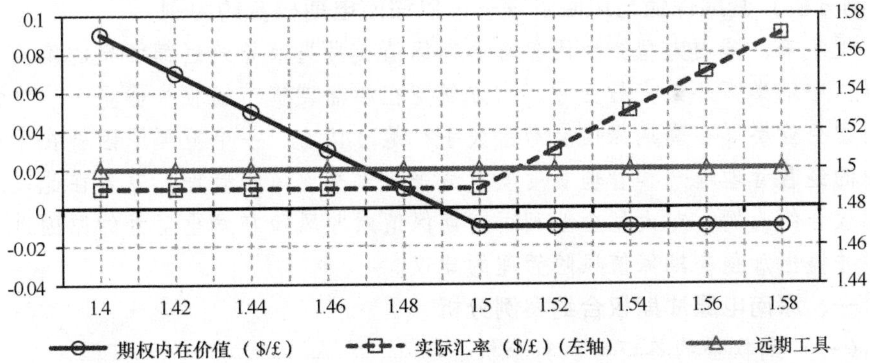

图 5-5　Coleman 公司卖出期权的内在价值及其获得的实际汇率

从图 5-5 可以看出，当市场汇率高于 USD1.50/GBP 时，Coleman 公司不会行权，因为其到市场中出售英镑所获更多。但此时 Coleman 公司所获的实际汇率为市场汇率扣除权利费之余额，并且市场汇率越高，英镑升值越甚，Coleman 公司更愿意放弃行权，此时它所获得的实际汇率越高。如果汇率低于 USD1.50/GBP 时，Coleman 公司会选择行权，此时市场中英镑贬值，但 Coleman 公司仍能以相对较高的价格出售英镑。此时其所获得的实际汇率为行权价扣除权利费，为 USD1.49/GBP。

就卖出期权对于 Coleman 公司的内在价值而言，当汇率高于 USD1.50/GBP 时，Coleman 公司放弃行权，此时期权对于 Coleman 公司的价值是权利费的损失，即 USD0.01/GBP。如果汇率低于 USD1.50/GBP，那么 Coleman 公司选择行权，期权对于 Coleman 公司的价值为行权价减去市场汇率和权利费的余额。由此可见，卖出期权对于 Coleman 公司真正的价值体现为市场汇率大跌时，Coleman 公司仍能“安全”地以较高的汇率出售英镑资产。如果市场汇率大涨时，Coleman 公司可以放弃行权，转而从市场中寻求“好处”。不管 Coleman 公司是否行权，权利费是其必须缴纳的费用，构成其沉淀成本。计算 Coleman 公司实际成本/收益时不能忽略这一点。

对比期权工具与远期工具，不难看出当市场汇率低于 USD1.51/GBP 时，远期交易更有优势，因为此时远期交易给 Coleman 公司带来的汇率水平高于期权交易。如果市场汇率超过 USD1.51/GBP，则期权交易的优势非常明显。由此可见，期权、远期和其他套期保值工具之间并无绝对的优劣之分，未来市场汇率的走势才是影响公司选择的关键。

在本例中，Coleman 公司采用期权套期保值所获的期望收益为 1 776 000 美元。

【案例分析】套期保值与风险管理——以深南电期权合约为例

近年来，国内大型企业因参与套期保值交易失败导致巨额亏损的案例屡见不鲜：中信泰富外汇交易巨亏、东方航空在燃油期货市场损失惨重……缘何这些大型企业屡屡在套期保值交易上失手？笔者认为，一个重要原因就在于这些企业的经营管理理念和管理制度没有适当引入全面风险管理。笔者在此以深南电期权合约为例，对大型企业利用套期保值对冲风险却发生巨亏的原因进行分析，并提出加强套期保值风险管理的建议。

一、深南电原油期权合约案例分析

（一）期权合约签订与执行分析

2008 年 3 月，深圳南山热电股份有限公司（以下简称深南电）与高盛集团子公司杰润公司（以下简称杰润公司）之间签订了两份期权合约的确认书。虽然双方签订的合同规定杰润公司帮助深南电进行套期保值，但是合同的交易内容却带有明显的对赌性和不可控性。杰润公司将简单的期权协议拆解成三份来描述，实质上每份期权协议都是由两份原油期货看跌期权合约组成。深南电和杰润公司分别是这一看跌期权的卖方和买方，双方签订的两份期权确认书见表 5－6。

根据确认书的内容，用原油的市场价格与期权的执行价格进行比较，可以得出在不同原油价格下深南电期权合约的损益情况，见表 5－7。

表 5-6　交易双方签订的期权确认书

项目		期权确认书 1	期权确认书 2
有效期		2008/3/3—2008/12/31	2009/1/1—2010/10/31
期权 1	执行价格（美元/桶）	63.5	66.5
	期权费（万美元）	30	30
	标的物	20 万桶原油	20 万桶原油
期权 2	执行价格（美元/桶）	62	64.5
	期权费（万美元）	0	0
	标的物	浮动价 >62 美元，20 万桶原油	浮动价 >64.5 美元，20 万桶原油
		浮动价 <62 美元，40 万桶原油	浮动价 <64.5 美元，40 万桶原油

表 5-7　深南电损益分析计算表

期权合约	项目	期权 1 和期权 2 均不被执行	期权 1 被执行	期权 1 和期权 2 均被执行
期权确认书 1	油价（美元）	P >63.5	62 < P <63.5	P <62
	标的物（万桶原油）	20	20	40
	损益情况（万美元）	30	（P-62）×20	-（62-P）×40
期权确认书 2	油价（美元）	P >66.5	64.5 < P <66.5	P <64.5
	标的物（万桶原油）	20	20	40
	损益情况（万美元）	30	（P-64.5）×20	-（P-64.5）×40

深南电与杰润公司签订的两份期权合约实质上是两份对赌协议。在第一份合约中，如果油价高于 63.5 美元，深南电每月可以获得 30 万美元的收益；如果油价跌到 62 美元以下，每跌 1 美元，深南电就亏损 40 万美元。理论上最高盈利为 $30\times10=300$（万美元），最高亏损额却为 $40\times62\times10=2.48$（亿美元）。而在第二份合约中，从表面上看，这份期权互换同第一份期权互换基本类似，但第二份合约实际上是一个复合期权，杰润公司对合约具有优先选择权，

即可以根据市场价格的波动情况选择是否激活第二份协议中的期权互换。只有当石油价格在2008年12月30日远低于62美元时，杰润公司才会激活这份互换协议，这份合约对深南电来说几乎没有任何避险功能。

上述协议的签订对于深南电来说，风险远远大于收益。以第一份合约为例，只要在2008年年底前，油价不跌破62美元/桶，深南电将只赚不赔。合约签署时，原油期货价格约为每桶100.75美元，且在相当一段时间之内保持上涨的趋势，年内油价跌破62美元/桶显然是一个“小概率事件”。然而，在合约签署后，国际原油价格在金融危机的影响下经历大起大落，从2008年3月到10月，国际原油期货价格均位于62美元/桶的上方。根据双方的约定，杰润公司每月须向深南电支付30万美元，深南电应收到240万美元。油价于10月下旬已跌破62美元，根据协议，深南电应按照（62美元/桶－浮动价）×40万桶的金额向杰润公司支付现金（浮动价为“每个决定期限内纽约商品交易所当月轻质原油期货合约的收市结算价的算术平均数”），由此深南电在11月和12月共亏损1 007万美元，吞噬了此前数月深南电的对赌收益。

第一份油品期权合约仅两个月的亏损就相当于前8个月盈利的4.2倍，深南电成了这场赌局的输家。

而从该期权合约的实际执行期限上看，杰润公司付给深南电从2008年3月到9月的看跌期权费共计210万美元，划入其他应收款项下的暂收衍生金融工具合同；2008年10月下旬，深南电被证监会限期整改，其股票随后停牌；2008年12月13日，合约双方宣布终止交易。

（二）深南电套期保值巨亏原因分析

1. 工具选择不合理。作为采购原油型企业，为了转嫁燃料成本上涨的风险，深南电没有选择在期货市场上买入期货合约或者保值意义较大的买入看涨期权，而选择了风险最大、潜在收益有限的看跌期权，这其中一个很重要的原因就是深南电看重的是交易结束前不发生实际成本支出，卖出看跌期权还会收到一定的权利金，从而规避了不能正常调度外汇资金进出境外的困扰。客观地讲，一般企业是不会把卖出看跌期权作为基础的保值手段的，而往往是与买入看涨期权相配合。

2. 具有明显的对赌性，带有投机色彩。套期保值的目的是锁定成本和稳定利润，而不是为了获得更多的利润，强调的是稳定性而不是获利性。而深南电与杰润公司签订的交易合约具有明显的投机获利动机，实质上就是一份对赌协议。深南电作为看跌期权的卖方是在赌未来原油期货价格上涨，而杰润公司作为看跌期权的买方是在赌未来原油期货价格下跌，二者均违背了套期保值的最终目的。

3. 风险意识薄弱。深南电在交易合约中锁定了自己的盈利空间且风险不可控，形成一个“盈利有限、风险无限”的油价对赌的结构性期权协议，这种结构违背了套期保值交易对等的原则。据双方签订的“赌约”，当原油价格上涨高于62美元时，深南电能赚取非常有限的固定收益，但当油价跌至62美元以下时，其付出则将成倍放大。

4. 过分依赖国外金融机构。在这场油价赌局里，高盛至少扮演了三个角色——预测家、投机商和对赌方。预测家角色由高盛的研究部门扮演，投机商角色由高盛旗下的投机基金公司扮演，对赌方由高盛旗下专事提供对赌协议的杰润公司扮演。深南电签订的交易合约，在开始策划的过程中，高盛是帮助深南电进行套期保值的，深南电处于方案需求者的地位，高盛银行则处于咨询服务的地位，双方之间是服务与被服务的关系。但进入交易条款时做的方案却是投机和对赌性的，当游说和咨询服务提供完之后，高盛成了深南电的交易对手。这种对手位置和性质的转变与错位，很难保证交易的公正性。

5. 进行衍生品场外交易。近年来，国内一些企业在海外期权交易中发生亏损的一个普遍现象是无一例外地选择在场外市场进行交易，而且尤以场外期权交易为重要领域。企业对衍生品场外交易的记账和披露均很少，由于无法准确发现交易对手的风险敞口，使得风险进一步增大。

二、加强套期保值风险管理的建议

（一）慎重对待风险较大的卖出看跌期权进行套期保值

对买入看涨期权（保值头寸）在先的企业来说，适当卖出看跌期权有两重意义：一是在市场明确处于牛市的状态下，所卖出的看跌期权一般不会遭遇行权，通过卖出看跌期权所得的权利金可以适当弥补买入看涨期权的成本；二是卖出看跌期权相当于保值者以负成本方式建立了一份比市场价格低的期货买入合约，对于风险偏好比较稳定和市场跟踪与风险处置能力较强的企业来说，这是防范买入看涨期权失效时的一种次优保值策略。

（二）明确保值目的，少做投机交易

判断一宗交易方案和结果是套期保值还是投机交易，其本质不是盈利与否，而是期货与现货对应的正确性和适当性。成功的套期保值企业往往能够坚持“只保值、不投机”的原则。而有些企业虽然参与期货市场的初衷是套期保值，但由于设计的方案不科学，使套期保值方案或操作过程本身带有投机色彩或风险不可控性。而只要陷入投机状态，企业的套期保值就面临成败各半的局面，一旦市场发生逆转，企业就会遭受损失。所以，进行套期保值的企业要按照保值的最终目标科学设计保值方案和操作流程。

（三）培育全面风险管理的理念

企业在计划开展套期保值业务时，要注意培育全面风险管理的理念，即围绕套期保值、风险管理这个核心，重新理顺公司的经营管理体制、机制和流程；建立各部门配合套期保值业务的机制，各环节的决策人员都应对套期保值有基本的了解；套期保值计划方案的调整，需要企业计划、采购和营销、生产、仓储、财务等各部门共同协商完成。在设计保值规模时，要根据保值目标和市场方向来确定合理的期货头寸；在设计套期保值周期时，要考虑未来的不确定性。如果是客观需要周期较长的保值方案，要按照规模递减的原则，在头寸建立上拉开时间和规模梯次，以降低远期的未知风险。

（四）完善企业内部控制制度，加强监督管理

首先，实行决策民主，防范决策风险。企业应通过分层的组织体制设计，实现套期保值业务决策的程序化和民主化。其次，构建管理体系，明确交易授权。一般来说，套期保值业务都是在企业高层的统一领导下，由贸易部、期货部、风险管理部和财务部等共同配合进行，各部门要做到相互协作、相互制衡，加强内部牵制制度。再次，重视风险评估，做好实时监督。在套期保值业务管理中，风险评估的主要目的在于控制现金流风险，保证套期保值头寸的安全。风险管理人员每天应从专门渠道取得用于风险评估的价格数据，对企业的期货头寸进行盯市风险预测，还要定期对期货头寸进行敏感度分析、情景分析等工作，以获得对头寸风险的全面评估结果。最后，完善报告制度，加强监督管理。风险管理人员每天要对期货交易员的交易记录进行监督，检查期货交易是否与保值方案的规定相一致，当出现违规交易、市场重大变动等情况时，风险管理人员还要立即制作相应报告提交给企业管理层或董事会。

（五）加强套期保值的外部监管

一是加强金融机构衍生工具创新和衍生市场运行制度建设。监管部门需与立法部门加强合作，尽快完善场外衍生产品市场的监管立法，并通过与国际监管机构进行沟通协调，使场外衍生品市场监管政策标准尽可能与国际保持一致，避免因跨境流动而削弱监管效果。二是场外金融衍生产品的结构复杂性和非标准化特征，增加了投资者对衍生产品的风险认知难度，这就要求在监管措施中强调金融衍生工具开发机构应充分披露产品交易结构与基础资产状况，揭示风险关联因素，防止场外衍生产品向不成熟的市场投资者进行不当销售。三是加强场外衍生产品市场的信息披露，对交易采用电子化处理，加强交易的确认、公布和执行等。

六、综合评价

以 Coleman 公司面临的 120 万英镑应收款问题为例，在上述四种套期保值工具下其所获收入分别为：远期 1 800 000 美元，期货 1 784 250 美元，货币市场套期保值 1 809 694. 12 美元，期权套期保值 1 776 000 美元。从这四种工具来看，货币市场套期保值给 Coleman 公司带来的收入最多，因此如果进行外汇避险的话，应当采用货币市场套期保值的方法。

但这不是严谨的逻辑。如果 Coleman 公司不进行任何避险操作，任凭市场汇率波动，到期时以市场价出售 120 万英镑货款，此时收入如何？根据前面给出的 4 月 1 日到期时即期汇率分布情况，可以计算出到期时的期望汇率水平为 USD1. 49/GBP，期望的收入为 1 788 000 美元。显而易见，此收入水平低于货币市场套期保值下的收入水平。因此，最终给出的管理方案是采用货币市场套期保值的方法消除汇率风险。

第四节　交易风险管理过程中的局限性

运用衍生金融工具避险应坚持审慎的原则。各种避险措施都存在着利弊，经济主体应根据自身业务需要，慎重选择避险工具。

首先，规避外汇交易风险要付出相应的管理成本，因此，要精确核算管理成本、风险报酬和风险损失之间的关系。

其次，应综合全面考虑，尽可能通过抵消不同项目下的货币资金敞口，降低或消除外汇交易风险。

最后，防范外汇交易风险的方法多样，达到的效果各不相同，经济主体应按自身情况选择合理的避险方案。

前面给出了比较严谨的针对交易风险的管理思路，但现实中还需注意一些影响交易风险管理的因素。这些因素主要分成两类：现金流的不确定性和重复避险。

一、现金流的不确定性

前面提到的针对“应收款”“应付款”交易风险管理的工具都假定现金流是确定的。但现实中跨国公司面临的现金流往往存在不确定性。这样基于确定现金流下的避险方案，在不确定现金流的背景下有可能招致新的汇率风险。

以 Coleman 公司为例，按照前面的分析，其将采用货币市场套期保值的方法规避 120 万英镑应收款的交易风险。如果 4 月 1 日到期时，Coleman 公司收到的英镑为100万英镑，低于预期，那么在货币市场套期保值中，共117.647万英镑借款的本息和为120万英镑。Coleman公司用英镑货款偿付英镑借款本息和的想法落空，Coleman公司不得不到市场中按即期汇率购买20万镑以补充不足。那么这种情况下Coleman公司面临着风险敞口，一旦英镑即期汇率上扬，则公司将支付更多的美元去购买英镑。这种情况称为过度避险（Overhedging）。

如果4月1日到期时Coleman公司收到的英镑为150万，高于预期，那么自然Coleman公司有足额的英镑支付借款的本息和，但多余的30万镑则须按照市场汇率出售。如果届时即期市场中英镑缩水，Coleman公司也面临着收入下降的风险。这种情况称为避险不足（Underhedging）。

无论过度避免还是避险不足都会导致企业面临外汇风险敞口，进而无法实现完全避险，这就是所谓的“走火（Back Fire）”。

二、重复避险问题

对于长期从事固定进出口业务的公司而言，如果它重复进行交易避险可能具有一定的局限性，尤其是汇率处于长期升值或者贬值的通道时，重复避险可能导致局部理性但整体上的非理性。

以Coleman公司为例，长期对外贸易中Coleman公司每3个月都会有固定收入120万英镑，并且它采用远期方式进行套期保值，恰英镑处于贬值通道中，则可能出现局部理性而整体非理性的困境（见图5－6）。

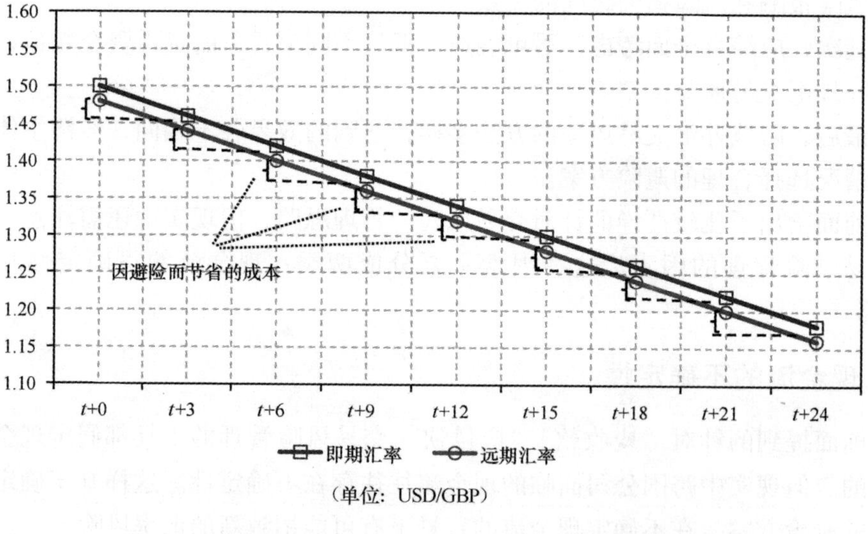

图5－6　当英镑持续贬值时Coleman公司的重复避险效果

从图5－6中可以看出，在每期期初Coleman公司都会卖出英镑远期，提前锁定英镑收入的美元价值。到期时，英镑即期汇率下跌，Coleman公司可以以较高的汇率出售英镑资产，然后在远期市场中继续出售下一期英镑收入。周而复始，不难看出Coleman公司的每期操作都是正确的，具有“局部理性”。但是在英镑贬值的大趋势下，Coleman公司应该在$t+0$期就出售未来所有期限（$t+3$、$t+6$、$t+9$等）的英镑收入，进行长期避险，这样所获收益能达到最大，这才是“整体理性”（见图5－7）。

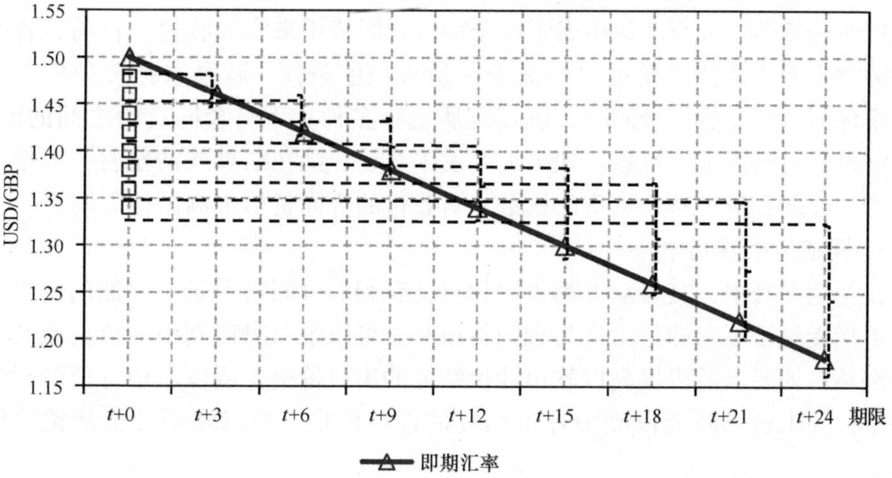

图5－7　当英镑持续贬值时Coleman公司进行长期避险效果

从图5－7中不难看出，如果在$t+0$期就出售未来所有期限的英镑收入进行长期避险，那么Coleman公司所获收益（三角形部分）将远高于图5－6中的局部避险收益。

第五节　其他的交易风险管理手段

除了上述套期保值操作外，跨国公司还应从账户管理、计值货币选取、风险分摊等几个角度加强交易风险管理。

（一）加强账户管理，主动调整资产负债

以外币表示的资产负债容易受到汇率波动的影响，资产负债调整是将这些账户进行重新安排或转换成最有可能维持自身价值甚至增值的货币。

（二）签订合同时的防范措施

可供签订合同时选择的防范措施，包括选择好合同货币、加列合同条款、调整价格或利率。

1. 选择好合同货币

在有关对外贸易和借贷等经济交易中，选择何种货币作为计价结算的货币或计值清偿的货币，直接关系到交易主体是否将承担汇率风险。在选择合同货币时可以遵循以下基本原则：第一，争取使用本国货币作为合同货币。第二，出口、借贷资本输出争取使用硬币，即在外汇市场上汇率呈现升值趋势的货币。

2. 在合同中加列货币保值条款

货币保值是指选择某种与合同货币不一致的、价值稳定的货币，将合同金额转换用所选货币，按所选货币表示的金额以合同货币来完成收付。目前，各国所使用的货币保值条款主要是“一篮子”货币保值条款，就是选择多种货币对合同货币保值，即在签订合同时，确定好所选择多种货币与合同货币之间的汇率，并规定每种所选货币的权数。如果汇率发生变动，则在结算或清偿时，根据当时汇率变动幅度和每种所选货币的权数，对收付的合同货币金额做相应调整。

3. 调整价格或利率

在一笔交易中，交易双方都争取到对己有利的合同货币是不可能的，当一方不得不接受对己不利的货币作为合同货币时，可以争取对谈判中的价格或利率做适当调整：如要求适当提高以软币计价结算的出口价格，或以软币计值清偿的贷款利率；要求适当降低以硬币计价结算的进口价格，或以硬币计值清偿的借款利率。

（三）根据实际情况，灵活掌握收付时间

在国际外汇市场瞬息万变的情况下，提前或推迟收、付款，对经济主体来说会产生不同的效益。因此，应善于把握时机，根据实际情况灵活掌握收付时间，采用提前或延后、配对、保险等方法规避汇率风险。

提前或延后收付外汇是指涉外经济实体根据对计价货币汇率的走势预测，将收付外汇的结算日或清偿日提前或错后，以达到防范外汇风险或获取汇率变动收益的目的。

外汇配对是指涉外主体在一笔交易发生时或发生后，再进行一笔与该笔交易在币种、金额、收付日上完全相同，但资金流向正好相反的交易，从而使两笔交易所面临汇率变动的影响相互抵消的一种做法。

外汇保险是指涉外主体向有关保险公司投保汇率变动险，一旦因汇率变动而蒙受损失，便由保险公司给予合理的赔偿。汇率风险的保险一般由国家承担。

【本章小结】

1. 交易风险（Transaction Exposure）是国际企业的一种最主要的风险，指国

际企业在经营过程中，由于货币汇率的变化而引起所拥有的债权或应付的债务价值变化的风险。

2. 交易风险主要存在于三类情形之中：①以即期或延期付款为支付条件的商品或劳务的进出口，在货物装运和劳务提供后而货款或劳务费用尚未收付前，外汇汇率变化所发生的风险；②以外币计价的国际信贷活动，在债权债务未清偿前所存在的汇率风险；③待履行的远期外汇合同，约定汇率和到期即期汇率变动而产生的风险。

3. 外汇交易风险产生的根本原因是跨国公司存在外汇敞口。一旦公司存在外汇风险敞口，那么汇率变动一定会导致外汇资产（收入）、负债（支出）的本币价值发生变动，进而导致公司净值变化。同时，即便公司外汇资产（收入）、负债（支出）的额度一致，但期限不匹配，其同样面临外汇风险。如果跨国公司不存在外汇敞口，即公司的外汇资产（收入）、负债（支出）额度相当，期限一致，那么汇率的变化不会对其净值产生影响。

4. 可以使用外汇资产组合汇率标准差和 VaR 方法测度公司的汇率交易风险程度。

5. 交易风险管理是跨国公司通过各种金融工具防范金融风险的过程。这一过程涉及以下五个环环相扣的问题：公司面临的是何种风险？风险程度如何？公司面临的是外币“应收款（Receivable）”还是“应付款（Payable）”问题？应采用何种风险管理工具？最终的管理方案是什么？

6. 现实中还需注意一些影响交易风险管理的因素。这些因素主要分成两类：现金流的不确定性和重复避险。在不确定现金流的背景下有可能招致新的汇率风险，而重复避险可能导致局部理性但整体上非理性。

【本章习题】

1. Benou 公司在印度尼西亚和泰国有两家分公司，每年分别产生60 万美元和40 万美元的利润。根据历史经验，印度尼西亚卢比对美元汇率年度标准差为7%，泰铢对美元汇率年度标准差为 8%，同时泰铢和卢比之间的相关系数为0.5。请测度 Benou 公司的交易风险程度。

2. 承接上题，如果泰铢对美元的汇率以及卢比兑美元的汇率都是正态分布的，请使用 VaR 的方法测算在95% 的置信水平下 Benou 公司在未来一年将面临的最大损失。

3. 1997 年6 月，德国马克/美元的汇率连续复合日收益率样本标准差为0.53%。假定一个投资者持有1 000 万美元的马克/美元汇率合约，则该投资者在95% 的置信水平下一天持有期的 VaR 是多大？未来1 个月呢？

4. 假定Viner公司未来一年需要100 000欧元。欧元对美元即期汇率为1.18USD/EURO，一年远期汇率为1.20USD/EURO。欧元的存款利率为5%，美元的借款利率为8%。同时衍生品市场中欧元买入期权的行权价为1.20USD/EURO，权利费为0.03USD/EURO。根据以往经验，一年后的即期汇率分布情况如下：

未来一年时的即期汇率	概率（%）
\$ 1.16/€	20
\$ 1.22/€	70
\$ 1.24/€	10

给定上述背景，请分析Viner公司是否应该进行套期保值？如果应该进行套期保值，那么应当采用何种工具？

5. 假定Carbondale公司未来一年内将收入500 000新加坡元，目前新加坡元与美元的即期汇率为 \$ 0.60，一年远期汇率为 \$ 0.62，Carbondale公司预期未来一年后的即期汇率分布情况如下：

未来一年后的即期汇率	概率（%）
\$ 0.61	20
\$ 0.63	50
\$ 0.67	30

假定Carbondale公司获得一个行权价为 \$ 0.63、权利费为 \$ 0.03每单位的卖出期权。同时买入期权的行权价为 \$ 0.60、权利费为 \$ 0.03每单位，美元和新加坡元的存贷款利率如下：

	美元	新加坡元
存款利率（%）	8	5
贷款利率（%）	9	6

给定上述背景，请分析Carbondale公司是否应该进行套期保值？如果应该进行套期保值，那么应当采用何种工具？

第六章 经济风险的计量

【本章提要】

本章首先阐述了经济风险的概念及成因；其次分析了经济风险对跨国公司、本国公司带来的影响；最后针对规避经济风险提出了调整经营战略与利用交易管理办法进行保值的两种管理办法。

【学习目标】

通过本章学习，读者应该明晰：①经济风险的成因及计量；②经济风险对跨国公司、本国公司的影响；③管理经济风险的方法及其应用。

第一节 经济风险的概念

一、经济风险的形成

经济风险（Economic Risk），又称经营风险（Operating Risk），指的是非预期的汇率变动通过影响企业的生产销售数量、价格、成本以及费用等引起企业未来现金流量减少的一种风险。汇率变动会影响企业的生产成本、销售价格，这将引起企业销售产量的调整，并最终使企业的获利水平发生改变。值得注意的是，经济风险定义里的汇率变动是非预期的变动，不包括预期中的汇率变动。因为企业在对未来经营策略进行决策时已经将预期汇率的变动纳入考虑之中，因此预期中汇率变动的影响并不会构成企业的经营风险。经济风险不仅包括交易风险，还包括汇率变动影响企业现金流的风险等。

例如，日本企业出口至美国的汽车配件价格以日元标价，日元的升值或贬值并不会给企业带来交易风险，但其仍然面临着经济风险。假设美元兑日元贬值，则美国进口汽车配件的公司将同时面对交易风险与经济风险；为了降低成本，美国进口企业很有可能放弃进口，选择在国内购买汽车配件。这种选择最终将导致日本企业的收益下降，尽管出口产品以日元标价。

经济风险对企业的影响是持续和长远的，这些影响通常与通货膨胀、利率等其他因素联系在一起给企业的收益带来损失。在对经济风险进行管理之前，首先需要明确企业面临的经济风险的几种情形。

表6－1举例说明了美国跨国企业面临经济风险的较为常见的国际业务。表中所列的第1、第2个例子涉及直接的货币兑换，因此它们代表了企业所面临的交易风险。这些业务包括以外币计价的“应收账款”业务、以外币销售产品、购买以外币标价的进口产品、对外投资的外币利息收入以及欠外国贷款的应付利息。表中所列的第三、第四个例子不涉及货币兑换的业务，尽管不会面临交易风险，但仍然面临经济风险，因为企业这些业务的现金流量会受到汇率波动的潜在影响。汇率波动虽然对这些业务没有直接的影响，但其影响企业现金流量的程度不亚于直接的货币兑换。当英镑贬值时，英国消费者会转向购买本国的产品，这样会对美国出口企业的现金流量产生不利影响；同时，也会降低美国本土企业的产品在本地的销量，进而减少企业的现金流量。

表6－1　企业面临经济风险情况举例

汇率波动情况	美国企业面临的经济风险
英镑贬值	1. 合同约定以英镑销售出口产品
英镑升值	2. 合同约定以英镑购买进口产品
英镑贬值（英国消费者更倾向购买英国产品）	3. 以美元向英国销售产品，存在英国本土竞争者
英镑贬值（本国消费者转向购买英国产品）	4. 在本国销售商品，存在英国同类产品竞争者

二、对企业的影响

（一）经济风险与跨国公司

1. 本国货币升值的经济风险

当本国货币升值时，就企业现金流入而言，本国出口企业的现金流入减少，企业将会受到汇率波动带来的不利影响。这是因为本国货币的升值使得以本币标价的出口产品的价格提高，降低了其产品在外国市场的竞争力，导致企业在当地市场的销售收入下降，从而引起企业现金流的减少。就企业现金流出而言，本币的升值使进口企业的现金流出减少，企业将会受到汇率波动带来的有利影响。因为本币的升值使得以外币标价的进口原材料成本降低，同时待支付的外币筹资的利息将会减少（利息以本币偿还）。总之，本国货币的升值会导致企业现金流入量和流出量的减少。本币升值对企业的影响是利是弊取决于企业现金流入量受到的影响大于还是小于现金流出量受到的影响。例如，如果企业的主要经营方向是出口业务，并且生产原料全部来自于国内，则该企业受到汇率波动的现金流入的不利影响将远远超过其现金流出的有利影响，这将会使企业的净现金流减少。如果企业的生产原料均来自外国，那么本币升值对其现金流入的不利影响将会被抵消一部分。

【例 6.1】 2000 年至 2013 年英镑与美元的汇率如图 6－1 所示。在 2005 年美元兑英镑汇率为 0.67£／$，而在 2007 年英镑对美元升值约 25%，汇率变为 0.50 £／$。英镑升值的这种变化不利于其汽车出口企业。假设英国汽车的生产成本为10 000英镑，在国内的销售价格是 15 000 英镑。将汽车售价按照 2000 年的汇率换算成美元价格约为 22 388 美元（15 000/0.67）。然而在 2007 年由于英镑的升值，汽车的美元价格变为 30 000 美元（15 000/0.5）。英国销往美国的汽车价格上涨近 8 000 美元，美国消费者无疑会减少对英国汽车的购买，英国汽车企业在美国市场的收益也随之下降。此时若英国企业想继续在美国市场保持其产品的竞争力，那么它至少得将产品价格维持在 2000 年的 22 388 美元，即英国企业销往美国的汽车售价降为 11 194 英镑，一台汽车的利润减少 3 806 英镑。显然，英镑升值不利于本国产品的出口。

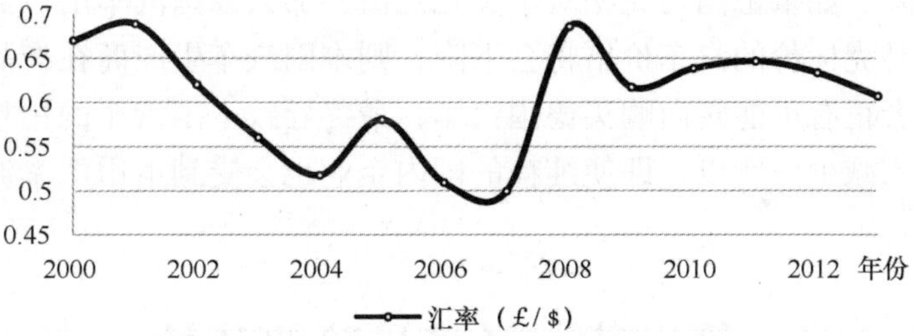

图 6－1　美元兑英镑的汇率变化图

例 6.1 举例说明了本国货币升值给出口企业带来的不利影响。当本国货币的实际汇率升值时，将导致企业出口产品的价格上升，降低了出口企业产品在外国市场的竞争力，使企业在外国市场的利润下降。在本国货币升值的背景下，企业想要继续维持其产品在外国市场的竞争力，将不得不降低出口产品的定价，这同样会给本国企业的收益带来一定程度的损失。

2. 本国货币贬值的经济风险

本国货币贬值对企业的影响与升值相反。就现金流入量而言，由于以本币标价的出口产品的价格下降，提高了其产品在外国市场的竞争力，增加了外国市场对本国出口产品的需求，跨国企业在当地市场的销售收入上升。另外，对外投资的外币利息和股利将会兑换较多的本国货币，从而引起企业现金流入的增加。就企业现金流出而言，以本币计价的进口产品不会直接受到汇率变动的影响。然而企业进口以外币标价的产品的成本将会增加，因为在外币产品价格不变的基础上，本币贬值使得企业需要花费更多的本币去购买进口产品，同时外币融资的利息支出也会增加，从而引起企业现金流出的增加。总体上看，本国货币贬值会导致现金流入量和流出量增加。本币贬值对企业的影响最终是否有利将取决于企业主要从事的国际业务。如果企业主要从事出口并且生产原料全部来自国内，那么企业将会受益于本国货币的贬值；反之，如果企业的原材料需要从国外进口，那么本币贬值给企业带来的收益将会被抵消一部分。

（二）经济风险与纯粹国内企业

经济风险不仅影响跨国企业，对国内企业也有影响。虽然本国企业的产品只在国内市场销售，并且生产投入也来自国内，但是只要本国经济对外开放，国内企业依旧会受到汇率变动的影响。例如，美国的一家汽车生产商，其生产原材料与销售全部在国内，并且其投资来源于本国银行，需要支付的利息也以本币计价。因为该企业仅以本币进行交易，因此它将不会面临交易风险。然而，如果该企业所在的国内市场有外国同类产品（如德国汽车产商）的竞争，那么它也将面临经济风险。如果德国马克相对于美元贬值，那么德国汽车出口商销往美国市场的以德国马克标价的汽车价格将会下降，则本国汽车生产商在产品竞争上处于劣势，消费者很有可能转向购买德国汽车，最终导致本国汽车的销量下降，企业的净现金流入减少。所以，即使纯粹的国内企业也会受到本币汇率波动带来的间接影响。

第二节　经济风险的计量

跨国企业面临着经济风险，因此对经济风险进行定量分析并且对该类风险进行规避非常关键。

【例6.2】　美国的跨国公司甲公司是一家电子产品销售公司，每件电子产品售价为500美元。该公司每年大约在本国销售60万件电子产品，向英国销售100万件电子产品。公司的劳动力均来自美国当地，劳动力成本一年为6 000万美元。产品生产的全部原材料从英国进口，每年进口原材料的成本为18 000万英镑。为了让公司正常运转，甲公司向本国银行申请了3 000万美元的贷款，贷款利息为4%（利息对汇率变化不敏感）。2014年的汇率为0.60£／\$，计算出甲公司在2014年的税前收入。假设美元对英镑升值，汇率变为0.70£／\$，在升值情况下计量升值对甲公司税前收入的影响。假设美元对英镑贬值，汇率变为0.50£／\$，在贬值情况下计量贬值对甲公司税前收入的影响。（由于在英国市场上电子产品的可替代性强，产品的价格需求弹性较大，因此在本币升值为0.70£／$时，产量降低20%；在美元贬值为0.50£／$时，产量增加20%）结果见表6－2、表6－3。

表6－2　汇率不变时甲公司收入与支出（单位：百万美元）

	美国业务	英国业务
销售收入	$ 300	$ 500
原材料成本	—	$ 300（＝£ 180/0.60）
劳动力成本	$ 60	—
利息支出	$ 1.2	—
税前收入	$ 238.8	$ 200

表6－3　汇率变动对甲公司税前收入的影响（单位：百万美元）

	汇率变动情况		
	0.50£／$	0.60£／$	0.70£／$
销售收入：			
美国	$300	$ 300	$ 300
英国	$ 600	$ 500	$ 400
合计	$ 900	$ 800	$ 700
原材料成本：			
美国	—	—	—
英国	$ 360（＝£ 180/0.50）	$ 300（＝£ 180/0.60）	$ 300（＝£ 180/0.70）
合计	$ 360	$ 300	$ 257.14
劳动力成本：			
美国	$ 60	$ 60	$ 60
英国	—	—	—
合计	$ 60	$ 60	$ 60
利息支出：			
美国	$ 1.20	$ 1.20	$ 1.20
英国	—	—	—
合计	$ 1.20	$ 1.20	$ 1.20
税前收入	$ 478.8	$ 438.8	$ 381.66

表6－3第2列和第4列分别计算出本币（美元）贬值、本币（美元）升值

两种汇率波动情况对甲公司税前收入的影响。当美元贬值时，出口产品换算成英镑的价格下降，在英国市场的竞争力提高，英国市场对出口电子产品的需求增加，甲公司在英国的销售收入上升。同时甲公司生产产品的原材料均来自英国，美元的贬值使甲公司的生产成本提高。由于甲公司的主营方向是出口业务，美元贬值带来的销售收入的增加超过了生产成本的增加，因此公司的税前收入增加。反之，当美元升值时，出口产品换算成英镑的价格上升，英国市场对出口电子产品的需求减少，甲公司在英国的销售收入下降。虽然进口原材料的成本减少，但成本的减少不足以抵消销售收入的大幅下降。所以在美元升值时甲公司的税前收入减少。

第三节　经济风险的管理

汇率波动对跨国企业以及本国企业的现金流入量和现金流出量等方面都产生了一定的经济影响，因此经济风险的管理最重要的是将汇率波动因素放进企业的基本经营决策中加以考虑。企业不能被动地在金融市场上规避经济风险，管理层应该从企业发展的长远利益出发，制定具有前瞻性的、主动的经营策略去管理经济风险。经济风险的管理主要包括调整经营战略与利用交易管理办法进行保值。

一、调整经营战略

（一）提前或滞后支付

企业可以运用提前或者延后支付和接受外汇的时间来减少经济风险。当企业预计本币将要贬值时，则应该提前支付外币应付的货款、贷款或融资利息支出等，同时延迟收回外币应收的货款、投资利息收入等。反之，当企业预计本币将要升值时，则应该延后支付外币应付款，同时提前收回外币应收款。通过这样的方法企业能够获得外汇波动带来的收益。但是这种方法属于零和博弈，交易的对方企业并不会轻易放弃汇率收益，承担过多的经济风险。在交易双方签订合同时一般会对收款和付款时间做明确的界定，因此这种方法存在局限性。

（二）多元化的经营安排

企业从事的业务种类越多，经营范围越广，企业分散风险的能力就越强。多元化的经营安排不仅仅是在不同的业务领域经营，最重要的是在全球不同国家进口原材料、生产及销售出口产品。当跨国企业在不同的国家分散经营后，某个国家汇率的波动对该企业的不利影响将可能被其他国家汇率波动带来的有利影响所抵消，这么一来企业整体的经济风险将大大降低。

多元化经营的另一个优点是如果跨国企业已经实现了海外生产，那么在本币升值时，可以通过增加在外国的生产活动，利用外国的原材料和劳动力进行生产，进而降低企业的生产成本。反之，在本币贬值时，将减少外国原材料和劳动力的使用，减少在该国的生产活动。这种转移产品产地的方法会造成生产效率的下降，不利于实现规模经济。

（三）产品定价策略

企业面对经济风险进行产品定价时，需要考虑两个关键问题。

首先是市场占有率与利润额的抉择问题。当本币升值时，以本币标价的出口产品的外币价格提高，降低了该产品在外国市场的竞争力，导致企业在当地市场的销售收入下降。此时企业需要考虑的是保持价格不变进而维持利润额、放弃一部分市场份额，还是选择保持原有市场份额、降低出口产品的本币价格；当本币贬值时，企业需要考虑的是选择提高本币价格增加利润额、保持市场份额不变，还是选择保持本币价格不变进而扩大市场份额。企业不论选择市场份额还是利润额，其最终目的都是为了实现利润的最大化。企业的具体决策受到许多因素的制约，比如，汇率需求价格弹性、规模经济、波动持续时间以及企业面临的竞争激烈程度等。显然，产品的需求价格弹性越大，出口产品价格的降低将较多地增加产品销售，进而使利润增加，此时选择降价以扩大市场份额的策略就越有利。同时，规模经济效应越显著，则随着单位产品生产成本的降低，降低出口产品价格以扩大市场份额的策略也将越有利。如果汇率的变化是短期的，那么为了维持利润额而放弃市场份额是极其不理智的，因为一旦失去了这一部分市场份额再想要重新占领市场将变得比较困难。另外，如果跨国企业面临的市场竞争非常激烈，那么当本币贬值时，公司调整产品价格的余地会增大。公司既可以保持产品价格不变进而扩大市场份额，也可以随着进口产品价格的上涨而提高出口产品价格。

其次是价格调整合适频率的问题。跨国公司在调整价格时，需要考虑到这一行为对下游零售商所产生的影响，过于频繁的价格调整使零售商的成本不断发生变化，会对其既定的整个经营策略带来较大的影响，使零售商不得不紧随着价格的变动调整利润率。因此，跨国公司为了维持公司的信誉，将不得不保持产品出口价格不变进而承担一部分损失。所以跨国公司在决定是否需要调整出口产品价格时，需要权衡各方面因素的利弊，审慎抉择。

（四）促销策略

企业在制定营销方案的时候需要考虑广告、推销的成本预算，管理层在做预算的时候需要对未来的汇率走势有一个预期，并在全球各个国家和地区间安排促销预算。在本币贬值的背景下，出口企业用于广告、推销的资金成本的回报率提高，因为本币的贬值使出口企业的利润增加。反之，本币升值将使出口企业利润下降，营销支出的回报也因此减少。

（五）革新策略

产品革新也是降低经济风险的有效策略。出口产品如果常年不变、不加入新的创新因素，那么该产品在外国市场的竞争力将慢慢下降，出口产品的不可替代性将不复存在。此时一旦遇到汇率波动，出口商所承担的经济风险也将增加。因此，出口企业需要不断研制符合市场需求的独特新产品，利用产品的独特性使该产品在外国市场上难以找到替代品，进而保持产品的竞争优势，降低需求价格弹性。

二、经济风险的交易管理办法

经济风险的交易管理办法主要包括远期外汇交易保值、期货合同套期保值、外汇期权套期保值、货币市场套期保值以及利用借款与投资方式保值。

（一）远期外汇交易保值

在国际进出口贸易中，从签订合同到履行合同、首付货款通常需要一段时间，在这期间进出口商将很有可能因为汇率的波动而遭受损失。汇率的变动影响了进口商的实际支出成本以及出口商的实际收益水平。为了降低汇率波动带来的交易风险，进出口商可以进行远期外汇买卖将贸易成本与收入固定下来。远期外汇交易的买卖规模比较大，是大型跨国企业普遍采用的保值方法。远期外汇交易在签订合同时进出口商的成本与收益已经按照合同上的远期汇率固定下来，从而规避了由于汇率波动带来的未来现金流量的不确定性风险。但是远期外汇交易本身也存在着交易风险，进口商为了固定贸易成本而购买远期外汇，如果在合同到期时市场的即期汇率低于合同约定的汇率，那么进口商在外汇交易中虽然固定了交易成本，但是也因此承担了远期外汇交易带来的交易风险；同样，出口商为了确保贸易收益卖出远期外汇，如果合同到期时市场的即期汇率高于合同约定的汇率，那么出口商将因为做了外汇交易保值而少赚取一定的收益。

【例6.3】　美国丙公司是一家出口笔记本电脑的大型企业，公司与法国签订出口价值为3 000万欧元的货款，预计6个月后可以收到货款。签订合同时市场的即期汇率为1.37 $/€，丙公司担心6个月后欧元大幅贬值使公司蒙受损失，因此为了防范美元下跌的风险、确保出口贸易的收益，丙公司与外汇银行签订了一份卖出6个月欧元远期的远期外汇合同，合同约定6个月期的欧元远期汇率为1.35 $/€。表6-4分别分析了6个月后欧元兑美元的三种汇率（1.33 $/€，1.35 $/€和1.38 $/€）下丙公司出口业务的收益情况。

表 6－4　汇率变动对甲公司出口业务收益情况的影响（单位：百万美元）

汇率变化情况	1.33 $/€	1.35 $/€	1.38 $/€
不保值	$ 39.90	$ 40.50	$ 41.40
保值	$ 40.50	$ 40.50	$ 40.50
进行远期外汇交易的盈亏	$ 0.60	$ 0.0	$ −0.90

在企业进行外汇期货交易保值的情况下，不论 6 个月后即期汇率如何变化，丙公司都肯定可以收到 4 050 万美元的货款（3 000 万欧元 ×1.35 $/€）。反之，在不保值的情况下丙公司的收入将不能确定。如果 6 个月后欧元贬值，那么丙公司只能收到 3 990 万美元（3 000 万欧元 ×1.33 $/€），相对不采取保值措施少收入了 60 万美元；如果 6 个月后欧元升值，则丙公司能收到 4 140 万美元，比不采取保值措施多收入 90 万美元。由此可见，企业采取远期外汇交易保值措施可以固定企业未来现金流量的本币价值。但是如果未来的汇率朝着预期的相反方向变动，企业将有可能增加贸易成本或者减少贸易收益。所以进出口商是否利用远期外汇交易来固定进口成本和收益取决于其对汇率变化的预期，如果企业预期汇率将朝着对自身有利的方向波动，那么企业不会采取远期外汇交易保值措施；反之，企业为了避免汇率的不利波动所带来的交易风险，将会利用远期外汇交易进行保值。

（二）期货合同套期保值

尽管远期外汇交易可以用于保值，但是远期交易的规模较大并且资信要求高，对于一般需要规避较小金额风险的进出口企业很难与外汇银行签订合同进行远期外汇交易。因此企业只能通过经纪人利用外汇期货交易进行保值。外汇期货交易与远期外汇交易的操作原理一样，即持有与现货市场头寸相反的期货头寸。然而由于期货合约有固定金额，企业需要保值的金额很可能与期货合约的交易金额不一致，企业只能选择最接近保值金额的合约数量进行保值，而不能对所有的外币金额进行保值或者超过外币的金额进行保值，因此企业无法完全避免未来本币现金流量的变动风险。进出口企业是否决定采用外汇期货保值同样取决于对汇率变化趋势的预期，如果汇率朝着预期的相反方向变动，企业将可能多花费或者少收益。

（三）外汇期权套期保值

远期外汇交易与期货外汇交易本身也都存在着交易风险，在很多情况下进出口公司不愿意去承担这部分未知限度的风险。而外汇期权交易以其成本低和兼具保值与投机双重作用的优势，在国际贸易和金融交易中被广泛应用于防范交易风险。期权的买入者与卖出者获得的收益与承担的风险有很大不同。期权的买入者买入外汇期权是用以防范汇率波动带来的风险，交易者买入的是权利。如果到期不行使期权，到期只是让期权失效，仅是损失一点权利费的问题，风险是有限度的。而期权的卖出者只有义务而没有权利，承担的风险较大。一般期权的卖出者做的是投机交易，而非出于保值的目的。

当出口公司预计将收到或者支付外币款项时，将会面临未来时点汇率不利变动带来的交易风险。例如，一家美国公司预计将在 3 个月后收到 50 万英镑货款，当前英镑兑美元的汇率为 1.7 ＄/£ 。按照即期汇率计算，公司预计收到 85 万美元的款项，但是在款项未收到的 3 个月内英镑兑美元的汇率可能会上下震荡。公司预计未来英镑很有可能贬值，从而使公司的收益受到损失，除非公司采取措施对外币款项进行套期保值。如果 3 个月后英镑贬值，外汇汇率变为 1.6 ＄/£ ，则公司收到的款项只有 80 万美元，比预计的款项少了 5 万美元，这是汇率波动给公司带来的损失。反之，如果 3 个月后英镑升值，外汇汇率变为 1.8 ＄/£ ，公司将能收到 90 万美元的款项，比预计多收入 5 万美元，这是汇率波动带来的收益。

公司如果认为汇率波动造成的损失不是很大，或者认为汇率波动带来收益的可能性大于损失的可能性，将不会采取套期保值的措施。反之，如果公司不确定未来货币收支是否发生，或者既希望将汇率风险降低甚至完全避免风险又想要保证汇率波动可能带来的收益，那么公司可以采取外汇期权套期保值措施。公司支付了期权费后，将获得以下权利：①如果期权到期时没有发生货币收支，可以任由期权过期作废，没有履约的义务。②期权到期时如果期权合约的执行价格不如即期汇率有利，同样可以任由期权合约过期作废，不需履约。公司只损失一小笔期权费。③如果货币收支确实发生，并且执行价格比即期汇率更有利，公司可以执行期权享受权利。

外汇看涨期权的损益状况如图 6－2 所示。如果期权到期时的即期汇率低于执行价格，则期权的买方不会执行期权，损失一小笔期权费；反之，如果未来即期汇率高于执行价格，期权的买方将执行期权，也因此避免了汇率波动带来的不利影响。图 6－2 中的损益平衡点对应的汇率值是执行价格加上期权费的值，即期汇率大于这个值时，期权的买方能够获得购买期权的正收益。

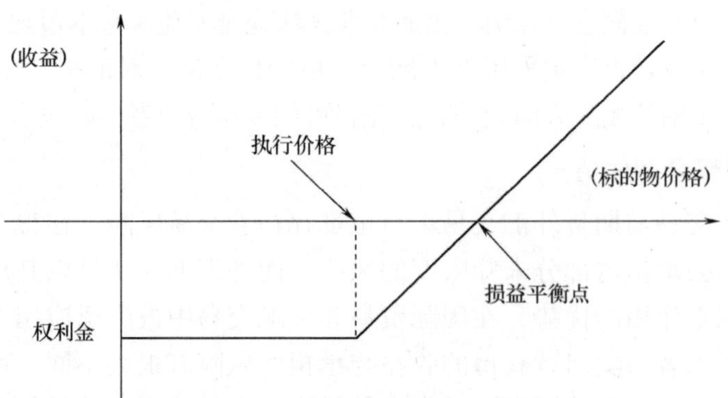

图 6－2　期权的风险与收益状况

【例6.4】 美国丁公司需要在3个月后偿还200万欧元的债务，为了避免欧元币值上涨的风险，丁公司买入了一笔3个月的欧元看涨期权，金额为150万欧元，执行汇率为1.20 $/€，期权费为0.05 $/€。表6-5分别分析了3个月后欧元兑美元的三种汇率（1.05 $/€、1.20 $/€、1.25 $/€和1.30 $/€）下丁公司需要偿付外币债务的本币价格（包含需要支付的期权费）。

表6-5 汇率变动对丁公司出口业务收益情况的影响（单位：百万）

汇率变化情况	1.05 $/€	1.20 $/€	1.25 $/€	1.30 $/€
不保值	$ 2.30	$ 2.40	$ 2.50	$ 2.60
保值	$ 2.20	$ 2.50	$ 2.50	$ 2.50
进行外汇期权交易的盈亏	$ 0.10	- $ 0.10	$ 0.00	$ 0.10

当到期日即期汇率低于执行价格，企业会放弃执行期权，只损失一小笔期权费，并且若汇率大幅低于执行价格，企业从汇率波动中获得的收益将可以覆盖期权费用的损失；如果到期日的即期汇率高于执行价格，企业会选择执行期权，避免为了偿债要付出更多的本币，规避了汇率波动引起的交易风险。因此，在企业进行外汇期权交易保值的情况下，企业既能够规避汇率波动带来的不利影响，又能获得汇率波动可能带来的收益，不存在远期外汇交易本身存在的交易风险。

(四) 货币市场套期保值

货币市场套期涉及借款、换汇与投资环节，投资者利用两个地区金融市场短期利率的差异，将资金从利率低的国家转向利率较高的国家，从而赚取利差收益。在投资者将资金投资于国外进行套利时，需要将持有的本币兑换成外币，在投资到期后再将外币兑换回本币。这一期间便产生了交易风险，如果投资者在套利时采取措施消除这部分风险，这种套利行为称为抵补套利；反之则是无抵补套利。

【例6.5】 英国伦敦六个月期的投资年利率为8%，同时美国芝加哥6个月期的投资年利率为12%。当前美元兑英镑的汇率为0.60£/$，一名英国投资者此时以10%的年利率向银行借入100万英镑，并按照0.60£/$的汇率价格兑换成美元将资金投向美国市场，以获取12%的投资收益率。此时6个月期的远期汇率为0.59£/$。假设6个月后美元贬值，汇率变为0.58£/$，分别分析投资者进行无抵补套利与抵补套利的收益。

首先分析无抵补套利收益情况，投资者的投资收益用公式表达如下：

$$P = \frac{K}{S_0}(1 + \frac{i_f}{2}) \cdot S_t - K \cdot (1 + \frac{i_h}{2}) \tag{6.1}$$

其中：K 表示投资资本额；S_0 表示投资起始时的即期汇率；S_t 表示投资结束

时的即期汇率；i_f表示外国的投资年收益率；i_h表示本国的投资年收益率。

根据投资收益公式计算得出，投资者的投资收益为 -15 333.33 美元，投资者在这一套利过程中由于汇率的波动（美元贬值3.33%），造成了投资亏损。

再分析抵补套利的收益情况。在套利起始的同时，投资者卖出到期时可得到英镑的一份远期外汇合约，进行了完全的套期保值。投资者的投资收益用公式表达如下：

$$P = \frac{K}{S_0}(1 + \frac{i_f}{2}) \times F - K(1 + \frac{i_h}{2}) \tag{6.2}$$

其中：F 表示六个月后的远期汇率。

根据投资收益公式计算得出投资者的投资收益为2 333.33 美元，投资者在这一套利过程采取了掉期交易，规避了汇率波动带来的风险，最终投资收益为正值。然而随着抵补套利的进行，不断有资金转向美国市场。一方面，芝加哥的利率短期内将因为供大于求而下降；而英国伦敦的利率因为供不应求短期内将会上升，短期内投资者套利赚取的利差将缩小。另一方面，由于英国投资者不断将英镑兑换成美元进行投资，美元供不应求，美元兑英镑的即期汇率将上升，同一额度的英镑本金兑换的美元减少；同时英国投资者在套利时卖出 6 个月的美元远期，导致美元远期汇率下降，套利结束后美元兑换成的英镑也随之减少。因此随着利差的减少以及汇率变化带来的损失，投资者进行无抵补套利的收益将逐渐减少为零。

（五）利用借款与投资保值

交易风险产生的原因是存在外汇敞口，即外币债权与债务没有完全冲抵。如果企业能够对应地制造相反的债权与债务，就可能消除外汇敞口，避免交易风险。借款投资是指存在外币债权和债务的公司利用借贷方式来消除交易风险的方法，对于一些不适合做远期交易的短期支付业务，企业将要收回的外币债权或支付的外币债务可利用借贷义务来规避交易风险。

当企业存在外币债务时，可以借入本币购买外币并进行投资，这相当于创造了一笔外币债权。当外币债务到期时，将投资获得的外币用以支付需要偿还的债务，并归还本币的借款本息。由于本币借款的本息是确定的，因此企业固定了其外汇债务需要支付的本币价格。当企业的外币投资到期日与债务偿还到期日一致并且投资到期后的外币本息总额与外币债务等值时，企业将能够完全消除外汇敞口，规避汇率波动引起的交易风险。

【例6.6】　日本 S 公司在 3 个月后需要支付一笔 1 000 万美元的贷款，在近期市场上美元的汇率波动幅度较大。为了固定 3 个月后债务支出的日元价值，避免美元大幅升值的交易风险，日本 S 公司决定向本国银行借入一笔日元资金，并兑换成美元存入银行用于债务到期时的偿付。假设日元三个月的借款年利率为3%，美元3个月定期存款的年利率为2.4%。当前美元兑日元的即期汇率为105.30￥/$。该企业利用投资与借款保值的操作步骤如下：

第一步，在本国银行借入日元，借款期3个月，年利率为4%。借入日元的金额为：1 000万美元÷（1+2.4%÷4）×105.30￥/$=104 671.97万日元。

第二步，在即期市场上将104 671.97万日元兑换成994.04万美元（104 671.97万日元÷105.30￥/$）

第三步，将994.04万美元存入银行，存期为3个月，年利率为2.2%。

第四步，3个月定期存款到期时，得到美元存款本息总额1 000万美元[994.04万美元×（1+2.4%÷4）]，并用以支付到期的1 000万美元债务。

第五步，归还本币借款本息和105 457.01万日元[104 671.97万日元×（1+3%÷4）]。

相反，当企业存在外币债权时，企业同样也可以采用借款与投资的方法来固定未来收到现金流的本币价值。企业可以借入外币并将其兑换成本币进行投资，这相当于创造了一笔外币债务。当企业的外币债权到期时，用收到的外币债权归还外币借款，企业本币投资的本息总额即是固定后的外币债权的本币价值。同样，企业借入的本币的到期日需要与债权到期日一致并且借入的外币资金与外币债权等值时，企业将能够完全消除外汇敞口，规避汇率波动引起的交易风险。

【本章小结】

1. 经济风险指的是非预期的汇率变动通过影响企业生产销售数量、价格、成本以及费用等引起企业未来现金流量减少的一种风险。经济风险不仅包括交易风险，还包括汇率变动影响企业现金流的其他方式。值得注意的是，经济风险定义里的汇率变动是非预期的变动，不包括预期中的汇率变动。

2. 经济风险对跨国企业的影响表现在：当本国货币升值时，就企业现金流入而言，本国出口企业的现金流入减少，企业将会受到汇率波动带来的不利影响；就企业现金流出而言，本币的升值使进口企业的现金流出减少，企业将会受到汇率波动带来的有利影响。即本国货币的升值会导致企业现金流入量和流出量的减少。而当本国货币贬值时，就现金流入量而言，由于以本币标价的出口产品的价格下降，增加了外国市场对本国出口产品的需求，使跨国企业在当地市场的销售收入上升。就企业现金流出而言，以本币计价的进口产品不会直接受到汇率变动的影响。总体上看，本国货币贬值会导致现金流入量和流出量增加。经济风险不仅影响跨国企业，对国内企业也存在影响。

3. 跨国企业面临着经济风险，因此对经济风险进行定量分析并且对该类风险进行防范规避非常关键。经济风险的管理最重要的是将汇率波动因素放进企业的基本经营决策中加以考虑。经济风险的管理主要包括调整经营战略与利用交易管理办法进行保值。调整经营战略是规避经济风险的一种非交易管理办法，包括提前或滞后支付、多元化的经营安排、产品定价策略、促销策略以及革新策略；经济风险的交易管理办法主要包括远期外汇交易保值、期货合同套期保值、外汇期权套期保值、货币市场套期保值以及利用借款与投资方式保值。企业是否或最终采取何种经济风险的管理方法取决于其对汇率变化的预期以及不同方法对企业现金流带来的影响。

【本章习题】

1. 什么是经济风险？国内企业是否也会面临经济风险？

2. 管理经济风险的手段有哪些？

3. 远期交易、期货交易与期权套期保值之间的异同点？

4. 美国U公司9月份在英国承揽一个项目。3个月后公司可以收到项目费用£ 2 000 万。U公司的资本成本为12%，各种套期保值交易相应的报价如下：即期汇率为 \$ 1.76/£ ，3个月的远期汇率为 \$ 1.73/£ ；英国3个月期借款年利率为7.0%；英国3个月期存款的年利率为5%；美国3个月期借款年利率为6.5%；美国3个月期存款年利率为4.5%。要求计算分析U公司可供选择的套期保值方案：①远期市场套期保值；②货币市场套期保值；③什么情况下U公司应采用货币市场套期保值方法。

5. M公司是一家美国公司，它打算运用货币市场套期保值法为一年后的应付英国商品款£ 1 200 000进行套期保值。假定美元利率为1.125%，而英镑利率为3.125%，英镑即期汇率为1.939 2美元，一年远期汇率为1.889 2美元。

①如果运用货币市场套期保值，一年后所需的美元金额是多少？

②对M公司而言，是货币市场套期保值好还是远期套期保值好？

6. 美国甲公司在3个月后将收到3 000万欧元的外币货款，当前的即期汇率为1.25 \$ /€。已知市场上欧元3个月期的借款年利率为3%，美元3个月期的定期存款年利率为4%。为了固定将来收回的外币货款的本币价值，公司决定采取借款与投资的方式进行保值。

①需要借入美元还是欧元贷款？

②贷款的金额是多少？

③公司采取借款投资的方法进行保值的步骤？

第七章　折算风险的计量

【本章提要】

本章首先分析了折算风险的成因及其对跨国公司产生的影响；其次阐述了决定折算风险大小的因素与国际上计量折算风险的四种常用方法；最后针对规避折算风险提出了资产负债表保值、远期外汇交易保值以及澄清事实的管理方法，并分别陈述了各个方法的局限性。

【学习目标】

通过本章学习，读者应该明晰：①折算风险的成因及其对跨国公司产生的影响；②计量折算风险的四种常用方法；③跨国公司管理折算风险的方法及应用。

第一节　折算风险的概念

一、折算风险的形成

折算风险（Translation Risk）又称为会计风险、转换风险或换算风险，指的是经济主体在对资产负债进行会计处理、将功能货币转换成记账货币时，因为一定时期内汇率的非预期波动而引起企业合并报表的账面损失的可能性。在这里，功能货币指的是经济主体在经营活动中流转使用的货币；记账货币则指经济主体在编制综合财务报表时使用的货币，通常采用本国货币。

每个经济主体进行经营管理的一项重要内容是进行会计核算，通过编制资产负债表来反映其生产或经营状况。因此，拥有外币资产或负债的企业需要将以外币计价的资产以及负债，按照一定的汇率折算成以本国货币计量的资产与负债，以便汇总编制综合财务报表。一旦功能货币兑记账货币的汇率发生变动，企业的资产负债表中某些项目的价值也会发生变动。例如，美国S公司期初拥有100万英镑存款，期初英镑兑美元的汇率为1.7 \$/£，在该公司的财务报表中这笔英镑存款折算为170万美元。一年后英镑贬值，英镑对美元的汇率降为1.6 \$/£。

在公司编制资产负债表时，这笔英镑存款折算后的美元价值变为160万美元，导致公司的账面价值减少了10万美元，这就是折算风险。公司面临主要的折算风险情况如表7－1所示。

表7－1　企业面临折算风险情况举例

汇率波动情况	企业面临的折算风险
外币贬值	外币资产折算成本币的账面价值减少
	外币利润折算成本币的账面价值减少
外币升值	外币负债折算成本币的账面价值增加
	外币支出折算成本币的账面价值增加

二、折算风险的影响

（一）折算风险与企业未来现金流量

从本质上看，财务报表的折算汇总对跨国企业的现金流没有产生实际的影响，但这并不意味着折算风险不重要。然而跨国企业认为子公司的盈利实际上并没有被转换成母公司的货币，因此当子公司所在地的货币贬值时，其利润可以不汇回母公司而当作保留利润，并在合适的情况下进行再投资。但是，即使子公司不打算在当前外币贬值的时点将任何利润汇回母公司，它也将在未来的某一时点把部分利润汇回。如果母公司以当前的即期汇率作为将来子公司汇回利润时的汇率作为参考，那么公司的预期未来现金流量将可能受到外币贬值产生的比例影响。除此之外，母公司对子公司管理层经营业绩的评价也可能会因此而发生扭转。

（二）折算风险与银行贷款申请

虽然折算风险表现出来的只是企业财务报表上的账面损益，但是在企业向银行进行贷款申请时，银行对申请企业的财务情况非常看重，因此汇率波动对账面损益的不利影响将在一定程度上不利于企业从银行获得贷款。

（三）折算风险与上市公司股票价格

当股票投资者对其所投资的企业进行估价时，往往会通过分析企业以往的盈利状况来预测其未来的盈利状况，进而估计出企业的市盈率并对企业的股票价格进行判断。跨国企业面临的折算风险很可能对企业汇总财务报表上的账面损益带来不利影响，因而在一定程度上影响了投资者对股价的预测，会给企业的股票价格带来潜在的不利影响。

三、决定折算风险的因素

通常，跨国公司折算风险的大小取决于三个因素，即国外子公司经营的程度、国外子公司的所在地以及母公司和子公司的记账方法。

（一）国外子公司经营的程度

跨国公司的国外子公司在业务总收入中所占的比重越大，其财务报表项目的折算风险也就越大。例如，一些跨国公司的对外经营业务以出口为主，国外子公司开展的业务所占的比重较小，则汇率的波动将不会对合并财务报表的账面价值带来较大的影响。这些跨国公司面临的主要风险很可能是较高的经济风险，但没有折算风险。

（二）国外子公司所在地

由于货币汇率波动的不确定性，因而子公司所处的国别或地区不同，跨国公司在财务报表汇总时将会因为子公司所在地货币升值贬值程度的不同而对母公司产生程度不同的折算风险。例如，一家美国的跨国公司在英国和德国均设有子公司，假设在期末时英镑大幅贬值，这将会使英国子公司的财务报表汇总到美国母公司总部时所产生的折算风险大大增加；而在期末时欧元的汇率保持相对稳定，因而不会对美国母公司产生大的折算风险。

（三）母公司和子公司的记账方法

在合并财务报表数据时，折算所使用的会计制度、会计核算方法会在很大程度上影响跨国公司的折算风险。跨国企业子公司如果将不同年度的外币利润汇回母公司时，要按照相应年份的加权平均汇率进行折算。假设美国跨国公司的德国子公司第 1 年的利润是 500 万欧元。第 2 年的利润是 560 万欧元；相应的第 1 年的加权平均汇率为 1.4 $/€，而第 2 年的加权平均汇率为 1.3 $/€。将两年的利润进行合并时，第 1 年的利润折算成的美元价值为 900 万美元，第 2 年的利润折算后为 728 万美元。虽然德国子公司第 2 年的欧元利润比第 1 年增加了 60 万欧元，但是由于第 2 年欧元的大幅贬值，欧元利润在折算成母国货币美元后的价值远不如第 1 年的利润高，公司财务报表上的账面价值减少了 172 万美元。因此，投资者很有可能因为第 2 年德国子公司的美元利润减少而减少对公司的投资。利润的下降并不是子公司的过错，而是因为欧元的贬值所导致的。

如果美国跨国公司把绝大部分的子公司都设在欧洲，由于欧洲大部分国家都统一采用欧元货币，子公司的记账货币相关性较高。一旦美元大幅升值，这些子公司的记账货币将全部大幅贬值，因而导致合并财务报表后的账面利润大大降低。反之，如果跨国公司设立的子公司分散在世界各国，子公司之前的记账货币相关性较低，其中一种货币的贬值对整体将不会产生很大的不利影响，甚至不同子公司的记账货币兑美元汇率的波动方向相反，在合并报表时相互之间能够产生一定程度的冲抵作用。

第二节　折算风险的计量

一、国际主要计量方法

跨国公司子公司向母公司汇总财务报表时主要使用四种会计方法：现行汇率法、流动与非流动法、货币与非货币法以及时态法。

（一）现行汇率法

现行汇率法也称为单一汇率法，该方法是各种折算方法中最简便易行的一种，即以现行汇率作为主要折算汇率，资产负债表中各资产和负债项目均按报表编制日的现行汇率进行折算，实收资本项目按投资资本时的历史汇率进行折算。采用这一折算方法，全部的资产项目与全部的负债项目都会受到汇率变化的影响，因而资产负债表的折算风险等于以外币计算的全部资产与全部负债的差额。

使用现行汇率对外币财务报表进行折算，实际上是将外币财务报表中的所有项目都乘以一个常数，只是改变了财务报表的表现形式，并没有改变报表中各个项目之间的比例关系。因此，现行汇率法能够保持外币财务报表的内部结构与各个项目之间的经济联系。然而现行汇率法也存在不足之处，使用该方法进行折算意味着所有的资产与负债项目都面临着汇率波动的折算风险，但实际上企业的资产与负债中各个项目所承受的风险是不一样的，比如固定资产和存货等以实物形式存在的资产不一定承受汇率波动的风险。使用现行汇率法对资产与负债进行折算的企业面临着较大的折算风险。另外，以现行汇率进行折算与目前普遍采用的历史成本会计原则不相符。

（二）流动与非流动法

流动与非流动法又称营运资本法，这种折算方法沿用了会计中流动项目与非流动项目的传统分类，对于流动资产与流动负债按照资产负债表合并日的汇率折算；对于非流动资产和非流动负债则按照历史汇率折算；对于所有者权益中的实收资本、资本公积等项目按照历史汇率进行折算；对于利润表中的各项目，除了固定资产折旧费用和摊销费用等按照相关资产入账时的历史汇率折算外，其他收入和费用均按照当期的平均汇率折算。采用流动与非流动法进行折算时，只有流动资产与流动负债项目会受到汇率波动的影响，这时的净暴露资产等于流动资产与流动负债的差额，即净营运资本。

流动与非流动折算法的最大优点是有利于对子公司营运资本进行分析。然而这一折算方法也存在着明显的缺陷，即它可能使会计期间的经营业绩反映遭到扭曲。例如，根据该折算方法，对存货、现金与应收账款均采用现行汇率进行计算，意味着存货与现金、应收账款一样承担着汇率波动的风险，这并不符合历史成本的计价原则；而对于长期应收款、长期应付款以及长期银行贷款等长期现金收支的项目采用历史汇率进行折算，则没有反映出这些项目面临汇率波动的折算风险的事实。

（三）货币与非货币法

货币与非货币法是将财务报表中的资产、负债项目分为货币性项目与非货币性项目。货币性项目是指资产、负债和股本中通过合约以若干货币单位固定下来的项目，它代表企业在未来将会收到或者支付一笔货币金额。货币性资产包括现金、应收账款以及其他金额固定的短期债权、长期债权；货币性负债包括应付账款、应付票据等。除此之外其他的都是非货币性项目，如存货、固定资产、长期股权投资以及递延所得税负债等。货币性资产与负债按照现行汇率折算，非货币性项目按历史汇率折算。实收资本项目也按照历史汇率折算。使用这种方法进行折算，只有货币性资产与货币性负债承担汇率波动带来的折算风险，净暴露资产等于货币性资产与货币性负债的差额。这种折算方法克服了流动性与非流动性折算法的缺陷，特别是将外币长期负债的本币价值的变动反映在各个发生期间，能够更及时地反映汇率变动的影响。

（四）时态法

时态法是一种以资产、负债项目的计量作为基础选择折算汇率的财务报表折算方法。该折算方法规定现行汇率运用于一切以现行成本表示的项目，而所有以历史成本表示的项目则使用历史汇率，即将资产负债中按照市价计价的现金、应收项目、存货、投资和应付项目以及其他负债项目按照现行汇率折算；资产负债表中按照历史成本计价的各项资产如固定资产、无形资产等按取得时的历史汇率折算；实收资本项目仍按历史汇率折算。在时态法下，承担折算风险的是按照现行市价计价的资产和负债，净暴露资产等于按照现行市价计价的净负债的差额。

二、四种折算方法的比较

子公司财务报表中的所有项目都是按照一定的汇率被折算为母公司所在国货币，以上四种计量折算风险的方法同中有异，表 7 – 2 总结了四种折算方法在折算资产负债表项目中的每个项目所使用的折算汇率。

表7－2　四种折算方法在折算资产负债表项目时使用的折算汇率

资产负债表项目	现行汇率法	流动与非流动法	货币与非货币法	时态法
现金	现行汇率	现行汇率	现行汇率	现行汇率
应收账款	现行汇率	现行汇率	现行汇率	现行汇率
存货（成本价）	现行汇率	现行汇率	历史汇率	历史汇率
存货（市价）	现行汇率	现行汇率	历史汇率	现行汇率
固定资产	现行汇率	历史汇率	历史汇率	历史汇率
应付账款	现行汇率	现行汇率	现行汇率	现行汇率
短期负债	现行汇率	现行汇率	现行汇率	现行汇率
长期负债	现行汇率	历史汇率	现行汇率	现行汇率
实收资本	历史汇率	历史汇率	历史汇率	历史汇率

下面举例说明不同折算方法所带来的折算风险的差异。

【例7.1】　美国跨国企业在英国有一子公司A，它以英镑编制的资产负债表如表7－3所示。为了方便说明问题，假设该公司所有项目的历史汇率均为1.70 \$/£，并且在报表编制日时的现行汇率为1.6 \$/£；并且该子公司尚未实现利润，因此没有损益表和留存收益。该美国企业使用不同折算方法的折算结果如表7－4所示。

表7－3　A公司资产负债表（单位：万英镑）

项目	金额
资产	
现金	500
应收账款	1 000
存货（市价）	2 500
固定资产	6 000
资产合计	100 000
负债和股东权益	
应付账款	1 400
短期借款	1 200
长期借款	1 800
实收资本	5 600
负债和股东权益合计	10 000

表 7－4 不同折算方法对 A 公司账面损益产生的影响（单位：万英镑）

项目	英镑金额（万英镑）	折算后的美元金额（万美元）							
		现行汇率法		流动与非流动法		货币与非货币法		时态法	
资产									
现金	500	1.6	800	1.6	800	1.6	800	1.6	800
应收账款	1 000	1.6	1 600	1.6	1 600	1.6	1 600	1.6	1 600
存货(市价)	2 500	1.6	4 000	1.6	4 000	1.7	4 250	1.6	4 000
固定资产	6 000	1.6	9 600	1.7	10 200	1.7	10 200	1.7	10 200
资产合计	100 000		16 000		16 600		16 850		16 600
负债和股东权益									
应付账款	1 400	1.6	2 240	1.6	2 240	1.6	2 240	1.6	2 240
短期借款	1 200	1.6	1 920	1.6	1 920	1.6	1 920	1.6	1 920
长期借款	1 800	1.6	2 880	1.7	3 060	1.6	2 880	1.6	2 880
实收资本	5 600	1.7	9 520	1.7	9 520	1.7	9 520	1.7	9 520
折算损益			－560		－140		290		40
负债和股东权益合计	10 000		16 000		16 600		16 850		16 600

表 7－4 对不同折算方法下折算损益的值进行了计算，除了根据资产负债表计算折算损益之外，通过净暴露资产的头寸大小也可以直接计算出折算损益，计算的公式为：

折算损益 = 净暴露资产金额 × 汇率变动值 =
（承担汇率风险的资产 － 承担汇率风险的负债）× 汇率变动值

在此例题中，汇率变动值为－0.1（1.6－1.7）；需要承担汇率变动风险的资产和负债指的是需要用现行汇率进行折算的资产与负债。例如，在流动与非流动法下，需要承担汇率变动风险的资产包括现金、应收账款与存货，即 4 000 万英镑（500＋1 000＋2 500）；需要承担汇率变动风险的负债是应付账款与短期借款，即 2 600 万英镑（1 400＋1 200）。因此净暴露资产金额为 1 400 万英镑（4 000－2 600），折算损益为－140 万英镑（－0.1×1 400）。

跨国企业相同的资产负债表项目用不同的折算方法会出现不同程度的折算风险，从例 7.1 中可以看出，企业采用现行汇率法进行折算时，净暴露资产最多。在英镑贬值时，企业面临的折算风险最大，折算损益为负值；而当企业采用货币与非货币法进行折算时，净暴露资产为负值，即需要承担汇率变动风险的资产小于需要承担汇率变动风险的负债。如果英镑贬值，企业将能够从汇率波动中获得折算收益。在本案例中，英镑贬值时采取货币与非货币法进行折算对跨国企业是最有利的。然而这并不意味着货币与非货币折算法适用于每一家跨国企业，因为不同跨国企业的资产负债表各个项目的值并不相同，企业最终采取哪种折算方法要根据其自身实际情况和对汇率波动的预期决定。

第三节　折算风险的管理

折算风险只存在于跨国企业母公司合并子公司财务报表以汇总编制综合财务报表时的情况，完全立足于母公司的立场，就子公司而言本身不存在折算风险。即使在折算时点外币大幅贬值，对总公司的损失也是账面的，与企业的实际价值与经营并没有直接的联系，除非折算风险影响到管理人行为或税收流量。跨国企业管理层最关心的始终是汇率波动是否对企业未来的现金流量带来不利影响，折算风险对跨国企业未来现金流量的影响大多是间接的，因此折算风险远不如经济风险大。

虽然折算风险对企业的实际价值与经营的影响并不严重，但是在国际知名的跨国公司中，约有 1/3 的企业非常注重折算风险的管理。管理折算风险的手段主要有三种，包括资产负债表保值、远期外汇交易保值以及澄清事实。

一、资产负债表保值

折算风险产生的根本原因是公司资产负债表中各种以某一功能货币表示的受险资产与受险负债不相匹配，不能够完全对冲抵消，因而公司的净暴露资产头寸不等于零。因此，如果人为地将净暴露资产头寸变为零，那么折算风险将不存在。资产负债表保值的操作原理是将承担汇率变动风险的资产额与承担汇率变动风险的负债额相匹配，以使净暴露资产头寸为零。例如，美国的跨国企业在德国的子公司的净暴露资产为正值，为了达到资产负债表保值的目的，公司可以做出两种选择：一种是减少欧元计价的风险暴露资产。具体的操作包括减少欧元现金资产（将一部分外币现金兑换成美元）、减少欧元应收账款（签订合同时限定应收账款的规模或者加大清理力度催收账款）。另外，如果企业在合并财务报表时使用的折算方法中风险暴露资产还包括存货、固定资产或投资，则企业应该相对应地减少库存、处理报废或者多余不用的固定资产以及提早收回部分欧元投资，以将这部分风险暴露资产转化为非风险暴露资产。另一种是增加欧元计价的风险暴露负债。具体的操作包括推迟应付账款的支付期限、增加短期或长期的欧元借款以及卖出与净暴露资产头寸相等的欧元远期合约。在企业通过借款来增加风险暴露负债时，相应地欧元现金资产也随之等额增加，因而企业需要将借入的欧元资产兑换成美元，这种操作相当于货币市场套期保值方法。卖出欧元远期合约的原理与之类似，即企业在卖出远期合约的同时需要借入美元本币，并兑换成欧元进行投资，投资到期后收回的欧元投资本息和的金额要等于净暴露资产的金额，并归还借款的美元本息和。

虽然企业通过对资产、负债进行对冲抵消可以规避折算风险，但是采用这种方法企业需要付出较大的代价。企业在减少风险暴露资产时，减少外币现金资产、催收账款、减少库存甚至提早收回投资这些做法极有可能对公司的业务经营以及信誉造成不利影响。此外，由于事先采取的保值措施只能根据预计得出的净暴露资产进行保值，保值的效果会受到估计准确性的影响，无法做到完全保值。

二、远期外汇交易保值

跨国企业的子公司可以采用卖出远期外币的做法来规避其未来利润承担的汇率波动带来的风险。运用这种方法，公司需要创造一笔有抵消意义的远期外币负债以消除折算风险。

【例 7.2】　美国企业在德国设有一家子公司，子公司在财务年度期初预测今年的利润为 1 500 万欧元，子公司打算将这一利润在德国进行再投资，不汇回美国。在本财务年度，子公司的欧元利润将按照欧元的加权平均汇率兑换成美元。因此，该美国企业在一年后将不会承担交易风险，但会面临着折算风险。企业担心在期末合并财务报表时欧元大幅贬值带来折算风险，决定采取远期外汇交易以规避折算风险。已知目前欧元的即期汇率为 1.35 $/€，一年期的欧元远期汇率也为 1.35 $/€，分析该美国跨国企业规避风险的实际操作过程。

为了规避折算风险，跨国公司可以卖出一年期的 1 500 万欧元远期。假设一年后财务年度期末时点，欧元大幅贬值，欧元兑美元的汇率变为 1.20 $/€。远期合约到期后，跨国公司将能够从市场中以 1.20 $/€的汇率购买 1 500 万欧元，并以 1.35 $/€的合约价格卖出 1 500 万欧元。跨国公司在这笔远期交易中，由于欧元的贬值，买入英镑的即期价格低于卖出远期英镑的合约价格，公司获得 225 万美元的收益［1 500 ×（1.35 $/€ - 1.20 $/€）］。同时跨国公司在合并财务报表时，由于欧元的贬值，1500 万欧元的利润折算成美元时减少，造成了 225 万美元的折算损失［1 500 ×（1.20 $/€ - 1.35 $/€）］。因此在欧元贬值后，跨国公司采取远期外汇交易获得的收益与折算的损失相互抵消，进而规避了折算风险。反之，一旦外币欧元大幅升值，公司将因卖出外汇合约承担较大的交易风险，并且这种风险的程度是无限的。所以，跨国公司在决定是否使用远期外汇交易进行保值之前，需要对未来的汇率进行预期估计。如果企业预期功能货币有升值的趋势，那么企业不会采取远期外汇交易保值措施；反之，如果企业预期功能货币将发生贬值，企业为了避免汇率不利波动带来的折算风险，将会利用远期外汇交易进行保值。

跨国企业采用卖出远期外汇的做法规避折算风险，存在以下四个方面的局限性：

第一，增加企业的交易风险。跨国企业采用卖出远期外汇合约的做法来规避折算风险的同时将会增加企业的交易风险。特别是当子公司所在国的货币在本财务年度期末升值时，跨国公司将获得汇率波动带来的折算收益。而跨国公司采取卖出远期外汇交易的做法形成的损失将会冲抵货币升值给企业带来的折算收益，使得公司实际现金流减少。值得一提的是，折算损益只是账面上的损益，而远期外汇交易的损失却是实实在在的现金流损失。因此，跨国公司在对折算风险进行具体的管理时，需要在折算风险与交易风险之间做出抉择。

第二，会计信息的扭曲。远期外汇交易的损益反映的是合同约定的远期汇率价格与合同到期时的即期汇率价格之间的差价，而企业合并财务报表时的折算损益反映的是入账时的历史汇率与合并财务报表时的即期折算汇率的差异。此外，折算损失并不能抵税，而远期外汇交易的收益却需要纳税。

第三，子公司对未来利润的预期与实际利润存在差异。子公司对本财务年度期末将获得利润的预测与到期实际获得的利润极有可能不一致。如果企业实际获得的利润远远超过了预期的利润，那么当子公司所在地货币贬值时，公司卖出远期外汇进行保值获得的收益将不足以完全冲抵货币贬值给跨国企业带来的折算损失。

第四，有一些货币不存在远期外汇交易。如果跨国公司的子公司设立在一些很小的国家，则很有可能当地货币不存在远期外汇交易，无法通过卖出远期来规避交易风险。

三、澄清事实

澄清事实是指以公告方式申明公司对折算风险的处理态度，引导公众对公司折算风险的理性认识。通过澄清事实让股东和潜在的投资者认识到折算风险表现出的是一种账面上的损失，而不是实际现金流量的损失。因此，即使子公司所在地货币发生贬值，子公司获得的当地货币利润被按照低汇率汇总到母公司后，以母公司所在地货币表示的利润将会下降，公司的股东和潜在的投资者也并不会因此改变对公司的看法。然而在实际的经营过程中，有一些跨国公司并不规避折算风险，因为公司管理层认为折算风险影响的是账面上的损益，不会对未来的实际现金流量造成影响。例如，Philips Petroleum 公司在年报中明确表明公司不规避汇率波动带来的折算风险。

折算风险只存在于跨国企业母公司合并子公司财务报表以汇总编制综合财务报表时的情况，折算损益只是账面上的损益，因此并不会影响到企业未来的现金流量。然而采取措施对折算风险进行管理却会影响到企业的现金流量，尤其是当采取了保值措施后，汇率变动与企业的预期方向相反时，企业不仅无法获得应有的折算收益，反而要承担保值带来的实际现金流出。此外，采取保值方法的效果会受到企业对未来资产与利润估计准确性的影响，无法做到完全保值。因此，是否采取措施规避折算风险取决于企业的股东、投资者或其他财务信息使用者是否看重折算风险引起的账面损益的变化。

【本章小结】

1. 折算风险指的是经济主体在对资产负债进行会计处理、将功能货币转换成记账货币时，因为一定时期内汇率的非预期性波动而引起企业合并报表的折算损益的可能性。该折算损益只是账面上的损益，并不会影响到企业未来的现金流量。但是账面上的折算损失会使公司的股东、投资者以及使用财务信息的人员对公司的经营与盈利水平产生不利的评价，进而在一定程度上影响投资者对股价的预测，给企业的股票价格带来潜在的不利影响。此外，汇率波动对账面损益的不利影响也不利于企业从银行获得贷款。

2. 跨国公司折算风险的大小取决于三个因素，包括国外子公司经营的程度、国外子公司的所在地以及母公司和子公司的记账方法。具体的影响是：跨国公司的国外子公司在业务总收入中所占的比重越大，其财务报表项目的折算风险也就越大；子公司所处的国别或地区不同，跨国公司在财务报表汇总时将会因为子公司所在地货币的升值、贬值程度的不同而对母公司产生程度不同的折算风险；在合并财务报表数据时，折算所使用的会计制度、会计核算方法会在很大程度上影响跨国公司的折算风险。

3. 跨国公司子公司向母公司汇总财务报表时主要使用四种会计方法：现行汇率法、流动与非流动法、货币与非货币法以及时态法。这四种折算方法在计量折算风险时同中有异，选择的折算方法不同企业所面临的折算风险的大小也不同。

4. 管理折算风险的手段主要有三种，包括资产负债表保值、远期外汇交易保值以及澄清事实。折算风险产生的根本原因是公司的净暴露资产头寸不等于零，如果公司人为地将承担汇率变动风险的资产额与承担汇率变动风险的负债额相匹配，使得净暴露资产头寸为零，那么折算风险将不存在。此外，如果预计子公司所在国的货币将会发生贬值，则企业可以通过卖出远期外汇合约的方法来规避折算风险，即采取远期外汇交易获得的收益与折算的损失相互抵消。折算风险只存在于跨国企业母公司合并子公司财务报表以汇总编制综合财务报表时的情况，折算损益只是账面上的损益，并不会影响到企业未来的现金流量。而采取措施对折算风险进行管理却会影响到企业的现金流量。因此，是否采取措施去规避折算风险取决于企业的股东、投资者或其他财务信息使用者是否看重折算风险引起的账面损益的变化。

【本章习题】

1. 什么是折算风险？影响折算风险的因素有哪些？

2. 请详细阐述跨国公司规避折算风险的几种方法以及各种方法的局限性。

3. 圣保罗公司是一家基于美国的跨国公司，它在欧洲有子公司，它计划规避欧元贬值可能产生的折算风险。请解释说明其规避折算风险时的局限性。

4. 美国P公司每年向新加坡出口额达8亿新加坡元，它的竞争对手L公司的母公司设在美国，它在新加坡的子公司每年销售的利润额也为8亿新加坡元，同时该子公司每年都将所得利润用于新加坡的再投资。通过以上信息，你认为哪家公司承担的折算风险更大一些并说明原因。

5. 美国跨国企业在德国子公司的资产负债表如下，目前欧元与美元的汇率为1.38 \$/€。如果欧元发生大幅贬值，汇率由1.38 \$/€变为1.15 \$/€，请分别按照流动和非流动项目法、货币和非货币项目法、时态法和现行汇率法计算公司的折算损失（或收益）。

资产（万欧元）		负债（万欧元）	
现金	500	应付账款	100
应收账款	600	短期负债	1300
存货（成本）	400	长期负债	800
存货（按市值计算）	800	实收资本	1 000
厂房和设备的净值	1 000	折算损益	?
总资产	3 300	总负债	3 300

第八章　对外直接投资

【本章提要】

对外直接投资是投资者为了增加收入、降低成本跨越国界进行的直接对外投资。跨国公司是对外直接投资的主要形式。本章首先介绍跨国公司对外直接投资的动机，进而讲解其主要形式，最后考察东道国政府的态度对于跨国投资的影响。

【学习目标】

通过本章学习，读者应该掌握：①从事对外直接投资的动机；②几种常见的对外直接投资方式；③东道国对直接投资的态度。

对外直接投资（Foreign Direct Investment，FDI）是指投资者跨越国界，通过创立新的国外分支机构、与外国企业合资或收购外国企业的方式进行的直接对外投资。一般认为，对外直接投资是一国投资者为取得国外企业经营管理上的有效控制权而输出资本、设备、技术和管理技能等资产的经济行为。

对外投资与对外直接投资的区别：①对外投资是指企业为购买国家及其他企业发行的有价证券或其他金融产品（包括：期货与期权、信托、保险），或以货币资金、实物资产、无形资产向其他企业（如联营企业、子公司等）注入资金而发生的投资；②对外直接投资是指不借助金融工具，由投资人直接将资金转移交付给被投资对象使用的投资，如持有子公司或联营公司股份等。

第一节　对外直接投资的动机

跨国公司是对外直接投资的主要形式，企业进行国际直接投资就意味着它已经成为跨国公司。直接投资意味着在国外进行巨额的初始资金投入、管理和技术投入，涉及市场的拓展和分割，有可能会造成技术的分散，培养出强有力的竞争对手，进而导致投资的失败。因此，跨国公司在进行直接投资前必须进行系统、深入的研究。

在大多数情况下，跨国公司参与对外直接投资是为了增加收入、降低成本，从而提高公司的盈利能力和增加股东价值。随着国际直接投资的发展，理论界出现了各种解释对外直接投资动机的理论。下面，我们从成本和收入两个方面讨论使企业做出国际直接投资政策的重要因素。

一、与成本相关的动机

（一）利用国外生产要素

由于各个国家之间劳动力和土地成本差异很大，跨国公司往往在劳动力和土地价格相对便宜的地方设立工厂。由于诸如移民壁垒、行业准入障碍、信息不完善及特定的劳动力成本在不同市场之间差异很大的影响，劳动力市场是最不完善的要素市场。敏锐的跨国公司会在劳动力价格被低估的国家进行直接投资。许多跨国公司在中国、越南、泰国、印度等亚洲国家以及墨西哥、阿根廷等中南美国家进行国际直接投资的主要目的之一，就是寻求相对廉价的劳动力。

（二）利用国外原材料

出于运输成本的考虑，跨国公司常常在原材料的生产国设立工厂，就地进行加工。尤其是当其计划将生产加工好的产品在生产地销售的时候，可以极大降低运输成本。

（三）保护无形资产，利用外国技术

跨国公司拥有很多以专利权、商标权和其他组织能力等形式存在的无形资产。如果由于无形资产自身的特征或者国外不完善的知识产权保护制度等原因，使得无形资产不容易建立和保护，那么跨国公司最好通过对外直接投资进行国际化经营来获取利润。可口可乐公司在全球范围内建立工厂，但没有采取特许经营的方式，就是出于保护自己饮料配方的考虑。

此外，跨国公司还希望在国外建厂或者收购外国已经建成的工厂来学习国外的技术，再普及到其在全球的其他子公司来提高生产效率，完善生产程序。

（四）避开贸易壁垒

国际贸易中，各个经济体之间往往会通过关税、配额等方式限制商品和服务的进出口，进而保护本国的企业或者谋求其他经济政策目标。面对这些贸易壁垒，将生产线转移到该国不失为一种不错的选择，同时，也有利于降低运输成本。

（五）利用规模经济优势，实现纵向一体化

规模经济，是指由于生产专业化水平的提高等原因，使企业的单位成本下降，从而形成企业的长期平均成本随着产量的增加而递减的经济。这种规模经济

多出现在大量使用机器的企业。

纵向一体化是指直接投资于与某种产品不同生产阶段相关的行业。跨国公司往往会在原材料生产国进行对外直接投资，以保证原材料价格的稳定。

（六）对汇率变动的反应

当一国货币相对某种外币升值时，跨国公司倾向于对该国进行直接投资，因为随着汇率的变动，费用降低了。

二、与收入相关的动机

（一）扩大市场范围和产品销量

如果企业在本国面临激烈的市场竞争或者国内市场趋于饱和，为了确保预期的利润额，跨国公司不得不扩大其海外市场。一个国家居民收入水平的提高会带动需求的增长。随着许多发展中国家经济的增长、国民收入水平的提高，中国、印度、墨西哥等国家消费市场的潜力巨大，许多跨国公司因此纷纷进入。

（二）谋求比较利益和超额利润

各个经济体之间发展水平不同，产业结构有着很大的差异。特别是同一行业的生产能力、技术、市场供求关系，在不同的国家之间存在着明显的差异。假若跨国公司认为某行业的其他企业在特定的国家可以取得超额利润，它们往往会决定在该市场中销售。如果它认为竞争者定价过高，它也许会进入该市场并降低价格，扩大产量并增加市场份额。

（三）利用垄断优势

当一个企业率先获得某项其他企业不具备的技术，并且将这一优势成功地在本国市场加以利用时，则该企业便可能试图在国际化经营中扩大这一优势。事实上，在缺乏先进技术的市场中，该企业拥有显著的优势。

（四）国际化的分散经营

尽管经济全球化、国际分工和贸易的发展使得各个国家的经济周期逐渐接近，但各国经济发展仍然不同步。在经济周期不同的国家组织生产以及销售产品，进行跨国直接投资，可以减少经济周期对企业现金流量波动的影响。这样，流动性不足的可能性会减少，稳定的现金流可以降低跨国公司的资本成本，降低其经营风险。

表 8－1 总结了跨国公司对外直接投资的动机。

表8-1 跨国公司对外直接投资的动机

动机	实现目的的方式
开拓海外市场	在新市场建立一家子公司或收购一个竞争对手
进入具有巨大销售潜力的市场	收购一个已经控制当地市场的竞争对手
实现规模经济	在新市场建立一家子公司，该子公司还可通过将产品销往其他地区来实现规模经济
利用海外生产要素	在土地和劳动力比较便宜的国家建立子公司，并将产品销往成本较高的国家
利用外国原材料	在原材料便宜且供应充分的国家建立子公司，并将产品销往原材料成本较高的国家
利用外国技术	在当地通过建立合资企业掌握东道国的生产运营技术
利用垄断优势	在竞争者不能生产相同产品的国家建立子公司，并在东道国就地销售产品
利用汇率变动的有利趋势	在货币汇率目前比较疲软但有望升值的国家建立一家子公司
避开贸易壁垒	在严格实行贸易保护主义的国家建立子公司，以间接实现扩大出口的目的
实现国际分散化经营	在经济循环周期不同的国家建立子公司，分散经营风险

第二节 对外直接投资的方式

对外直接投资是指投资者跨越国界，通过创立、收购等手段，以掌握和控制国外企业经营活动从而谋取利润的一种投资活动。由于世界各国的文化传统、经济发展程度、政治经济体制存在差异，企业的组织形式也不尽相同，故而跨国公司在做出对外直接投资决策前，首先应该根据不同国家、不同企业形式的法律特点和自身的实际，选择一种合适的直接投资方式。

对外直接投资方式是指企业进行国际直接投资时所采用的具体形式，大致分为两种：合营（资）和独资的形式，跨国收购的形式。

合营的方式分两种：股权式合营（Equity Joint Venture）和契约式合营（Contractual Joint Venture）。在中国，前者称为合营企业，后者称为合作企业。相应地，国际合营方式分为国际合资投资和国际合作投资。

一、国际合资投资

国际合资投资是指通过组建股权式经营（合资经营）企业的形式所进行的投资，是国外投资者与东道国投资者共同投资创办企业，共同经营、共负盈亏、共担风险，并按照股权分享收益的一种直接投资方式。

股份制企业是国际上通行的现代企业模式，包括股份有限公司和有限责任公司两种形式。股份有限公司是指注册资本由等额股份构成，通过发行股票筹集资本，股东以其认购的股份对公司承担有限责任，公司以其全部资产对其债务承担优先责任的企业法人。有限责任公司是指由两个以上的股东，以其所认缴的出资额对公司承担有限责任，公司以其全部资产对其债务承担有限责任的企业法人。在中国，中外合资企业主要采用有限责任公司的形式，例如家乐福、沃尔玛等。

（一）国际合资投资的优点

1. 对于外国投资者而言

（1）承担有限责任，投资的风险较小。在合资企业中，东道国的投资者拥有股份，他们对自己国家的情况较为了解，可以减少经营上的风险。此外，内外合资的形式可以减少因东道国政策变化而被征用的风险。

（2）由于与东道国投资者合资经营、共负盈亏，东道国会给予一定的保护。

（3）可以利用东道国的资金，广开筹资渠道。

（4）利用合作伙伴的优势，可以获得有比较优势的人力资源、紧缺的原材料。

（5）可以轻易突破东道国的贸易壁垒，进入东道国市场。

2. 对于东道国和被投资企业而言

（1）可以引进先进的技术和设备，促进本国产业结构的升级和产品结构的调整。

（2）可以学习国外先进的管理经验，培养本国的技术人员和管理人员。

（3）可以借助外国投资者的销售渠道，扩大产品出口。

（4）可以防止外资垄断或者控制东道国的某些行业和经济部门。

（二）国际合资投资的缺点

1. 对于外国投资者而言

（1）企业的组建、审批程序相对复杂，费用较高。

（2）公司的股东多，需要定期公布公司经营状况等信息，不利于保密。

（3）投资者的税务负担较重，必须同时缴纳双重所得税，以及母国和东道国间的税收差。

2. 对于东道国及被投资企业而言

（1）与国外投资者在目标方面存在差异。

(2) 容易造成合营企业的不同经营者在企业的经营管理方面产生分歧，协调成本较高。

(3) 会与其股份持有者在原材料和产品市场上产生竞争关系，发生利益冲突。

(4) 会在一定程度上打击国内的民族工业。

二、国际合作投资

国际合作投资是指通过组建契约式经营（合作经营）企业的形式进行的投资，是国外投资者与东道国投资者通过协商，订立合同，规定各方的权利、责任和义务，并据此开展经营活动的一种经营方式。

契约式经营是对外投资中的一种重要方式。在中国，合作企业具体是指中国企业或其他经济组织与外国企业、其他经济组织或者个人在中国境内以实施联合经营为目的，双方以平等的地位通过签订合约，明确双方的权利和义务、履行合同规定条款而产生的经济组织。例如，四大会计师事务所在中国设立的机构，就是合作企业。

中外合作企业既可以作为企业法人、负有有限责任，也可以不是法人，类似于国外的合伙企业。法人式是指合作双方在一国设立的具有该国法人资格的合营实体。这种企业具有民事权利能力和行为能力，以企业的财产承担民事责任。非法人式是指合作双方在一国设立的不具备法人资格的经济组织。合作双方仍以各自本身的法人资格在法律上承担责任，对企业的债券、债务由合作双方按照合同的规定来承担责任。

（一）国际合作投资的优点

(1) 举办合作企业的申请、审批程序比较简单，合作经营的内容和方式有固定的格式，便于双方协商。有些国家甚至无须注册登记。

(2) 国际合作投资比较灵活，有利于合伙人的优势互补。合作企业的条件、管理形式、收益分配方法以及双方的权利义务都比较灵活，可以根据不同的情况，由双方协商决定。

(3) 税收优势。许多国家不对合作企业单独征税。

（二）国际合作投资的缺点

(1) 合伙人对于企业债务承担无限连带责任，风险较大。

(2) 合伙企业采用所有权和管理权相一致的管理原则，一定程度上影响决策效率。

(3) 企业的存续期不够稳定。一般规定，只要有一个合伙人死亡或者退出，企业即宣告解散。

三、国际独资投资

国际独资投资是指通过在国外设立独资企业的形式所进行的投资。独资企业是指一国投资者（公司、企业、其他经济组织或者个人），按照东道国法律，经政府批准，在其境内单独投资、独立经营、自负盈亏的一种国际直接投资方式。

独资企业的基本形式主要有两种：一种是独资子公司，另一种是分公司。其中分公司在经济上不具有独立性，仅仅是母公司的附属机构，其没有自己的名称、章程，没有自己的财产，并以母公司的资产对分公司的债务承担法律责任。独资企业一般采用有限责任公司的形式，采用这种形式，投资者以设立企业时的注册资本为限承担债务，以减少风险。

（一）国际独资投资的优点

（1）受政府的控制较少，多数国家没有规范的独资企业法。

（2）经营管理灵活主动。

（3）可以保证对于企业的绝对控制权和经营决策权，容易保守企业秘密，不必定期向股东汇报。

（4）有利于充分利用投资者先进的技术和管理经验，保证成品的质量和效益，有利于投资者在更大的范围内配置资源和提高生产能力。

（5）可以根据各国税率的不同，通过内部转移价格的形式进行合理的纳税筹划。

（二）国际独资投资的缺点

（1）由于对东道国的投资环境缺乏了解，风险较大，对于企业全部负债承担无限责任。

（2）企业的发展受到限制，只能利用利润积累和借贷的方式扩大再生产，资金来源受到限制。在很多国家，有些行业不允许独资企业进入。

（3）没有现成的生产基地，缺乏合作伙伴，难以与有影响的政府机构取得联系。

四、跨国收购

跨国收购是指企业通过收购现有的国外企业的方式所进行的国际直接投资。近年来，越来越多的对外直接投资采用了这种方式。

与在海外新设企业相比，进行跨国收购的好处突出体现在三个方面：①跨国收购的速度快。新设企业常常需要对企业的厂房建设和组织开发等方面进行延期，而跨国并购则可以缩短进入东道国市场的时间。②通过跨国收购，企业可以凭借其在当地市场上的技术品牌、物流等方面的竞争优势，消除当地竞争对手，进入当地市场。③国际政治经济发展动荡，会使得目标公司的价值被低估。一方面目标企业为了生存，迫切需要资本的注入；另一方面，跨国公司收购被低估价值企业也有利于增加公司的价值。

跨国收购也存在不利方面，诸如对目标企业支付的价格过高、融资成本太贵、东道国法律不健全，以及政府对定价、产业和融资方面的干预，往往会导致跨国收购失败。

表8－2总结了不同经营方式的优缺点。

表8－2　不同经营方式的优缺点

	优点		弊端	
	外国投资者	东道国及被投资企业	外国投资者	东道国及被投资企业
国际合资投资	1. 有限责任，投资风险较小 2. 东道国给予一定的保护 3. 利用东道国的资金，开拓筹资渠道 4. 利用合作伙伴的优势，获得人力资源、紧缺的原材料 5. 轻易突破东道国的贸易壁垒	1. 引进先进技术和设备，促进本国产业结构升级和产品结构调整 2. 学习外国先进的管理经验，培养本国的技术人员和管理人员 3. 借助国外投资者的销售渠道，扩大产品出口 4. 防止外资垄断或控制东道国的某些行业和经济部门	1. 企业的组建、审批程序相对复杂，费用较高 2. 需要定期公布公司经营状况等信息，保密性差 3. 投资者赋税较重，必须缴纳双重所得税以及母国与东道国之间的税收差异	1. 与国外投资者之间存在目标差异 2. 在企业经营方针、发展方向方面的协调成本较高 3. 与母公司形成竞争关系，产生利益冲突 4. 打击国内的民族工业
国际合作投资	1. 设立简单，有些国家甚至无须登记注册 2. 实现合伙人的优势互补 3. 许多国家不对合作企业单独征税		1. 承担无限连带责任，风险大 2. 所有权和经营权相一致的管理原则影响决策效率 3. 存续期不够稳定	
国际独资投资	1. 受政府控制较少 2. 经营管理灵活主动 3. 容易保守企业秘密，不必定期向股东汇报 4. 容易通过转移价格避税 5. 充分使用投资者的先进技术和管理经验		1. 风险较大，对企业全部负债承担无限责任 2. 发展受到限制，只能利用利润积累和借债的方式扩大再生产，资金来源受到限制 3. 没有现成的生产基地，缺乏合作伙伴，难以与有影响的政府机构取得联系	

第三节　东道国对国际直接投资的态度

在表8－2中，我们可以看到跨国公司在不同经营方式下对外直接投资对于外国投资者与东道国以及被投资企业的经济影响。对于东道国政府而言，一旦接受对外直接投资，东道国的经济资源、市场资源将会与国外投资者共享，东道国借此将与投资国建立更为紧密的经济联系甚至政治文化联系，这对于东道国的经济发展模式、民族工业、传统文化乃至国际竞争力都有着极其深远的影响。因而，东道国政府对于对外直接投资有着不同的态度，有的大力鼓励支持，有的则严格加以限制，有的加以不同限制，根据国情和自己的需要在不同阶段实施不同的鼓励或者限制政策。

每个政府在面对本国的对外直接投资时，必须权衡其对本国的利益与坏处。对外直接投资对于本国政府的目标而言，最明显的益处就是为当地创造了就业机会，降低了失业率。但是，对外直接投资的产品在本国销售时，又会与本国国内的生产商产生竞争，会侵占本国商品的市场份额，导致某些行业、公司效益的降低，进而产生失业。因此，东道国政府可能会对一些形式的对外直接投资提供优惠以鼓励其发展，而对另外一些形式的对外直接投资设置障碍进行阻止，或者对一些形式的对外直接投资进行限制。

（一）鼓励对外直接投资的政策

如果东道国在引进外国直接投资后不仅仅增加了本国的就业机会，提高了生产和管理技术水平，带动了本国的出口，改善了国际收支状况，同时又不会带走本国企业的商机、侵占本国企业的市场份额，那么政府一般会根据实际情况对于外国直接投资提供一些鼓励性的政策。

政府为对外直接投资提供的优惠政策一般包括：简化审批程序、税收减免、提供低息贷款、优先提供能源和土地租金减免等。一般而言，政府提供优惠的程度取决于本国从对外直接投资中受益的程度。

（二）限制对外直接投资的政策

政府对于那些会对本国市场带来负面效应，如侵占本国企业市场份额等的对外直接投资行为，往往会采取限制性的政策。此外，如果东道国政府为了使得外国直接投资有利于本国经济发展方式的转变和产业结构调整，会在经济发展的不同阶段对于外资实行不同的限制性政策。

（三）保护性壁垒

当跨国公司采取跨国收购的形式参与对外直接投资的时候，它会面临东道国政府的种种政策限制和审查方案。如果东道国政府相关部门认为，此次的并购会导致国内失业或者不利于国家安全等，就会阻止跨国公司进行并购。

案例 8.1

2011 年 2 月 11 日，华为美国并购受阻，美国国会小组以安全考虑为由，要求中国的华为技术公司剥离已收购的美国服务器技术公司 3Leaf Systems 所获得的科技资产。华为公司曾一度拒绝此项提议，表示退出该交易将会对其品牌和声誉造成“严重损害”，并等待美国总统奥巴马做出最终决定。不过随后，华为公司宣布接受美国外国投资委员会的建议，撤销对美国三叶公司技术资产的收购，这意味着华为第二次进军北美市场的尝试再次以失败告终。

（四）产业准入限制

在某些国家的某些行业里，如果当地企业、工会在政府政策制定方面存在强大的影响力，它们一般会使用这种影响力阻止来自跨国公司对外直接投资的竞争。

（五）政策性限制

由于程序上或者文件的要求，在每一个国家追求对外直接投资的跨国公司总会受到一系列不同的限制，即使是宣称对资本流动不加管制的美国、日本等发达国家，对于外国的投资也设立了不少障碍。例如，美国对中国收购其高科技企业进行严格审查。因此，除非跨国公司在一个国家进行直接对外投资，否则其很难熟悉其中的流程。

（六）环境壁垒

跨国公司进行对外直接投资的目的之一就是转移高污染、高能耗的企业到其他环境监管不严的国家。随着经济的发展，原先的东道国对于环境质量的要求越来越高，建筑法规、生产废料的处理以及污染控制都会使跨国公司的子公司受限。

（七）政治的不稳定性

在某些政治动荡的国家，容易出现政府更迭和政治冲突，对外直接投资的可行性就会依赖于这些冲突的结果。一般而言，跨国公司会规避在该国的直接投资。

案例 8.2

2012 年 3 月 2 日阿根廷官方颁布政府决议，宣布从当天起废除所有与私人企业的铁路专营合同，实行全部铁路国有化。阿根廷所有的客运铁路路线的日常管理及运营目前已经全部由国企负责。阿根廷国有化趋势近些年进一步发展，政府掌握了一批关键部门的大企业，获得了对市场进行必要干预的手段。2012 年，阿根廷总统克里斯蒂娜宣布了 YPF 石油公司的国有化计划，以保障能源安全。阿内政和交通部部长兰达佐在接受媒体采访时指出，政府有理由解除与私人企业的铁路专营合同，不会向这些企业支付任何补偿。

（八）政府对参与对外直接投资强加的条件

跨国企业进行海外并购时，一些政府会允许在一定条件下的跨国并购。比如，重组它们的业务以出口其制造的产品，进而使其不会与本国企业产生市场份额的竞争，并确保对污染的控制。有些情况下，为了保障原有的就业率，跨国公司海外并购不得不保留目标公司的所有雇员。

当然，各国对于对外直接投资的态度也是一直变化的。随着国内外经济形势的发展变化，外国资本给本国带来的收益和成本也会随之产生变化。如果收益大于成本，政府会制定一些鼓励措施；如果成本大于收益，政府则会随之取消原先的优惠措施甚至制定限制性的政策。

案例 8.3

中国自 20 世纪 70 年代末实行改革开放以来，为吸引外资、发展经济，对外资企业采取了有别于内资企业的税收政策，其分别执行《中华人民共和国外商投资企业和外国企业所得税法》和《中华人民共和国企业所得税暂行条例》。之后《中华人民共和国企业所得税法》将两税合二为一，结束了外资企业在税收上的“超国民待遇”，统一了所得税税率；统一了税前扣除办法和标准；统一了税收优惠政策，体现出中国税制走向了更加公平、透明的新阶段。新企业所得税法为内外资企业创造了一个公平竞争的税收法制环境，不断提高了中国利用外资的质量和水平，推动了中国经济制度进一步走向成熟。

【本章小结】

1. 对外直接投资（Foreign Direct Investment，FDI）是指投资者跨越国界，通过创立新的国外分支机构、与外国企业合资或收购外国企业的方式进行对外直接投资。一般认为，对外直接投资是一国投资者为取得国外企业经营管理上的有效控制权而输出资本、设备、技术和管理技能等资产的经济行为。

2. 跨国公司对外直接投资，一方面出于收益的考虑，为吸引新的消费需求或者力图进入更高利润的市场，扩大其市场范围和超额利润，进行国际性的分散经营；另一方面出于降低成本的考虑，利用国外生产要素、国外原材料及外国技术，从规模经济中充分受益。

3. 随着经济全球化的发展，国际对外投资呈现出全球性的趋势。目前主要的对外直接投资方式有国际合资投资、国际合作投资、国际独资投资和海外并购。

4. 随着国内外经济形势的发展变化，外国资本对于本国带来的收益和成本也会随之产生变化。如果收益大于成本，政府会制定一些鼓励措施；如果成本大于收益，政府会随之取消原先的优惠措施甚至制定限制性的政策。

【本章习题】

1. 为什么对外直接投资要采取不同的方式？合资与独资方式各有什么利弊？

2. 发达国家对于直接投资一般没有限制。请简要论证这一观点。

3. 中国的对外投资应该注意哪些问题？

4. 为什么一些对国际贸易和直接对外投资进行管制的欠发达国家的经济与其他国家的经济相互独立？为什么跨国公司想进入这些国家？假如这些国家放松管制，它们的经济能否与其他国家的经济相互独立？请解释。

5. 改革开放初期，许多跨国公司在中国东南沿海建立工厂，请分析当时吸引外商直接投资的有利因素。随着中国经济的发展，劳动力和土地要素相对优势的丧失，中国仍能够吸引外商直接投资，试解释其原因。

第九章 国家风险管理

【本章提要】

国家风险反映一国经济环境对跨国公司现金流的负面影响，在决定新项目是否实施的时候，需要开展国家风险分析。本章首先介绍国家风险的基本概念，阐明国家风险的类别及影响要素，进而对国家风险进行分析，并在此基础上提出风险管理措施。

【学习目标】

通过本章学习，读者应该掌握：①国家风险的类别与分析；②国家风险的成因；③国家风险评估；④国家风险管理措施。

第一节 国家风险概述

一、基本概念

在制定对外投资政策时，跨国公司必须对东道国的经济环境以及未来一段时间内可能出现的投资气候进行分析。国家风险是指由于东道国或投资所在国国内政治环境或东道国与其他国家之间政治关系发生改变，也即由于国家的强制力量而给外国的企业或投资者造成经济损失的可能性。简而言之，国家风险是指东道国国内发生的非预期性事件导致投资者资产价值蒙受损失的可能性。国家风险由国家政治风险和国家金融风险两部分组成。

国家风险代表了国家政治、经济、文化环境对跨国公司投资收益产生的潜在的不利影响。对于跨国公司而言，国家风险不仅包括东道国的国家风险，也包括母国的国家风险。国家风险并不是指外国企业或者投资者所遭受的实际经济损失，而是指发生这种政治变化的可能性以及由此可能导致的经济损失的大小。

二、国家风险的类别

目前国际上通常从两个方面对国家风险进行分类。

(一) 宏观风险和微观风险

从国家风险发生的范围和层次看，国家风险分为宏观风险和微观风险。前者指对所有外国企业或投资者都会产生不利影响的政治方面的改变；后者指只对某个特定的行业、特定的企业或者某一市场、某一特定的投资计划产生不利影响的政治改变。前者影响到企业资产的所有权，后者影响到企业在东道国经营的自由度（见图9-1）。

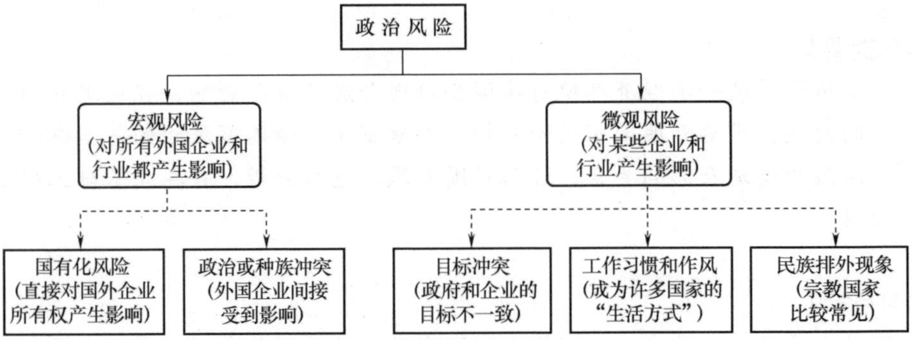

图9-1　政治风险类型的划分

(二) 所有权风险和业务收入风险

从国家风险的结果看，国家风险分为影响到财产所有权的风险和只影响正常业务收入的风险。前者是指导致外国企业或者外国投资者失去资产所有权或投资控制权的政治方面的改变；后者是指导致外国企业或者外国投资者经营收入或投资回报减少的政治方面的改变。所以，在衡量国家风险时可以从政治风险和金融风险两方面来进行。

三、国家风险的特征

国家风险是由国家政治风险和国家经济风险构成的。

(一) 国家政治风险的特征

政治风险是指东道国发生的政治事件或东道国与其他国家的政治关系发生变化对跨国公司造成不利影响的风险。政治风险能够降低跨国公司当地子公司的绩效。极端情况下，东道国可能征收子公司，且征收子公司可能是和平发生，也可能通过暴力进行；有些征收伴随着一些补偿，但是大多数情况下，子公司的财产被没收并且没有补偿。

1. 消费偏好

东道国居民对产品产地的消费偏好，是决定外国商品能否成功进入新的国外市场的关键，对于跨国公司的直接投资具有决定性的影响。消费偏好是文化、习惯的产物。考虑进入外国市场（或已进入该市场）的跨国公司，必须监测消费者对本国产品的忠诚度：如果消费者非常忠于本国产品，则与当地一家企业组建合资公司将会比出口更加有利。

2. 外资管理措施

东道国政府针对外商投资采取的各项管理措施，都有可能影响跨国公司的现金流。常见的措施有：设立污染控制标准，增加公司所得税和预提所得税，加强资金转移限制，建议设立社会福利设施或者专门的环境措施，要求子公司使用当地雇员作为管理人员。此外，东道国政府对于外国经营者要求特许权审批、对本国竞争者给予补贴，还可以通过限制和罚款保护当地竞争。一些东道国限制子公司向母公司的资金转移范围和规模，严重时甚至会冻结子公司的对外资金转移。

3. 货币的不可兑换性

为了防止资本外逃，危害经济发展的稳定性，许多发展中国家不允许本国货币的自由兑换。因此，跨国公司的投资收益往往不能顺利地、自由地汇回母公司。在这种情况下通常的做法有两种：一是将需要汇出的现金换成货物运回，以获得在该国投资的收益；二是通过东道国政府外汇审批后汇出现金。货币的不可兑换性在一定程度上限制了跨国公司经营的灵活性。

4. 战争

陷入战争的国家，动荡的局势会影响跨国公司雇员的安全。此外，战争环境下不稳定的商业环境，使得跨国公司的现金流也变得不确定。如果国家风险过高，跨国公司将会放弃在该国进一步进行直接投资。

5. 腐败和低效的官僚主义

腐败是一个能影响跨国公司国际业务的因素，它可能增加业务成本，减少市场收益。官僚主义会阻碍跨国公司创建新的子公司以及拓展市场和业务的努力。

6. 国有化

国有化通常是指政府将外资公司的子公司的资产低价回收甚至无偿征用收归国有的行为。

案例 9.1

自 20 世纪 60 年代以后，发展中国家就出现了国有化的高潮。据统计，从 50 年代到 70 年代，100 多个发展中国家中有半数以上的国家对外资实行了国有化，共发生了 1 954 件国有化案件，其中 50 年代发生的有 412 件，60 年代为

406件，70年代约1 136件，可见国有化的步伐一再加快。从地区分布来看，亚洲为219件、中东为464件、非洲为826件、拉美为454件。从行业分布来看，国有化的行业有半数以上集中在采矿、冶炼、石油、农业等部门。从国别来看，英美两国受国有化的影响最大，1960—1964年在所有报道国有化的事例中，英国子公司半数以上主要分布在农业、银行业和保险业。70年代，美国子公司日益成为国有化的主要目标，受影响最大的是石油和采矿、分支银行、公用事业和运输业，大型子公司承受国有化的压力最大。就美国子公司看，资产超过1亿美元的公司，其被没收的比率比资产少于100万美元的小型子公司大50倍。1960年到1979年，在被国有化的342家美国子公司中，有158家发生在拉丁美洲，占46%；而52家被国有化的英国子公司中，有419家发生在东南亚和撒哈拉以南的非洲。

这是最突出、危害最为严重的一种国家风险。国有化问题与一国的中央集权程度、政权更迭频率呈正相关。国有化通常发生在对东道国经济命脉有着直接影响的部门和行业。

（二）国家经济风险的特征

国家经济风险是指东道国经济上的因素对跨国公司造成不利影响的风险。根据影响的范围，可以分为宏观经济风险和微观经济风险。

1. 宏观经济风险

宏观经济风险包括东道国整体层面上的经济周期、通货膨胀率、利率、汇率以及税收调整带来的风险。

（1）经济周期。经济周期是影响跨国投资项目的经营现金流量的最主要因素，是东道国的市场需求。东道国经济状况的好坏，将对跨国公司的经营产生重要影响。当东道国经济衰退时，市场需求下降，子公司一方面将减少对跨国公司出口产品的需求，另一方面，其产量也会下降，进而跨国公司现金流下降。

（2）市场供求和价格状况。同一产品在不同国家、不同的市场供求状况下是不一样的。供大于求时，产品价格将会下降，从而减少跨国公司的利润。

（3）税收调整。税收是影响跨国公司净利润的主要因素。由于各个国家税收政策之间差别很大，跨国公司必须了解各国的税收法规并密切关注东道国与母国之间是否有税收优惠政策等。

2. 微观经济风险

微观经济风险是指仅对某个跨国公司的经营有影响的经济风险。例如，公司可能面临的行业风险、原材料供应变化的风险等。

第二节　国家风险的衡量

从国家风险发生的范围和政策层面看，国家风险分为宏观层面的风险和微观层面的风险。因而，我们使用宏观风险评估模型和微观评估模型来对国家风险进行评估。

一、国家风险评估模型

国家风险评估包括四个部分：宏观政治风险、宏观经济风险、微观政治风险和微观经济风险。

（一）宏观风险评估模型

国家宏观风险评估是指对一个国家风险的整体评估，其中涉及所有其他影响国家风险的变量，但是不考虑跨国公司所在的行业和其他具体特点。虽然这种风险评估较为方便，但缺点是容易将那些可能会改善评估准确性的相关信息排除在外。尽管宏观风险评估模型对单个跨国公司而言不甚理想，但仍然提供了一个良好的基础，经调整后能够反映跨国公司欲参与的特定业务风险。宏观风险评估模型重点考察东道国的政治和经济因素。

政治因素会影响国家风险中政治风险事件发生的概率及其影响程度。这些因素包括东道国政府与母国政府之间的关系、东道国政府政权的稳定性、政府被颠覆的危险性、东道国居民对于母国政府的态度以及东道国与邻国发生战争的可能性。

经济因素会影响国家风险中经济风险事件发生的概率及其影响程度。这些因素包括预期通货膨胀率、财政赤字、失业率、利率、国民生产总值增长率、东道国对出口的依赖程度、贸易余额和外汇管制等。

（二）微观风险评估模型

国家微观风险评估，是从跨国公司的角度对影响其经营的特定国家风险进行评估，是在宏观风险评估基础上进行的有针对性的调整，它涉及跨国公司具体的国家风险的确定。具体的微观风险评估往往伴随着公司、行业和相关投资项目的差异而有所不同。对国家风险进行微观评估，需要在宏观风险评估的基础上，考虑公司经营对于经济增长率、预期通货膨胀率和利率等因素的敏感性。

二、国家风险评估办法

在综合考虑了宏观和微观层面的政治因素和经济因素后，跨国公司需要建立一套综合的体系去评估这些因素，从而确定国家风险的等级。常见的方法有：列表打分法、德尔菲法、定量分析法、参观视察法和综合分析法。下面对于每种方法进行简要的介绍。

（一）列表打分法

列表打分法也称清单法（Checklist Approach），它涉及对所有影响国家风险评估结果的政治和经济因素（宏观和微观）的判断。对于有些因素（如GDP增长率），可以直接得到相应的数据，而其他因素（如战争爆发的频率）则需要主观方面的判断。如有必要，我们还需要将企业所做出的主观判断进行量化，以有助于对一国的政治风险进行全面的评估。对于对国家风险影响较大的因素，适当赋予较大的权重。当然，权重大小的判断也依赖于主观认定。

（二）德尔菲法

德尔菲法（Delphi Technique）是指为了对跨国公司在某一国的投资项目所承担的政治风险程度大小的判断，涉及收集评估人各自对于国家风险的看法，将不同专家的观点意见综合起来加以考虑。为了分析国家风险，跨国公司需要对特定员工或者具有评估国家风险经验的专家进行调查，并在收到调查结果后，试着对于国家风险达成共识（见图9-2）。

这一做法的优点在于，可以比较容易并且迅速地对政治风险进行评估。但是其缺点在于，该技术完全以专家和调查人的意见为基础，而不是以事实和分析为依据。

（三）定量分析法

理想的国家风险评估是要为跨国公司提供早期的预警信息，找出可能会给跨国公司未来经营带来风险的政治经济因素。在一定时期内，如果可以确定金融和政治变量，那么利用定量分析（Quantitative Analysis）模型等统计技术便可以识别政治风险程度的大小。常用的定量分析法是离差分析法和回归分析法。

离差分析法是一种广泛应用于国家风险评估的手段。所有的国家大致可以分为风险较小的国家和风险较大的国家。离差分析法通过考察这些国家的国家风险，找出具体导致国家风险差异的主要因素。例如，通过离差分析发现GDP增长率是解释国家风险增加的关键变量，那么GDP增速及相关因素应该用来评估国家风险。

回归分析主要是分析一个变量对于另一个变量的敏感性。在估算东道国微观国家风险时，跨国公司常常使用回归分析来评估其经营活动与东道国经济风险之间的关系。使用这一技术的主要目的是为了配合专家的主观判断，从而增加风险预测的准确性。在不同的企业间使用的定量分析方法和技术可能有所不同，但基本上涉及的主要因素都有：内部经济因素、外部经济因素和政治指标。

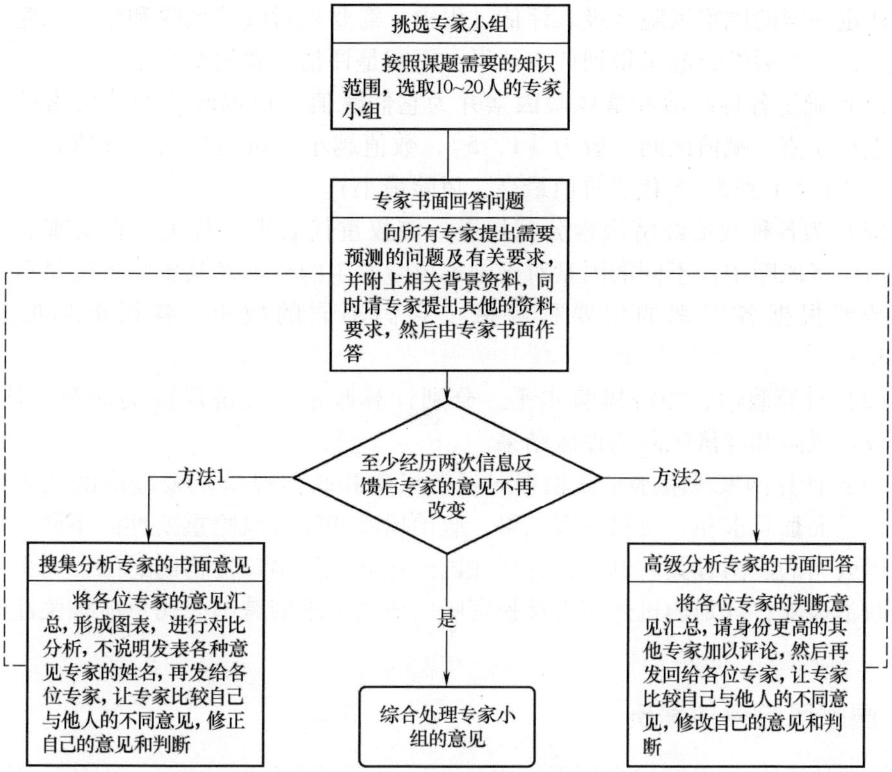

图 9－2　德尔菲法程序图

（四）参观视察法

参观视察法（Inspection Visit）是指到准备投资的国家或地区进行实地考察，并且和该国或地区的政府官员、企业领导负责人或者消费者进行会谈。这些行为有助于跨国公司对东道国的政治风险有更加清晰的认识。对于一些变量，比如国家之间的关系，如果不亲自去考察是很难评估的。

（五）综合分析法

一些企业为了对政治风险进行全面而准确的分析，会将各种技术综合在一起使用。如果通过各种技术方法得出的结论一致，那么企业将会对于该国国家风险的大小有更大的把握。如果得出的结论不一致，那么需要进一步进行考察和分析。鉴于国家风险对于跨国公司海外经营的成败影响巨大，考虑多种技术方法的综合是一种有效的策略。

三、国家风险评估步骤

国家风险评估通常使用评级法，也就是通过对不同国家风险影响因素进行打分来评定一国的国家风险等级。评估过程中，需要先对政治风险和经济风险进行单独评价，然后综合起来得到评审结果。下面是评估步骤简要介绍。

（1）确定各种政治经济风险因素并为它们赋值。根据政治经济因素的风险价值进行赋值，赋值区间一般为［1，5］，数值越小，风险越高；数值越大，风险越小。（从1到5，5代表价值最高，风险最小）。

（2）为各种政治经济因素分配权重，该权重代表重要程度。在宏观和微观的政治经济风险中，不同的因素对于国家风险发生的概率及其影响程度是有差异的，需要根据各因素的重要程度赋予它们不同的权重，各权重相加总和为100%。

（3）计算政治、经济风险水平。分别计算政治、经济风险的加权平均值，作为政治风险和经济风险的评级结果。

（4）计算国家风险水平。根据对经济风险和政治风险重要程度的认识分配权重，进而加总求和，得出评级结果。政治风险和经济风险重要性的不同，往往和跨国公司的意图有关。例如，计划在国外建立工厂出口货物的跨国公司更应该关注政治风险；计划通过外商直接投资吸引该国需求的跨国公司更应该关注经济风险。

四、国家风险评估案例

CUB公司计划在阿根廷设立一家分公司，以打开南美洲市场。在项目的可行性研究阶段，公司的市场部首先对阿根廷进行了国家风险评估。经过项目组仔细的筛选和认真的研究讨论，发现在影响阿根廷国家风险的众多因素中，主要有两个政治风险和五个经济风险因素。其中，政治风险因素有资金转移限制和官僚主义；经济因素中有利率、通货膨胀、汇率、行业竞争和行业增长。然后，为这些因素确定不同的权重，见表9－1。

表9－1　阿根廷国家风险因素的权重分配

	因素	权重
政治风险因素（80%）	资金转移封锁	30%
	官僚主义	70%
经济风险因素（20%）	利率	20%
	通货膨胀	10%
	汇率	20%
	行业竞争	10%
	行业增长	40%

通过对政治风险和经济风险的分析，特别是对阿根廷国内不同行业经营状况的差异以及目标市场的状况进行分析后，CUB 公司发现阿根廷的经济风险远小于政治风险。因而在分配权重时，赋予影响更大的政治风险较大的权重（80%）。从政治风险来看，效率低下的官僚主义被认为是最重要的，故而赋予 70% 的权重；资金转移限制被赋予 30% 的权重。经济因素中，行业增长因素被认为是最重要的，赋予 40% 的权重；汇率、利率因素影响较弱，各赋予 20% 的权重，通货膨胀和行业竞争的重要性最弱，各赋予 10% 的权重。

对政治风险各因素的数值进行加权平均计算，可以得知其政治风险等级为 2. 64；同样可以计算得出经济风险为 0. 78。计算结果表明，阿根廷国内的经济环境优于政治环境。在分别确定了政治风险和经济风险之后，根据之前赋予政治风险和经济风险的权重，可以计算出国家整体的风险等级。根据计算可以得到阿根廷国家风险等级为 3. 42。根据 CUB 公司项目组之前制定的规划，认为只有在国家评级至少达到 3. 5 的时候才实施该项目，3. 42 不在可接受范围内，故该项目计划被否决（见表 9 – 2）。

表 9 – 2　阿根廷国家风险总体评级

（1）国家风险因素	（2）公司对各类因素的赋值	（3）公司根据重要性对各类因素所赋权重	（4）各类因素加权值（2）×（3）
政治风险因素			
资金转移限制	4	30%	1. 2
官僚主义	3	70%	2. 1
政治风险等级		100%	3. 3
经济风险因素			
利率	5	20%	1. 0
通货膨胀率	4	10%	0. 4
汇率	4	20%	0. 8
行业竞争	5	10%	0. 5
经济增长	3	40%	1. 2
经济风险等级		100%	3. 9
政治风险	3. 3	80%	2. 64
经济风险	3. 9	20%	0. 78
国家风险等级		100%	3. 42

五、国家风险评估的管理

跨国公司有时需要一个合理的管理系统来保证管理层在评估项目时充分考虑国家风险。其中一个解决方案是使用外部评估机构评估特定项目的国家风险，这个评估结果直接用于项目评估中。这种评估结果可以给长期项目提供更好的国家风险评估。

海外投资规模巨大的国家，政府会设立相关机构对于海外投资国的国家风险进行总体评估，以便为本国企业进行海外投资提供参考。比如，中国出口信用保险公司定期对主要海外投资国的风险以及主要投资行业进行评估，推出 ERI 指数。ERI 指数是中国首次对主要贸易国、重点出口行业以指数化形式进行信用风险研究的崭新尝试和重大突破，也是国际出口信用机构（ECA）首次对国与国之间短期出口贸易的信用风险进行量化研究的具体实践。ERI 指数采用指数评分的方法，从中国短期出口贸易的主要贸易国别（地区）和重点出口行业两个角度，分别反映海外进口商（买家）整体信用风险及其变化趋势。根据量化分析的结果，把信用风险水平分为 A，B，C，D，E 五个信用等级，并对指数运行趋势进行预测。这一指数常常作为跨国公司投资决策的重要参考之一（见表 9－3）。

表 9－3　2015 年第一季度主要地区和行业的 ERI 指数和信用水平

序号	国家（地区）	ERI	环比变动幅度	环比趋势	信用水平
1	韩国	109.44	−0.77	下降	A
2	美国	108.85	−2.60	下降	A
3	沙特阿拉伯	107.54	4.91	上升	A
4	阿联酋	106.40	2.97	上升	A
5	香港	106.23	−1.89	下降	A
6	英国	105.70	−2.16	下降	A
7	澳大利亚	105.61	−3.98	下降	A
8	日本	105.41	−0.45	下降	A
9	加拿大	105.07	−1.61	下降	A
10	印度	104.90	−3.12	下降	B
11	新加坡	104.70	−1.77	下降	B
12	印度尼西亚	101.79	−2.77	下降	B
13	马来西亚	101.70	−3.11	下降	B
14	中国台湾	100.94	1.65	上升	B
15	德国	100.86	−0.42	下降	B

续表

序号	国家（地区）	ERI	环比变动幅度	环比趋势	信用水平
16	荷兰	100.58	0.33	上升	B
17	南非	99.96	-1.94	下降	C
18	越南	99.80	-4.53	下降	C
19	西班牙	99.59	-4.53	下降	C
20	法国	99.08	-0.67	下降	C
21	墨西哥	98.00	-0.52	下降	C
22	埃及	96.30	-5.01	下降	C
23	意大利	94.80	-0.42	下降	D
24	巴西	93.02	-0.76	下降	D
25	阿根廷	90.75	8.45	上升	D
26	乌克兰	89.72	10.05	上升	E
27	委内瑞拉	83.17	1.80	上升	E
28	俄罗斯	79.86	-5.78	下降	E
序号	行业	ERI	环比变动幅度	环比趋势	信用水平
1	电器与电子元器件产品	105.30	-1.28	稳定	A
2	金属制品	103.97	-5.28	下降	B
3	家电、视听产品	103.23	-0.34	稳定	B
4	机械产品	101.67	-0.97	稳定	B
5	化学制品	101.40	-3.15	下降	B
6	家具、纺织服装制品	101.39	-2.10	稳定	B
7	医药产品	105.37	-0.54	稳定	A
8	信息技术产品	100.70	-4.78	下降	B
9	食品饮料烟草制品	100.12	-2.49	稳定	B
10	能源产品	96.00	-7.01	下降	C

资料来源：中国出口信用保险公司官网。

第三节　国家风险管理措施

国家风险对于对外直接投资有着很大的影响，其中最严重的情况便是海外子公司以及分支机构被东道国政府征收，这种接管会对跨国公司造成重大的损失。

常见的用来减少东道国政府接管风险的管理方法包括：缩短投资期、运用当地资源、垄断技术和原材料、购买保险和利用项目融资。

一、缩短投资期

跨国公司对外投资的一个主要目标是获得超额利润。但随着时间的推移、新的竞争者的加入以及市场行情的变化，这种超额利润会逐渐减少。因此跨国公司通过将项目锁定在一个较小的投资期内，通过加速折旧、分批分次将子公司资产出售的方式，可以在尽快获得超额利润的同时减少被东道国政府征收的可能性。这种方法的关键在于能迅速获得现金流，且万一出现最坏的情况，也可以将损失降到最低。

二、运用当地资源

为了减少子公司被东道国接收的可能性，跨国公司可以考虑雇佣当地劳动力和从当地借入资金，与当地的利益集团形成比较紧密的利益关系，在一定程度上可以减少国家风险。

比如，子公司从当地银行获得巨额融资，当地银行将会关心公司未来的经营业绩。当当地政府试图征收子公司并且影响到银行收回贷款的时候，银行可能会对东道国政府施压以避免征收。虽然这种方法也存在一定的局限性，比如，当地政府可以向银行担保偿付贷款，然而与跨国公司失去子公司还承担本国债权人债务相比，这种策略也是一种较好的方式。

通过雇佣当地劳动力，可以为该国居民提供就业机会。当政府接管可能发生的时候，当地的雇员或者工会可能会对政府施压以避免这种情况的发生。但这一方式也存在着局限性，比如，政府可以在无偿接管的同时保证当地雇员的工作岗位不改变。

三、垄断技术和原材料

通过对子公司技术的垄断和技术信息的高度保密，跨国公司可以有效地降低被东道国政府接管的风险。接管可能奏效的唯一方法是跨国公司同意提供必要的技术。如果跨国公司在政府征收过程中不能够获得足够的补偿，这一情况就很难实现。

如果子公司生产所需的生产原材料必须依赖于母公司的进口，且当地无法生产，那么东道国政府在没有寻找到替代原材料来源或者没有足够的技术能力生产必须原材料的时候，一般不会征收该子公司。甚至在跨国公司子公司受到政策歧视的时候，母公司可以考虑停止原材料供给。

四、购买保险

一般来说，跨国公司的母公司为了鼓励国内优质企业走出去，积极向海外投资，往往会采用设立海外投资保险机构等方式，当发生接管、战争或者货币冻结风险的时候，对跨国公司在海外的经济损失给予一定的补偿。那些在国外有大量投资的发达国家，都建立了比较健全的国外投资保险体系（见图9－3）。

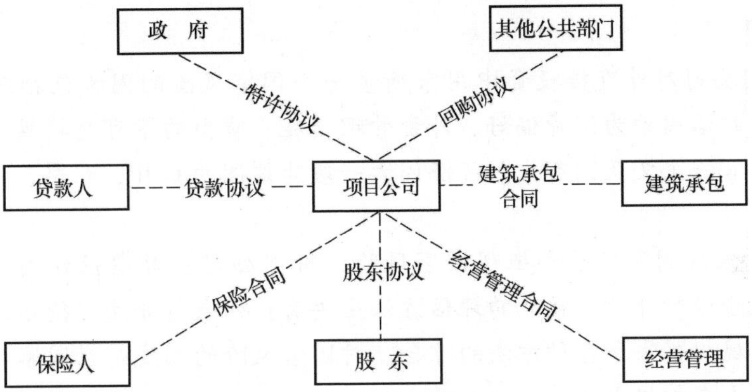

图9－3　海外投资保险制度

部分保险机构并不赔付因政府征收行为对企业造成的损失。即便赔付，保险机构在补偿公司因被征收而蒙受损失之前，有一年甚至更长时间的等待期。而且，为了获得这种保险，跨国公司的海外子公司需要按照保险机构的要求限制自身的经营范围，比如子公司产品销售地域限制，主要用于出口而不是在当地销售（减少因与当地企业市场竞争而引起东道国政府的不满）。当然还要考虑保险费率的问题。通过权衡保险的收益和成本，子公司可以选择一种相对有利的策略。虽然这种保险是有用的，但是它并不能够防止征收带来的损失。

世界银行等国际组织也纷纷设立了多边保险机构，为那些在发展中国家有直接投资项目的跨国公司提供政治保险。比如，世界银行设立了一个叫多边投资保险机构的附属机构，为在欠发达国家直接投资的跨国公司提供保险。多边投资担保机构对接管、违约、战争、国内动乱和货币不可兑换提供保险。

五、利用项目融资

世界上许多庞大的基础设施项目都采用“项目融资”的方式，以此来降低跨国公司的风险。

第一，项目融资交易主要依赖信贷。跨国公司只做有限的股权投资，这样它的风险是有限的。第二，银行可对支付给跨国公司的资金进行担保。第三，项目融资交易可以以该项目未来的收入作为担保，项目与管理项目的跨国公司是分开的，这是其独特之处。贷款不可追索，债权人不可以向跨国公司追索除项目资金和现金以外的现金。因此，作为借款人的项目风险与项目现金流有关，与跨国公司无关。由于项目的目标单一和终止计划明确，使得项目的整个过程较为透明，这样项目才能得到项目融资的资助。若非如此，项目不能得到融资，因为这将会承担信贷安排带来的现有负债，东道国政府不可能接管这种类型的项目。

【本章小结】

1. 跨国公司对外直接投资中用来衡量一个国家风险的因素包括政治因素和经济因素。政治因素为消费偏好、外资管理措施、货币的不可兑换性、战争、腐败和低效的官僚主义及国有化。经济因素一般为该国的 GDP、利率、汇率和通货膨胀率。

2. 鉴于宏观国家风险和微观国家风险，跨国公司在考虑投资项目前，必须对这两类风险进行评估。常见的评估方法主要有：列表打分法、德尔菲法、定量分析法、参观视察法和各种方法的综合。对国家风险的测度是在国家风险的政治和经济因素上求加权平均值。

3. 国家风险管理是国际直接投资风险管理的重点，其中最严重的情况便是跨国公司的子公司被东道国征收。为了防范被征收的风险，跨国公司可以采用缩短投资期、运用当地资源、垄断技术和原材料、购买保险以及利用项目融资的策略。但是每一种策略都有其局限性。

【本章习题】

1. 除了东道国接管外，请列出其他形式的国家风险并简要说明每一种因素如何影响跨国公司的风险。

2. 评估国家风险的办法有哪些？请评价不同方法的优点和局限性。

3. 跨国公司通常采取哪些措施来防范东道国征收的风险？

4. CUB 公司考虑在加拿大设立一家子公司，它用国家风险分析来帮助决策。首先，它找出一年前所做的对于该国的国家风险分析，那个时候 CUB 公司已经开始计划向加拿大大量出口商品。然后，该公司通过考虑在该分析中曾经使用过的重要变量的信息变化情况更新了分析结果，所用的重要变量是加拿大居民对接受出口品的意愿、目前它的出口限额和此时的关税法。请问这种国家风险分析可靠吗？

5. A 公司想给 B 国做国家风险分析。A 公司已经确定了各种政治和经济风险因素（如下图所示），其中政治因素占 70%，经济因素占 30%。A 公司在国家风险系数低于4.0的时候不愿意向B国投资，请分析A公司是否会投资?

政治风险因素	公司对各因素的赋值	公司根据重要性对各因素所赋权重
资金转移障碍	5	40%
官僚主义	3	60%
经济风险因素	公司对各因素的赋值	公司根据重要性对各因素所赋权重
利率	1	10%
通货膨胀	4	20%
汇率	5	30%
行业竞争	4	20%
行业增长	5	20%

6. 请分析近年来中国企业在海外并购和直接投资过程中遇到的国家风险都有哪些。

7. 企业进行海外直接投资就会面临国家风险，为什么这些风险不能阻止世界范围内海外投资规模的不断扩大呢?

第十章 跨国资本预算

【本章提要】

本章首先介绍跨国资本预算的角度和内容；然后通过具体案例进行跨国资本预算分析，详细列出每一步计算过程；最后列举了多种影响预算结果的因素，并根据给出的调整方法对预算结果做出调整，以便跨国公司根据最后结果对海外投资项目进行取舍。

【学习目标】

通过本章学习，读者应该明晰：①跨国母子公司间资本预算分析的差别；②跨国资本预算的内容与方法；③影响跨国资本预算结果的因素；④跨国资本预算结果的调整方法。

第一节 子公司和母公司预算的比较

跨国资本预算的角度一般有两个：一个是母公司，一个是海外子公司。通常，我们都会站在母公司的角度来进行资本预算，因为流向子公司的税后净现金流和流向母公司的税后净现金流之间会有很大差异，从而导致一些对子公司可行的项目对母公司并不可行。这种税后净现金流的差异主要源于以下几种因素。

一、税收

当海外子公司汇出的利润到达母公司时，母公司国家政府必然会对这笔利润收取一定的税费。至于税费究竟收多少主要取决于政府规定的税率。如果税率很高，那么母公司到手的利润不仅可能达不到预期的回报率，甚至有可能无法完全弥补自身对外的投资额。所以在这种情况下，尽管子公司认为该项目是可行的，但母公司会认为该项目不可行。

二、汇兑水平

当海外子公司向母公司汇出利润时，一些东道国会进行外汇管制，即只允许子公司将利润按一定比例汇出或者要求子公司必须将收益的一定百分比留在该国。此时，尽管子公司认为该项目可行，但母公司很可能会认为不可行，因为母公司到手的利润会打折，并且很可能无法收回一部分投入的资金。

三、汇率

当子公司将利润汇回母公司时，一般会将当地货币转换为母公司所在国的货币。所以，母公司最终所收到的利润就会受到两国之间汇率的影响。当子公司所在国货币预期持续疲软时，对子公司而言可行的项目有可能对母公司不可行。

四、因素总结

如图 10－1 所示，该图显示了从子公司赚取收益后将其汇回母公司至母公司收到汇回收益的全过程，这个过程详细说明了子公司的现金流是如何变化的。首先，子公司要将一部分收益以公司所得税的形式支付给所在国政府。然后，子公司会留存一部分收益，再将收益的剩余部分汇回母公司。接下来被汇回母公司的资金还可能要给所在国政府缴纳预提税。最后，缴税后的余额再兑换成母公司所在国货币并汇回母公司。

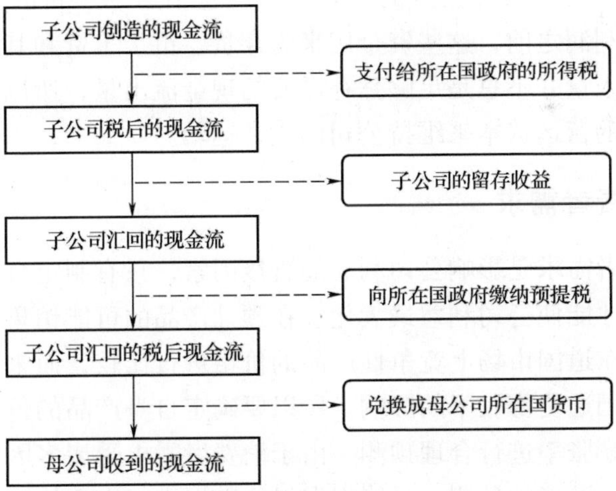

图 10－1　子公司向母公司汇入利润的过程

从以上过程来看，子公司实际汇回母公司的现金流可能只是其总收益中的一部分甚至是很小的一部分。所以，在母公司看来，一个项目的可行性不取决于子公司的现金流，而取决于母公司最终收到的现金流。

对于是否决定开展海外投资项目，从母公司的角度来考虑是合适的。因为母公司的所有者是公司的股东，公司所做的决策应满足股东的要求。所以无论是哪个项目，都应该最终为母公司带来足够多的现金流，进而增加股东财富。

当母公司并不全资拥有国外子公司，即在国外进行部分融资时，国外子公司也会有许多股东，子公司的所作所为也必须满足这些股东的利益。这时如果站在母公司的角度去考虑，母子公司间的任何协议双方应该都是可以接受的，因为这种协议会增加母子公司双方的价值。决策目标并非把财富单一地从一方转到另一方，而是要同时增加双方股东的价值。

虽然现实中有上述国外融资的情况，但跨国公司的大多数国外子公司都是被母公司全资拥有的。所以，在本章的讨论中，我们还是主要关注母公司的立场。

第二节 跨国资本预算的内容

跨国公司进行资本预算时，主要对以下几个经济和财务指标进行预测和计算。

一、初始投资

初始投资是母公司对外投资的主要来源，包括启动项目的资金和运营成本等。在项目产生利润之前，这些资金用来为存货、员工工资和其他支出融资。由于项目的现金流入量并不总是足够弥补需要的现金流出量，所以，在整个项目期限内都需要一定的营运资本来维持公司的正常运转。

二、价格和消费者需求

价格和消费者需求是影响公司利润的直接因素，只有制定合理的价格并准确估计消费者需求才能使公司利益最大化。在预计产品的可能销售价格时，公司要将自己的产品与东道国市场上竞争性产品的价格进行比较，而未来东道国竞争性产品的价格受该国通货膨胀率的影响。所以要确定自身产品的价格，必须先要对东道国未来通货膨胀率进行合理预测。由于消费者需求受诸多因素的影响，因而很难对其进行相对准确的预测，只能根据以往数据进行大致估计。

三、成本

成本可以分为变动成本和固定成本。变动成本通常会随项目所在国通货膨胀率的变动而变动，所以对变动成本的预测很难达到比较高的准确性。而固定成本在确定预测期间后，因不受消费需求的影响，所以比变动成本容易预测。但从开始预测到真正发生固定成本这一段时间里，固定成本对被投资国通货膨胀率的变化是很敏感的，这点需要跨国公司加以注意。

四、税收

国外子公司在产生收益和将收益汇回母公司时都要向所在国支付税款。由于每个国家的税法不同，课税的标准也就不同。所以要做完整而准确的资本预算分析，税收是必须要考虑的影响因素。

五、资金转移

当子公司打算向母公司汇出收益时，子公司所在国政府可能会对数额做出限制，甚至阻止其汇出。所以，母公司在预测现金净流量时应考虑这种限制的影响。

六、汇率

任何国际项目在该项目的存续期间都会受到汇率波动的影响，而且这种影响有很大的不确定性，所以母公司在进行预测时必须将汇率因素考虑进去。

七、残值

残值一般受两个因素的影响，包括项目的完成度和所在国政府对该项目的态度。由于有些项目的寿命不确定，使得该项目的残值难以评估，而其他寿命确定的项目就比较容易估计。有些情况下，一些突发事件可能要将资产清算提前进行，而这种事件在不同的国家发生率不一样，所以造成在不同国家投资项目的残值不同。

八、必要报酬率

只要预测出未来执行项目的相关现金流量，就要以该项目的必要报酬率作为折现率来进行折现。跨国公司首先预测其资本成本，然后根据项目的特有风险估计出项目的必要回报率。如果项目的风险高于跨国公司的其他业务，那么该项目的必要报酬率相应也要高于跨国公司的资本成本。所以，跨国公司应确定一个比较合理的必要报酬率，以便进行准确的资本预算。

第三节 跨国资本预算案例分析

对于投资海外的跨国公司而言，资本预算的每一项内容都至关重要。在本节我们将举例说明跨国资本预算是如何进行的。

一、案例背景

美国一家跨国公司A打算在法国建立一家子公司，并在当地生产和销售洗衣机。A公司要求其各个部门提供有关资本预算分析的一切信息。同时，经过与法国有关部门进行协商，已经确定了一些事情，具体信息如下。

（一）初始投资

A公司预计该项目需要1 000万欧元，其中包括支持运营资本的资金。假定即期汇率为每欧元兑换2美元，母公司初始投资为2 000万美元，投资期限为四年。

（二）价格和需求

对今后四年中每一年的市场价格和需求状况进行预计，得出结果如表10－1所示。

表10－1　价格和需求预计

年份	每台洗衣机的价格（欧元）	市场需求（台）
1	500	20 000
2	500	20 000
3	550	25 000
4	600	25 000

（三）成本

对每单位成本（包括原材料和劳动力等）的变动成本进行预计，得出结果如表10－2所示。

表10－2　每台洗衣机的预计变动成本

年份	第1年	第2年	第3年	第4年
变动成本（欧元）	300	300	350	350

除变动成本外，固定成本包括租用办公场地，预计为每年50万欧元，其他管理费用支出预计为每年50万欧元。

（四）税收

法国政府允许A公司的子公司对固定资产和设备以每年最多100万欧元的折旧额计提折旧，子公司以此最大值来对固定资产进行折旧。

法国政府征收20%的所得税，并对汇回母公司的资金征收10%的预提税。

美国政府允许对将来在法国支付的税款予以抵免，所以汇回母公司的收益在美国不再课税。

（五）汇回的资金

子公司预计在每年年底将所有现金流入量汇回母公司。法国政府承诺不会对汇回母公司的现金流量予以限制，但是对所有汇回的资金征收10%的预提税。

（六）汇率

欧元的即期汇率为2美元。A公司对于将来各期的预期都采用该汇率。

（七）残值

法国政府将在四年后以600万欧元的价格将公司收购。假定处置子公司时，不征收资本利得税。

（八）必要报酬率

A公司对该项目要求10%的回报率。

二、资本预算分析

本次资本预算分析将从母公司的角度进行，并假定母公司全资拥有子公司且设立子公司的目的是提高母公司的价值。因此，如果未来现金流量的现值大于公司的初始投资，A公司便会投资该项目。下面对各个指标进行预算，结果如表10－3所示。

表10－3　资本预算分析：A公司

	年度0	年度1	年度2	年度3	年度4
1. 需求		20 000	20 000	25 000	25 000
2. 价格(€)		500	500	550	600
3. 总收入 =(1)×(2)(€)		10 000 000	10 000 000	13 750 000	15 000 000
4. 单位变动成本(€)		300	300	350	350
5. 总变动成本 =(1)×(4)(€)		6 000 000	6 000 000	8 750 000	8 750 000
6. 场地年租金(€)		500 000	500 000	500 000	500 000
7. 其他年管理费用支出(€)		500 000	500 000	500 000	500 000
8. 非现金支出(€)		1 000 000	1 000 000	1 000 000	1 000 000
9. 总费用 =(5)+(6)+(7)+(8)(€)		8 000 000	8 000 000	10 750 000	10 750 000
10. 子公司税前收益 =(3)－(9)(€)		2 000 000	2 000 000	3 000 000	4 250 000
11. 所在国政府税收(20%)(€)		400 000	400 000	600 000	850 000
12. 子公司税后收益 =(10)－(11)(€)		1 600 000	1 600 000	2 400 000	3 400 000

续表

	年度0	年度1	年度2	年度3	年度4
13. 子公司现金流=(12)+(8)(€)		2 600 000	2 600 000	3 400 000	4 400 000
14. 子公司汇回的欧元(€)		2 600 000	2 600 000	3 400 000	4 400 000
15. 汇回资金的预提税(10%)(€)		260 000	260 000	340 000	440 000
16. 预提税后汇回的欧元(€)		2 340 000	2 340 000	3 060 000	3 960 000
17. 残值(€)		—	—	—	6 000 000
18. 汇率($)		2	2	2	2
19. 母公司收到现金流量($)		4 680 000	4 680 000	6 120 000	19 920 000
20. 母公司收到现金流量现值(10%)($)		4 254 545	3 867 769	4 598 047	13 605 628
21. 母公司期初投资($)	20 000 000	—	—	—	—
22. 累计净现值($)		-15 745 455	-11 877 686	-7 279 639	6 325 989

表10-3详细列出了A公司资本预算中的各个数据。第一步，通过对需求和价格的预测计算预计的总收入（1~3）。第二步，预测出总变动成本、固定成本及其他费用，将其加和得到预计总费用（4~9）。第三步，用总收入减去总费用，得出税前收益，再减去所在国政府税收，就可以得出税后收益（10~12）。第四步，将折旧费加回到税后收益中，可以得出子公司的净现金流量，再扣去汇回资金的预提税，得到汇回的现金流量（13~16）。第五步，通过残值和汇率的预计信息，可以计算母公司所获得的最终现金流量（$）（17~19）。

最后一步，就是要通过折现率计算未来四年现金流量的现值，再计算出累计净现值，以便对项目进行评估。这里需要用到求净现值（NPV）的公式：

$$\mathrm{NPV} = -IO + \sum_{t=1}^{n} \frac{CF_t}{(1+K)^t} + \frac{SV_n}{(1+K)^n} \tag{10.1}$$

其中，IO为初始投资，n为项目期限，K为必要报酬率，CF_t为第t期的现金流入量，SV_n为残值。

我们先要将公司获得的现金流量用必要报酬率10%进行折现，得到未来四年的折现金额（20）。然后根据NPV公式，可以依次计算未来四年中每一年的累计净现值。

通过以上计算，我们发现，虽然第1、2、3年的累计净现值均为负，但是第4年项目到期考虑残值后，累计净现值为正。所以，如果此时10%的折现率已经完全考虑了该项目的风险程度，那么A公司可以接受该项目。但如果这种分析对风险的考虑并不全面，则A公司很可能还是会放弃该项目。至于如何充分地考虑风险，我们将在下一节进行讨论。

第四节 影响跨国资本预算的因素

上一节中，A 公司在进行资本预算时忽略了一些需要考虑的因素，如汇率波动，通货膨胀和残值的变化等。这里我们将对这些因素进行一一讨论。

一、汇率波动

在上一节的案例中，A 公司采用欧元的即期汇率（2 美元）作为未来项目期间的汇率。而实际上汇率在未来一定会发生波动，这一点公司也会意识到，但不知道欧元到底会升值还是贬值，所以跨国公司需要分析欧元升值和贬值时对收益的影响。从 A 公司的角度来看，欧元升值对公司是有利的，因为一旦欧元升值，子公司将收入汇回母公司时就能兑换成更多的美元。相反，欧元贬值对公司是不利的，因为在子公司将收入汇回母公司时只能兑换到更少的美元。

表 10－4 展示了强势的欧元和疲软的欧元两种情况。强势的欧元意味着欧元未来有很大的可能升值，疲软的欧元意味着欧元未来有很大的可能贬值。从表中可以看出，母公司收到的现金流量在这两种欧元的情况下是不同的。如果欧元强势，项目到期时累计净现值为 11 652 625 美元；如果欧元疲软，项目到期时累计净现值为－1 694 684 美元；如果欧元稳定，项目到期时累计净现值为 6 325 989 美元。通过对比，我们可以发现净现值在欧元疲软时为负，在欧元稳定或强势时为正。所以，项目真正的可行性取决于项目期限内这三种情况的概率分布。如果欧元贬值的可能性较高，那么该项目便很可能会被放弃。

表 10－4 在不同汇率情况下的预算分析

	年度 0	年度 1	年度 2	年度 3	年度 4
1. 预提税后汇回的欧元(€)		2 340 000	2 340 000	3 060 000	3 960 000
2. 残值(€)					6 000 000
强势的欧元					
3. 汇率($)		2.2	2.3	2.4	2.5
4. 母公司收到现金流量($)		5 148 000	5 382 000	7 344 000	24 900 000
5. 现金流现值(10%)($)		4 680 000	4 447 934	5 517 656	17 007 035
6. 初始投资($)	20 000 000				
7. 累计净现值($)		－15 320 000	－10 872 066	－5 354 410	11 652 625

续表

	年度0	年度1	年度2	年度3	年度4
疲软的欧元					
8. 汇率($)		1.8	1.6	1.4	1.2
9. 母公司收到现金流量($)		4 212 000	3 744 000	4 284 000	11 952 000
10. 现金流现值(10%)($)		3 829 091	3 094 215	3 218 633	8 163 377
11. 初始投资($)	20 000 000				
12. 累计净现值($)		-16 170 909	-13 076 694	-9 858 061	-1 694 684

虽然欧元疲软的情况要劣于欧元稳定或者强势的情况，但是如果处于欧元疲软期该项目并非一定不可行，因为累计净现值的正负还与贬值的程度有关。表10-4中欧元贬值程度很大，所以累计净现值为负。但如果贬值程度比较小，累计净现值可能为正，进而说明该项目依然是可行的。虽然这种情况确实存在，但这需要公司对贬值程度的精确把握才行，这无疑又增加了资本预算的难度。所以，除非特殊情况，公司一般还是会在欧元稳定或者强势时期投资该项目。

基于以上分析，由于汇率波动具有不确定性，跨国公司为了降低风险，很可能会对项目的预期现金流进行套期保值，而这样就需要考虑对冲汇率对预期现金流量的影响。以下根据之前的案例对采用套期保值后的资本预算进行分析。

因为欧元的不确定性，A公司对预计现金流量采取套期保值。假定每年套期保值金额为200万欧元，其他每年的现金流量不采取套期保值措施；欧元的远期汇率为1.9美元，略低于当前即期汇率。具体预算分析如表10-5所示。

表10-5　部分现金流量进行套期保值情况下的资本预算分析

	年度	年度1	年度2	年度3	年度4
1. 预提税后汇回的欧元(€)		2 340 000	2 340 000	3 060 000	3 960 000
2. 套期保值汇回的欧元(€)		2 000 000	2 000 000	2 000 000	2 000 000
3. 非保值汇回的欧元(€)		340 000	340 000	1 060 000	1 960 000
4. 残值(€)					6 000 000
5. 欧元远期汇率($)		1.9	1.9	1.9	1.9
6. 欧元即期汇率($)		2	2	2	2
7. 汇回母公司套期保值现金流量($)		3 800 000	3 800 000	3 800 000	3 800 000
8. 汇回母公司非套期保值现金流量($)		680 000	680 000	2 120 000	9 920 000

续表

	年度	年度 1	年度 2	年度 3	年度 4
9. 汇回母公司总现金流量（$）		4 480 000	4 480 000	5 920 000	13 720 000
10. 现金流量的净现值（$）		4 072 727	3 702 479	4 447 784	9 370 945
11. 初始投资（$）	20 000 000				
12. 累计净现值（$）		−15 927 273	−12 224 794	−7 777 010	1 593 935

表 10－5 详细列出了部分现金流量进行套期保值时资本预算分析的过程。第一步，根据税后汇回的欧元数量，将其分为套期保值的部分和非套期保值的部分（1. ～3.）。第二步，根据即期汇率、远期汇率和残值，计算汇回母公司的套期保值现金流量和非套期保值现金流量，将二者加和可得汇回母公司总现金流量（4. ～9.）。第三步，根据贴现率计算四年现金流量的净现值，然后再用 NPV 公式求得累计净现值（10. ～12.）。

通过计算结果我们知道，用部分现金流量进行套期保值时项目的净现值要比不套期保值时项目的净现值低，这是因为远期汇率低于即期汇率。而如果未来欧元汇率大幅度下降，那么采用套期保值的策略就可以降低自身的损失。所以，套期保值实质上是一种分散风险、降低可能性损失的行为。我们要学会当公司对汇回收入部分地采取套期保值时资本预算分析如何修正，以便合理地对项目进行预算分析。

二、通货膨胀

资本预算分析也间接反映了对于通货膨胀的考虑，因为单位变动成本和产品价格都会随着时间而上升。一些国家通货膨胀率每年都有较大的变化，从而对项目的净现金流产生重大的影响。公司一般很难准确预测每年的通货膨胀率，从而也就无法准确预测净现金流。

从母公司的角度来看，通货膨胀和汇率的变动会对子公司的现金流量产生抵消作用。在通货膨胀程度比较高的国家，汇率会随着时间走弱。因此，即使子公司的收入上升了，根据购买力平价理论，如果子公司的货币贬值是因为高度通货膨胀，当被兑换成母公司所在国货币时也会贬值。由于跨国公司不能假定东道国汇率变动的影响完全被通货膨胀的影响所抵消，所以跨国公司还是应该通过对成本、价格的预测充分考虑通货膨胀和汇率对净现金流的影响。

三、融资安排

之前我们了解过，很多跨国投资项目是在外国进行融资。为了表明这种外国融资能够影响项目的可行性，可以考虑下面修改过的第三节中 A 公司的例子。

(一) 子公司融资

假设子公司借入 500 万欧元购买之前花 50 万欧元租用的场地，同时子公司为该笔借款每年支付 50 万欧元的利息，并在项目到期时归还本金。而该场地在第 4 年年末以 500 万欧元的价格出售。基于以上假设，我们知道公司对办公场地的年租金 50 万欧元就没有了，取而代之的是因为债务而支付的 50 万欧元的利息。由于这两个数额恰好相等，所以每年的现金流出对子公司而言是一样的。虽然子公司必须在第 4 年年末支付 500 万欧元的借款本金，但是公司将场地出售后也会得到 500 万欧元，所以可以使用场地出售的资金偿还借款本金，二者也互相抵消了。由于在考虑场地之前子公司已经使用了法国政府允许的最高折旧额，所以年度折旧费不再增加。

在该例中，当子公司获得资金购买场地时，母公司最终收到的现金流和原来例子中收到的现金流相当。因此在这两种情况下，净现值是相同的。假如数字不被抵消的话，可以重复资本预算分析来检查基于母公司视角的现金流是否高于原有例子。

(二) 母公司融资

假设场地不是子公司用借入的资金租赁或者购买，而是母公司使用自有资金购买的。这样，初始投资就会增加 500 万欧元，变为 1 500 万欧元；而残值也将改为 1 100 万欧元，即第 4 年年末出售场地的 500 万欧元加上出售子公司所得的 600 万欧元之和。

在加入母公司融资的情况下，具体资本预算如表 10－6 所示。

表 10－6　母公司融资后的资本预算

	年度 0	年度 1	年度 2	年度 3	年度 4
1. 需求		20 000	20 000	25 000	25 000
2. 价格(€)		500	500	550	600
3. 总收入＝(1)×(2)(€)		10 000 000	10 000 000	13 750 000	15 000 000
4. 单位变动成本(€)		300	300	350	350
5. 总变动成本＝(1)×(4)(€)		6 000 000	6 000 000	8 750 000	8 750 000
6. 场地年租金(€)		0	0	0	0
7. 其他年管理支出(€)		500 000	500 000	500 000	500 000
8. 非现金支出(€)		1 000 000	1 000 000	1 000 000	1 000 000
9. 总费用＝(5)＋(6)＋(7)＋(8)(€)		7 500 000	7 500 000	10 250 000	10 250 000

续表

	年度0	年度1	年度2	年度3	年度4
10. 子公司税前收益 = (3) - (9) (€)		2 500 000	2 500 000	3 500 000	4 750 000
11. 所在国政府税收(€)		500 000	500 000	700 000	950 000
12. 子公司税后收益 = (10) - (11) (€)		2 000 000	2 000 000	2 800 000	3 800 000
13. 子公司现金流 = (12) + (8) (€)		3 000 000	3 000 000	3 800 000	4 800 000
14. 子公司汇回的欧元(€)		3 000 000	3 000 000	3 800 000	4 800 000
15. 汇回资金的预提税(10%)(€)		300 000	300 000	380 000	480 000
16. 预提税后汇回的欧元(€)		2 700 000	2 700 000	3 420 000	4 320 000
17. 残值(€)					11 000 000
18. 汇率($)		2	2	2	2
19. 母公司收到现金流($)		5 400 000	5 400 000	6 840 000	30 640 000
20. 母公司收到现金流量现值(10%)($)		4 909 091	4 462 810	5 138 993	20 927 532
21. 母公司期初投资($)	30 000 000				
22. 累计净现值($)		-25 090 909	-20 628 099	-15 489 106	5 438 426

在此种融资安排下，项目的净现值为正，但小于原有安排下的净现值。鉴于母公司较低的净现值，此种安排不如原有的安排，即子公司用借入资金租赁或者购买场地更为可行。

（三）母子公司融资的比较

子公司融资相对于母公司融资更为可行的另一个原因，是债务的融资成本要低于母公司为子公司提供资金的必要报酬率。如果子公司当地的借款利息比较高的话，当地融资就不再具有吸引力了。

总结上述案例可以得出结论：母公司增加投资会提高汇率风险。因为当母公司提供完全融资时，子公司就不需要因在国外融资而支付利息，所以能汇回更多现金流。与此同时子公司汇回母公司的残值也更大，这就使得母公司收到的现金流对汇率波动更为敏感。

四、冻结资金

在某些时候，子公司所在国政府会限制子公司汇回母公司的资金额度，比如，有一种情况是要求子公司产生的收益应该在当地再投资至少三年才能汇回国内。如果出现这种情况，母公司就需要谨慎考虑是接受还是拒绝该项目。

这里，我们再引用第三节的例子。假设所有资金在子公司被出售后才能汇回，期间子公司使用资金购买可流通的证券，预期税后年回报率为5%。对该项目的评估如表10－7所示。

表10－7　冻结资金情况下的资本预算

	年度0	年度1	年度2	年度3	年度4
1. 子公司汇回的欧元(€)		2 600 000	2 600 000	3 400 000	4 400 000
2. 再投资后汇回的欧元(€)					3 570 000 2 866 500 3 009 825 13 846 325
3. 预提税(€)					1 384 633
4. 税后汇回的欧元(€)					12 461 692
5. 残值(€)					6 000 000
6. 汇率($)					2
7. 母公司现金流($)					36 923 384
8. 母公司现金流现值($)					25 219 168
9. 初始投资($)	20 000 000				
10. 累计净现值($)		－20 000 000	－20 000 000	－20 000 000	5 219 168

从表10－7可以看出，考虑资金冻结情况下的项目净现值依然为正，尽管小于之前案例中的净现值，但是项目依然可行。如果子公司有未偿付的借款，可以用不能汇回的收益偿付借款而不是投资于可流通的证券，这样能更好地使用冻结的资金。

五、不确定的残值

跨国公司的项目残值对项目的净现值有着显著的影响。当残值不确定的时候，一些公司为了明确项目的可行性，可以采取保本残值的方法，即使项目的净现值为0时，根据NPV的计算公式求出残值。如果真实的残值等于或者大于保本残值，则项目可行，否则为不可行。

再次利用第三节的案例。根据NPV的公式，可以进行以下计算：

母公司现金流量现值（$）为 $\frac{4\,680\,000}{1.1^1}+\frac{4\,680\,000}{1.1^2}+\frac{6\,120\,000}{1.1^3}+\frac{7\,920\,000}{1.1^4}=$ 1 812 987。

残值（$）为 $\left(IO-\sum_{t=1}^{n}\frac{CF_t}{(1+K)^t}\right)\times(1+K)^n=2\,738\,120$。所以，残值

至少在 2 738 120 美元以上时，项目才可以接受。

六、项目对现有现金流量的影响

在之前的讨论中，我们假设项目对现有的现金流量是没有影响的。而在实际当中，这种影响却是普遍存在的。比如，A 公司的子公司在法国制造和销售洗衣机时，可能要从母公司购买一些原件，这样母公司的收入就会增加。这一部分现金流的变化也应在资本预算中予以考虑。

七、子公司所在国政府的优惠

当跨国公司拟建的项目可能对子公司所在国的经济状况产生积极的影响时，当地政府就会在某些方面予以鼓励，比如，降低贷款利率或者降低税率等。如果出现这种情况，公司在资本预算时必须予以考虑。

八、实物期权

实物期权是与特定实物资产有关的期权。一些资本预算项目包含实物期权，因为它们给予企业获取或者减少某项实物资产的机会。既然这些机会能够产生现金流，它们便会提高项目的价值。

与项目相关的实物期权的价值主要受两个因素的影响：第一，行使实物期权的可能性。第二，行使实物期权的净现值。在之前的案例中，A 公司的实物期权受两个因素影响：第一，A 公司利用该机会从政府折价购买建筑物的可能性。第二，该机会产生的净现值。

第五节　资本预算结果的调整

如果跨国公司对于拟建项目的预计现金流不确定，就需要考虑进行风险调整。一般有三种方法可以用来调整风险估计：风险调整贴现率、敏感性分析、模拟。

一、风险调整贴现率

在其他因素相同的情况下，对项目预计现金流的不确定性越大，适用于现金流的贴现率越大。风险调整贴现率通过反映项目显示的风险，倾向于减少项目的价值。而在所有期间对贴现率进行相同程度的调整未必能反映不同期间不确定性程度的不同。如果预计现金流在不同期间的不确定性程度不同，那么现金流的风险调整也应该不同。

虽然该方法因其随意性和主观性有一定缺陷，但仍凭借其简易性成为一种广泛应用的技术。除此之外，没有其他的备选技术能够完美地调整风险，尽管在某些状况下，其他技术能够更好地反映风险。

二、敏感性分析

一旦跨国公司估计出项目的净现值，那么便可能考虑对于预算变量的其他估计。比如，之前的案例中需求在前两年为20 000台，后两年为25 000台。如果需求在四年中都是20 000台，净现值可能会发生什么变化？这种构建情形就涉及敏感性分析。这样考虑的目的是为了了解净现值对于预算变量变化的敏感性。任何输入变量的估计都可以被修改以估计净现值。如果净现值在这些修改中都为正，那么跨国公司就会更愿意接受该项目；如果在许多修正中净现值变为负值，那么跨国公司就很可能会拒绝该项目。

敏感性分析比简单的点估计要更为有用，因为它是根据可能发生的不同情况重估净现值。现在，敏感性分析在实际中已被广泛使用。

三、模拟

在很多情况下我们都可以用模拟的办法，包括生成基于一系列对于一个或者多个变量可能值估计的净现值的概率分布。由于操作比较复杂，模拟一般都是在计算机软件辅助下进行的。

现实中，许多或所有关于跨国资本预算的重要变量在未来都是不确定的，可以为有不确定性未来值的变量设立概率分布，最终的结果就是项目的净现值的分布。模拟技术并不局限于某一个净现值的预测，而是给出可能发生的结果的概率分布。

当应用模拟时，项目的资本成本可以被用作贴现率。项目成功的概率可以以净现值大于0的概率分布的面积来衡量。该面积代表着未来现金流的现值大于初始投资的可能性。跨国公司同样可以通过衡量净现值小于0的面积来估计项目失败的概率。

由于得出净现值的概率分布需要迭代，手工进行模拟比较复杂而麻烦，所以一般通过计算机来进行。模拟程序的使用者必须提供影响项目净现值输入变量的概率分布。对于任何模型而言，输出结果的准确性依赖于输入变量的准确性。

【本章小结】

1. 跨国公司资本预算可能得出不同结果，是因为进行资本预算时所持的角度不同。站在母公司的角度和站在子公司的角度所核算的结果可能会有很大差异，使得一些子公司认为可行的项目在母公司看来并不可行。所以，当母公司决定是否要实施一个国际项目时，它应该从自己的角度来决定其是否可行。

2. 跨国资本预算需要输入一些数据以便于帮助估算初始支出、各期现金流量、残值以及项目的必要报酬率等。一旦这些因素被估算出来，那么净现值就能很容易地计算出来。然而实际上，这些因素是很难被准确估计的，因为存在汇率、通货膨胀、资金冻结等多方面的影响。所以，要想进行资本预算，这些因素都要加以考虑。

3. 国际项目的风险可以通过项目净现值的折现率来衡量。除了这种方法以外，还可以使用敏感性分析和模拟的方法。

【本章习题】

1. 对子公司做资本预算分析为什么应该从母公司的角度来进行？

2. 假如一家美国的跨国公司今天要在新加坡投资一个项目，请概括描述一下新加坡元的升值将可能对该项目的价值产生何种影响（从母公司的角度来谈）。

3. 列出在跨国资本预算中调整风险的各种技术，并描述各种技术的优缺点。

4. S 公司打算在日本建厂，建设成本为 10 亿日元。公司计划工厂运行 4 年。在这 4 年之中，每年期望的现金流入分别为 2.5 亿日元、2.5 亿日元、2 亿日元和 2 亿日元。运营资金 1 年后投入，在每年年底收回。在第 4 年年底，S 公司以 5 亿日元出售该工厂。S 公司的必要报酬率为 15%，即期汇率为 100 日元兑换 1 美元，预期日元每年升值 5%。

A. 计算该项目的净现值，S 公司是否应该接受该项目？

B. 假如在未来的 4 年中，日元的汇率保持 100 日元兑换 1 美元不变，结果又会如何改变？S 公司还应该建厂吗？

5. 在韩国的一个项目需要 10 亿韩元的初始投资。项目预期为 3 年，每年依次为子公司产生 10 亿、10 亿和 15 亿韩元的净现金流，项目无残值。韩元的即期汇率为 1 美元兑换 1 000 韩元，并且预计韩元在未来 3 年内的汇率保持不变。

A. 如果必要报酬率为 10%，项目的净现值是多少？

B. 假设韩元的汇率在 1 年后变为 1 美元兑换 1 200 韩元，净现值是多少？

6. M 公司在英国投资的项目花了 1 000 万美元。在未来 4 年中，项目产生的总营运现金流为 800 万美元。以目前的美元衡量，适用的折现率为 10%，则项目的保本残值是多少？

7. T公司是一家美国公司，正在考虑一个初始投资300万美元且1年后现金流入为1 000万瑞士法郎的项目。瑞士法郎的即期汇率为1瑞士法郎兑换0.8美元。T公司计划利用看跌期权对收入套期保值，行权价格为0.78美元，期权费为0.02美元，必要报酬率为20%。

A. 假设一年后，瑞士法郎的预期汇率为1瑞士法郎兑换0.7美元，计算项目的净现值。

B. 在A部分的信息基础上，做出以下调整：T公司预计收到1 000万瑞士法郎，但在投资该项目后发生了非预期的经济疲软。结果，它在1年后仅能收到600万瑞士法郎，同时假设1年后瑞士法郎的即期汇率为1瑞士法郎兑换0.79美元。计算该情况下的净现值。

8. H公司是一家美国公司，正在考虑一个对外投资项目。项目的初始研发投资为500万美元，预期1年后在具有现存业务的英国可以得到3 000万欧元的收入，而在无现存业务的德国能获得2 000万欧元的收入。欧元的即期汇率为1.5美元，一年期远期汇率为1.5美元。预期一年后欧元的即期汇率为1.6美元，必要报酬率为20%。H公司决定对来自英国的全部收入进行套期保值，同时对来自德国的收入不进行套期保值。请估计项目的净现值。

第十一章　跨国资本成本与资本结构

【本章提要】

本章首先介绍跨国公司资本的要素及其来源；然后讨论资本的成本及不同国家的跨国公司资本成本的差别；接着介绍资本结构的内容并指出影响资本结构的因素；最后讨论母子公司融资决策之间的相互影响。

【学习目标】

通过本章学习，读者应该明晰：①跨国公司资本要素的来源；②跨国资本成本的计算方式及不同情况下资本成本的差别；③影响资本结构的因素；④母子公司融资决策对资本结构的影响。

第一节　跨国资本要素及其来源

本节主要讨论跨国资本要素中的债务和权益，其各自的来源有很大区别。

一、资本要素的分类

（一）权益资本

如果跨国公司打算在国外建立子公司，那么它便有可能将自有的现金投入子公司，这笔现金就是母公司的权益投资。子公司在所在国经营了一段时间后，会将收入汇回母公司作为权益投资的回报。随着时间的推移，子公司通过其经营创造出的利润可以增加更多的权益资本。

子公司获取权益资本的另一种方式是公开发行股票。而母公司为了防止潜在的利益冲突，一般都希望得到所有的股份。因此，为了自身价值最大化，子公司更倾向于采用利润留存的方式而不是发行股票的方式来增加权益资本。

（二）债务资本

子公司也可向当地银行借款或者发行债券来增加自身资本，而通过这些方式筹措来的资金就成为公司的债务资本。

二、权益资本的外部来源

(一) 国内股票

跨国公司可以在本国发行以本币计价的股票。跨国公司可能会将一部分股票发行收入分配给子公司，子公司将其兑换成自己所在国家的货币来使用。

(二) 全球股票

为了获得更多的权益资金，一些跨国公司开始追求全球权益资本，即同时获得多个国家的权益资金。而要做到这一点，就需要筹集资金的子公司在所在国发行股票，股票以外币计价并且在当地外汇市场上市，以便当地投资者买卖股票。如果跨国公司在某国发行了大量的股票，那么就更能吸引当地的投资者购买。

通常情况下，在全球发行股票的企业比在国内发行股票的企业更容易在当前市场发行新股，因为这些跨国公司一般具有很强的国际生存能力，有了国际声誉的公司在国外发行股票自然会容易许多。目前一些国家关于证券发行的法律还不是很完善，如果在这些国家发行全球股票就不可行，因为这些国家的投资者对股票的需求比较少。

另外，跨国公司倾向于在股票价值相对较高的国家发行股票。如果价值相对较低，股票发行就不会吸引投资者，同时也就不能为跨国公司筹集足够的资金。

(三) 私募股权

权益资本的另一个重要来源是对国内机构投资者或者扩张地机构投资者募集资本，也就是私募股权。而通过私募股权获得的资金只能来源于数量有限的大型投资者，所以跨国公司通过私募股权很可能得不到足够的资金。而且，私募股权的转让有条件限制，投资者一般都会长期持有这些投资，因此资金的流动性也比较有限。

三、债务资本的外部来源

(一) 国内债券

跨国公司通常在本国以本币发行债券，并与投资银行一起决定债券的发行数量和发行价格。债券期限一般为 10～20 年，期间债券持有者可以将债券转让给其他投资者。

(二) 全球债券

相比于国内债券，全球债券的发行范围更广，可以发行多种货币计价的债券，而其重点是从需要筹资的子公司所在国获取资金。投资者购买这些债券后，也可以在到期日之前将其转让给其他投资者。

（三）私募债券

跨国公司也可以向国内或扩张地的机构投资者发行债券。然而，和私募股权一样，跨国公司通过此方式不能得到所有所需资金，因为私募债券在二级市场的交易不像国内和全球债券那样方便，其自身存在很多限制，即在投资者之间流动性较低。

（四）金融机构贷款

跨国公司的母公司一般会从金融机构贷款。这样跨国公司不仅可以通过资金获利，还可以与金融机构建立良好的商业关系来帮助自己发展，比如，让机构帮其分析汇率走势或者提供现金管理的咨询等。

金融机构的贷款利率一般为浮动利率，该利率每六个月或者一年根据银行同业拆借利率的变化而变化。例如，以英镑计价的债券利率每年根据英镑贷款利率加上3%溢价来确定，日元的贷款利率根据日元的伦敦银行间同业拆借利率加上3%溢价来确定。虽然这两种贷款的计算方式相同，但因为不同种类货币的利率不同，一种货币的伦敦银行间同业拆借利率可能远远高于另一种货币的银行拆借利率，这就造成不同种类货币的贷款利率不同，如图11－1所示。

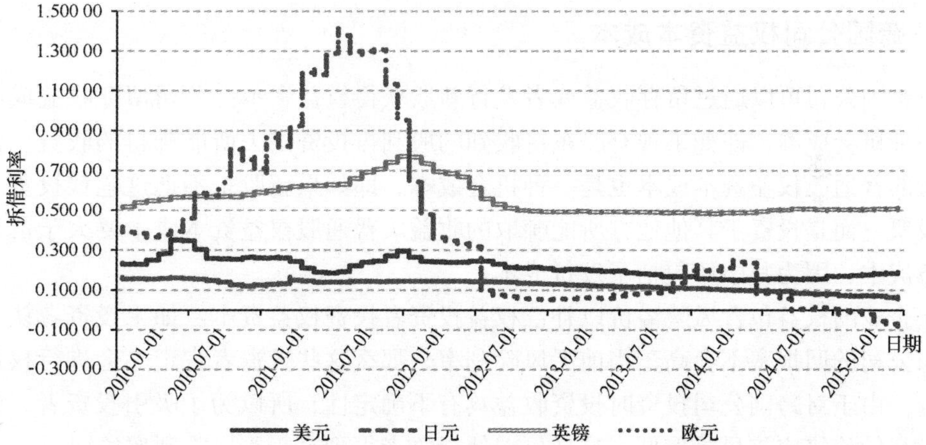

图11－1　伦敦同业拆借市场中美元、日元、英镑、欧元的1月期拆借利率（2010—2015年）

支付的高于同业拆借利率的溢价部分取决于跨国公司能够接受的信用风险程度。债权人将非常有利可图的跨国企业作为抵押品，可以获得相对低的溢价。相反，如果债权人没有作为抵押品的企业，就需要面对相对高的溢价。

如果跨国公司打算借入大笔资金，那么就需要依靠银团贷款。银团贷款的结构可以根据跨国公司的需要来进行调整，例如，贷款可以被分割为几个部分，每个部分可根据相应子公司的需要以某一特定货币借入，每种货币的贷款利率可根据伦敦银行同业拆借利率每六个月或一年进行周期性调整。

跨国公司通常依靠长期贷款进行筹资活动，同时为了短期的现金需求也会利用短期贷款和信贷额度。许多跨国公司通常将短期贷款展期，进而可以将短期贷款作为永久性资金使用并使其成为资本要素的另一来源。

第二节　跨国资本成本

一家跨国公司的资本包括权益资本和债务资本，所以资本成本应该反映债务资本成本和权益资本成本。

一、跨国公司债务资本成本

跨国公司的债务资本成本取决于借款时确定的利率，该利率等于当前借款的无风险利率加上跨国公司为了补偿债权人面对违约风险所支付的风险溢价。而债务产生的利息费用可以抵减税收，所以公司保持一定的债务具有利息抵税的好处。

二、跨国公司权益资本成本

跨国公司可以通过留存收益或者发行新股获得权益资本。公司留存收益成本是一种机会成本，即如果现有股东将收到的股利再投资出去所能赚得的收益。公司新的普通股权益资本成本也是一种机会成本，即如果新股东不把这笔钱投资于该股票，而是投资于其他地方所能赚取的收益。普通股权益资本成本要大于留存收益成本，因为其中还包括了发行成本。

企业的权益包含风险溢价以补偿权益投资者投资权益资本。如果投资者认为未来公司的回报率不会高于当前无风险利率，那么这些投资者肯定不会进行权益投资。由于对跨国公司投资时投资收益具有不确定性，所以为了吸引投资者，股票发行的价格应该尽量偏低，这样可以使投资者得到高于无风险利率的回报。

跨国公司要想吸引投资者的目光，就应该根据自身风险调整风险溢价。现金流越不稳定的企业，其股票的价格就应该越低，因为在投资风险比较高的情况下，投资者希望得到更高的回报以补偿风险。

三、跨国资本成本的计算

一家跨国公司的加权平均资本成本等于债务资本成本加上权益资本成本。通过对债务和权益赋予权重，可以反映企业资本结构的百分比，用公示表达就是：

$$K_c = \left(\frac{D}{D+E}\right)K_d(1-t) + \left(\frac{E}{D+E}\right)K_e \quad (11.1)$$

其中，K_c为加权平均资本成本，D为公司负债额，E为公司权益资本，K_d为税前债务成本，t为公司所得税的税率，K_e为权益融资成本。

四、对比债务资本成本和权益资本成本

债务资本成本相对于权益资本成本而言，其优点是由债务产生的利息费用可抵减税收，但是并非债务资本越多就越好。因为负债越多，利息费用就越多，公司偿债压力就越大，由此导致发生风险的概率就越高。其结果就是，潜在的新股东或者债权人所要求的收益率会相应增加，而这又增加了公司的支出，如此下来就会形成恶性循环。所以，过度负债是不可取的。

图 11－2 展示了资本成本和债务比率的关系。当债务比率比较低时，企业基本不可能破产，因为企业有能力偿还到期债务。此时，债务的利息抵税效应高于债务资本的缺点。而一旦过了临界点 S，即当债务比率足够高时，企业偿还债务就有一定压力，其破产的可能性就会增加；而且更高的信用风险会导致债务资本成本大量增加，同时股东要求的权益成本也会提高。结果就是，负债率超过了临界值 S 点，其资本成本也会快速增加，进而导致债务的利息抵税效应不足以弥补债务资本的缺点。

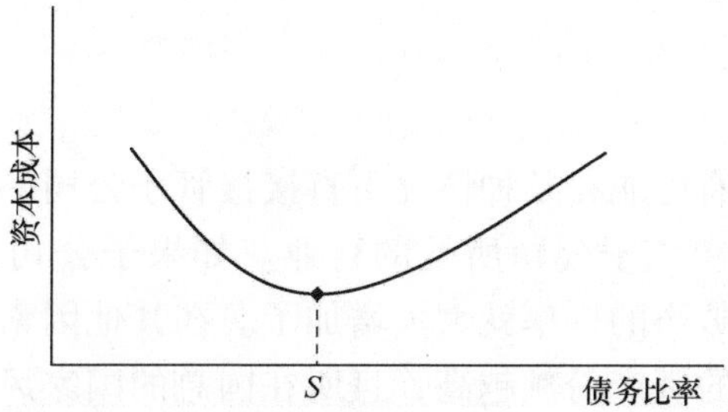

图 11－2　资本成本和债务比例的关系

五、跨国公司与国内企业资本成本的比较

（一）更大的公司规模

公司如果经常大量借债，就可能会得到债权人的优惠待遇，比如，降低贷款利率和股票发行费用等。经过研究发现，这都是因为公司规模大而并非其业务国际化。也就是说，如果一家国内公司足够大，那么它也可以获得同等的待遇。而

跨国公司比纯国内公司更容易达到必要的规模，所以更容易获得债权人的优惠待遇，同时也就更容易降低资本成本。

(二) 更容易进入国际资本市场

跨国公司通常能够从国际资本市场获得资金。因为不同市场资金的成本不同，所以跨国公司进入国际资本市场可能会以比国内公司更低的成本吸引资金。另外，只要子公司所在国市场利率比较低，那么子公司就可能在当地获得比母公司成本更低的资金。

(三) 国际多元化

之前我们了解过，公司资本成本受自身可能破产概率的影响。如果一家公司的现金流入来自世界各地，那么单独某国市场的变化就不会对公司产生重大的影响。由于各国经济彼此独立，来自不同子公司的组合净现金流量只会出现较小的变化，这样就可以减少破产概率，进而降低资本成本。

(四) 存在汇率风险

如果汇率风险比较高，则跨国公司的现金流量相比国内公司的现金流量会具有更大的变化性。因为当国外收入从子公司汇回母公司时，这笔收入可能会因为汇率波动而贬值。如果发生这种情况，公司支付借款利息的能力就会降低，同时破产风险就会提高。另外，受汇率波动风险影响较大的公司通常会在未来有更大的现金流变化，这就会让股东和债权人要求更高的收益率，从而增加了跨国公司的资本成本。

(五) 存在国家风险

子公司所在国政府可能在某种情况下直接接管子公司的资产，可能的原因包括东道国政府的态度和该子公司所处的行业。如果子公司被征收并且无公平补偿，那么该跨国公司破产的概率就大大增加了。在其他因素不变的情况下，一家跨国公司投资于国外的资产份额越高，且所在国总的国家风险越高，该公司破产的概率也就越高。

将以上五个因素列在一起，如图 11 - 3 所示。该图总结了把特定行业跨国公司和国内公司的资本成本区分开来的五个因素。总体来说，前三个因素对于跨国公司的资本成本会产生有利影响，后两个因素的影响则是不利的。因此，不能得出跨国公司比国内公司更有资本成本方面优势的结论。在分析实际问题时，应该对每一家跨国公司进行单独评价，以确定其国际经营在资本成本方面的净效应是否有利。

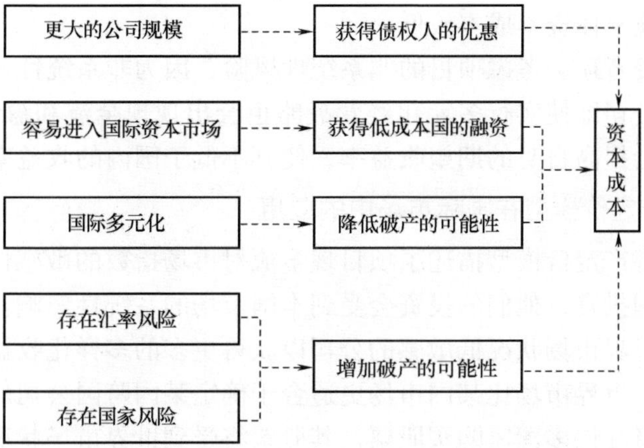

图 11－3 使跨国公司的资本成本不同于国内公司资本成本的因素总结

六、用资本资产定价模型（CAPM）比较权益资本成本

为了评估跨国公司和纯国内公司所要求的收益率的差别，可以使用资本资产定价模型来进行预测。该模型确定了股票要求的收益率，具体公式如下：

$$K_e = R_f + B(R_m - R_f) \quad (11.2)$$

其中，K_e为股票要求的收益率，R_f为无风险收益率，B 为股票的β系数，R_m为市场收益率。

资本资产定价模型指出，公司股票要求的收益率一般由以下几个因素确定：第一，无风险收益率。第二，市场收益率。第三，该股票的β系数，即该股票收益率对市场收益率的敏感度。

（一）资本资产定价模型中跨国公司风险的含义

一个增加其国外销售量的跨国公司可以降低其股票的β值。通过上述公式可以得知，只要国际贸易增加导致投资者要求的收益率降低，那么β值就会降低。这样，跨国公司就可以降低权益资本成本，从而降低其资本成本。

（二）资本资产定价模型中跨国公司项目的含义

一些学者指出，项目的β系数，即该项目产生的现金流量对市场状况的敏感度，可以决定项目要求的收益率。对于高度多样化的公司，一般都有多个项目在创造现金流，每个项目都包含着系统性风险和非系统性风险。资本资产定价理论认为，非系统性风险由于可以被分散掉而不作考虑，系统性风险因不能被分散掉所以需要加以考虑。

由于跨国公司的许多项目在国外，所以其现金流对本国经济相对缺乏敏感性。因此，这些项目的β值较低，投资者要求的回报率也较低，从而权益资本较低，会导致企业总体资本成本较低。

而有些投资者还会考虑项目的非系统性风险，因为非系统性风险导致现金流不稳定，使得公司即使实行多元化经营战略也会出现现金流和盈利方面的问题。所以，投资者会提高自身的期望收益率，使其不低于国内的收益率。

（三）资本资产定价模型在国际市场中的应用

以上资本资产定价模型描述了项目现金流对市场指数的敏感性。如果一国投资者主要在本国投资，他们的投资会受到本国市场的系统性影响。因此，他们更愿意投资于对世界市场状况低敏感的公司以获得更多的多样化收益。

我们知道，世界市场比某国市场更适合于确定某国跨国公司的β值，也就是说，如果投资者在许多国家购买股票，其股票将受到世界市场状况的重大影响而不只是本国市场状况的影响。因此，他们更愿意投资于对世界市场状况低敏感的公司以获得更多的多样化收益。跨国公司投资于世界市场状况相关性不高的项目可能会减少他们对世界市场状况总的敏感度，从而吸引投资者的关注。但是，如果项目的β值是根据世界范围的经济条件确定的，那么跨国公司想获得低于国内公司的β值可能会更困难。

总体来说，我们不能确切地说在同一行业里，跨国公司是否比纯国内公司有更低的资本成本。不过，我们可以借此讨论来理解一家跨国公司怎样充分利用有利因素以减少其资本成本，并把提高资本成本的不利因素降至最低。

第三节　不同国家资本成本的差异

不同国家资本成本是不同的，而理解它们为什么不同是十分必要的，因为它一能解释为什么有些国家的跨国公司比其他国家的跨国公司更有竞争优势，二能帮助跨国公司调整其国际经营业务和资金筹措来源以利用各国间资本成本的不同而获利，三能解释为什么一些国家的跨国公司比其他国家的跨国公司更愿意采用高负债的资本结构。接下来将分别解释负债成本和权益成本的国家差异。

一、负债成本的国家差异

公司的债务成本主要由借入货币时的无风险利率和债权人所要求的风险溢价决定。一些国家公司的债务成本之所以高于别的国家，是由于在一个确定时点相应的无风险利率或者风险溢价更高。下面解释无风险利率和风险溢价的国家差异。

（一）无风险利率的国家差异

无风险利率由某国政府无违约风险的贷款利率决定。许多国家的政府一般不存在信用风险，因为它们可以通过提高税收或者减少支出来获得足够的资金偿还债务。

任何影响资金供求的因素都会影响无风险收益率，而这些因素在每个国家都是不同的。如果一些国家比另一些国家采取更多鼓励储蓄的政策，那么就会影响储蓄的供应，进而影响利率。

一个国家的人口状况影响储蓄的供应及所需要的可贷资金数量。因为各国的人口状况不同，资金供求状况也不同，从而名义利率也不同。因为老年人倾向于多储蓄少借钱，这就使得老年人多的国家利率可能较低。

由于经济发展状况会对利率产生影响，这也使得利率在不同国家有所不同，如图 11－4 所示。许多发展中国家的债务成本比发达国家的债务成本高得多，这就是经济状况不同所造成的。在一些无风险利率较高的国家中，投资者获得的补偿只有高于产品价格预计增长的幅度时，他们才会投资公司的债券，这样的行为就会使该国债务成本上升。

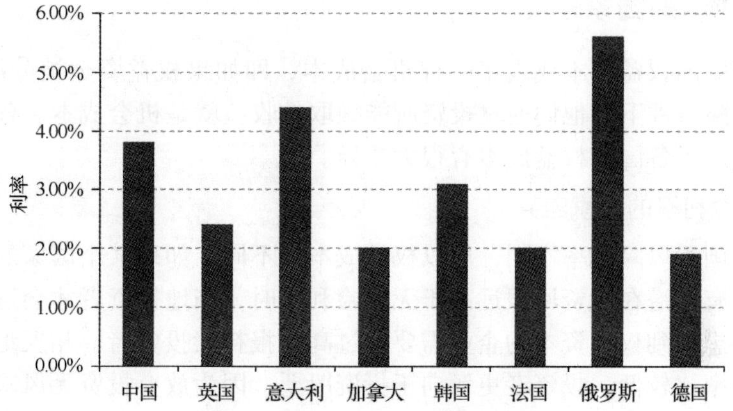

图 11－4　部分国家的利率水平

每一个国家的中央银行执行的货币政策都会影响可贷资金的供应，进而也会影响利率。各国中央银行都在独立执行自己的货币政策，这就会导致各国间的利率存在差异（欧洲国家除外，因为都是用欧元，由欧洲中央银行控制欧元的供应，使大部分欧洲国家拥有相近的无风险利率）。

（二）风险溢价的国家差异

很多跨国公司为了借入贷款，通常需要支付高于借款国家的无风险利率的风险溢价，因为它们不能像当地政府一样保证无风险。负债的风险溢价必须足够大，以便补偿债权人因借款者不能履行偿付义务的风险。

各国的经济状况、债务人与债权人的关系等国家特征对风险溢价的影响是非常大的。一个国家的经济状况越稳定，经济衰退的风险就越低。这样，公司不能偿付债务的概率也就越低，进而所要求的风险溢价也就越低。

公司与债权人之间的关系在不同国家也是不同的。比如，在某些国家中，公司和债权人的关系比较紧密，这样可以减少流动性风险、财务紧张等问题出现的概率。因此，公司破产的可能性就减小了许多，使得该国公司债务的风险溢价较低。

在某些情况下，一些国家政府更愿意挽救濒于破产的企业。也就是说，即使政府不是公司的部分拥有者，也会给濒于破产的企业直接提供补贴或者发放贷款。基于此种情况，公司破产的可能性相比于其他国家的公司就会小一些。

一些国家的公司有比较强的借贷能力，这是因为该国债权人愿意接受更大的财务杠杆风险。如果所有其他因素相同，高财务杠杆的公司不得不支付更高的风险溢价。而实际上，其他因素基本上不会都是相同的，这就导致公司可以使用更高的财务杠杆而不用支付过高的风险溢价。当然，其中也显示了公司和债权人以及政府之间的独特关系。

二、权益成本的国家差异

一个国家的权益成本代表了一种机会成本，即如果权益资金被分配给股东，在同样的风险条件下，他们通过投资所能赚取的收益就是机会成本。各个国家的特征不同导致了各国的权益成本有很大差异。

（一）无风险利率的国家差异

由于各国无风险利率不同，所以权益成本也不同。如果某个国家的无风险利率很高，只有当潜在投资回报远高于无风险利率时，当地投资者才会选择投资股票。因此，想得到权益资本的企业需要通过高回报补偿投资者。相反地，如果某个国家的利率比较低，投资者更倾向于投资股票，因为放弃投资无风险利率并没有损失太多。

（二）风险溢价的国家差异

风险溢价取决于相关国家的投资机会，如表 11－1 所示。一个拥有大量投资机会的国家，其潜在收益可能就会相对较高。以相对较高的价格出售股票的企业，说明其权益融资成本较低。相反地，一个投资机会受限制的国家，投资者不愿意投资股票，企业只能以相对较低的价格出售股票，这意味着权益融资成本较高。

表 11－1　世界各国股票市场风险溢价收益率

国家	股票收益率（%）	政府债券收益率（%）	风险溢价（%）
澳大利亚	9.60	7.35	2.25
加拿大	10.50	7.41	3.09
法国	11.90	7.68	4.22

续表

国家	股票收益率（%）	政府债券收益率（%）	风险溢价（%）
德国	7. 40	6. 81	0. 59
意大利	9. 40	9. 06	0. 34
日本	13. 70	6. 96	6. 74
荷兰	11. 20	6. 87	4. 33
瑞士	5. 30	4. 10	1. 20
英国	14. 70	8. 15	6. 25
美国	10. 00	6. 18	3. 83

影响风险溢价的另一个因素是国家风险。如果某个国家的环境稳定且不会对企业扩张造成威胁，那么出售股票就会更加容易，权益融资成本就相对较低。相反地，如果某国的风险问题严重，股票只能以较低价格出售，这时为了吸引投资者企业必须付出相对较高的溢价。

除此以外，公司信息披露法、股东权益保护法和证券发行法中相关的规定也会影响权益成本。信息披露法律能保证企业行为的透明性并加强股东对企业的监管。投资者权益保护法规和证券发行法规鼓励投资者投资股票，而不用担心欺诈行为，这就能保证股票以相对高的价格发行，从而承担较低的权益融资成本。相反地，有些国家缺乏以上法律法规的保护，企业只能以相对较低的价格发行股票，并自己承担较高的权益融资成本。

一种比较各国权益成本的方法是比较股票市盈率。市盈率反映了公司的股价与公司业绩的比例关系。高市盈率意味着在特定收益水平时出售股票能获得高价，因而意味着权益融资成本较低。一般而言，只有鼓励企业扩张并积极保护投资者权益的国家，其国内公司才有较高的市盈率。

第四节　跨国公司资本结构决策

一家跨国公司的资本结构决策涉及其所有子公司对债务和权益融资的选择。债务融资相对于权益融资的优势因跨国公司自身特点的不同而不同，也因跨国公司的子公司所在国的特点不同而不同。

一、公司特点的影响

每家跨国公司都因其自身特点会影响其资本结构。以下讨论公司比较常见的特点。

（一）跨国公司现金流量的稳定性

现金流量更稳定的跨国公司可以承受更多的债务，因为它们有稳定的现金流入来偿付定期的利息费用。相反地，现金流量变化较大的跨国公司只能接受较少的债务，因为它们不能确保每一期都能产生足够的现金来支付大量的债务利息费用。在一些国家进行多样化经营的跨国公司可能拥有更稳定的现金流量，因为任何一个单一国家的状况都不会对其现金流量产生重大影响。因此，这些跨国公司可以接受债务更多的资本结构。

（二）跨国公司的信用风险

如果公司信用风险较低，那么它将更容易获得贷款。同样，拥有作为可担保产品资产的跨国公司更容易获得贷款，也更愿意加强债务融资。相反地，拥有流通性较差的资产的跨国公司有较少的可接受担保物，因而可能需要使用更多的权益融资。

（三）跨国公司对留存收益的利用

盈利较大的跨国公司可以用留存收益来为大部分投资融资，因此采用的是权益密集的资本结构。相反地，留存收益水平较低的跨国公司可能会依靠债务融资。高增长跨国公司不太可能用留存收益来扩张融资，而倾向于依靠债务融资。低增长跨国公司需要较少的新投入资金，可能会依靠留存收益融资而不是依靠债务融资。

（四）跨国公司的债务担保

如果母公司为子公司提供债务担保，那么子公司的借款能力就会提高，代理成本也会增加。母公司希望子公司进行债务筹资，这样可以使子公司为了偿还到期债务而努力。

（五）跨国公司的代理问题

如果母公司所在国的投资者不能轻易地监督其在国外的子公司，代理成本将会更高。因此母公司会引导子公司更多地采用债务融资的方式，因为这样做会使子公司迫于周期性还贷压力而持续努力经营。

二、国家特征的影响

除了各个跨国公司独有特点的影响外，各东道国的独有特点也会影响跨国公司对债务和权益投资的选择，因而也会影响跨国公司的资本结构。

（一）东道国利率

不同国家的利率一般都不同。跨国公司可能会在某些国家以相对较低的成本获得可贷资金，而在其他国家债务的成本可能就比较高。其结果就是跨国公司对负债的偏爱可能取决于它经营所在国债务成本的高低。如果在一定程度上市场是分割的，并且子公司所在国的资金成本极高，那么母公司就可能会使用自己的权益资本来支持子公司实施的项目。

（二）东道国的货币实力

如果跨国公司担心其子公司所在国的货币贬值，则可能希望用这些东道国货币而非母公司所在国货币为国外经营筹集大量资金。因为如果这样，子公司汇回母公司的收益会因对当地债务支付利息而变少。这种策略减少了跨国公司的汇率风险。

如果母公司认为子公司所在国货币相对于母公司所在国货币将会升值，那么它可能会让子公司留存更多收益用于再投资，结果就会导致当地子公司降低对于债务融资的依赖。

（三）东道国的国家风险

一个不太严重的国家风险形式是东道国政府可能临时冻结子公司汇往母公司的资金。一段时期内被禁止汇回收益的子公司更愿意利用当地的债务融资。这种策略会减少冻结资金量，因为子公司需要利用部分资金支付当地债务的利息。

如果一家跨国公司的子公司面临东道国政府可能没收其资产的风险，该公司就可能会大量利用该东道国的债务融资。因为，借钱给子公司的当地债权人会非常关心该子公司是否被东道国政府公平对待。另外，如果该跨国公司在外国的经营被东道国政府终止，但其经营是从当地债权人处融资，则其损失将会比较小。因为当地债权人将会与东道国政府谈判，使他们能够收回自己借出的全部或者部分资金。

另一个减少国家风险的方式是子公司在东道国发行股票，小股东直接从盈利的子公司获益。因此，他们会向政府施加压力以避免过高的税收、环境方面的限制或者其他任何减少子公司利润的规定。当地投资者拥有子公司的少数股权可能会为子公司提供一些保障以降低东道国政府的不利行为带来的损失。这样做还有一个优势是可能会使公司在东道国获得更多发展的机会。当东道国的投资者拥有子公司的少数股份时，子公司的知名度就会提高。

（四）东道国的税法

汇回收益时，跨国公司的子公司可能要缴纳预提税。由于它们要对当地债务支付利息费用，因此利用当地债务融资而非依靠母公司融资，可以减少定期汇回母公司的资金量。因此，更多地利用当地债务融资可以减少预提税。

三、根据国家政策调整资本结构

将以上因素总结在一起，如图 11－5 所示。国家特征不仅因为国家的不同而

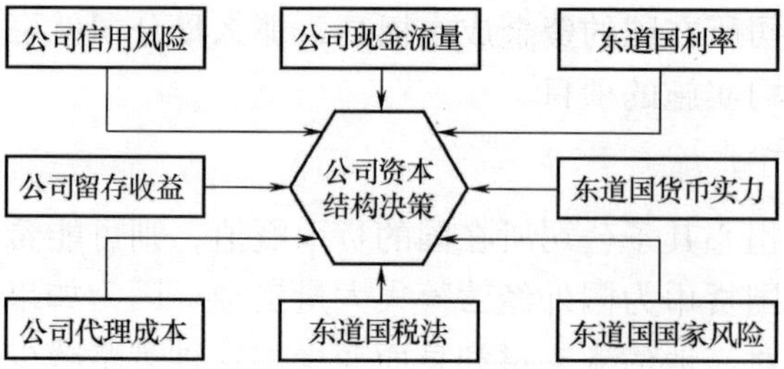

图 11－5　影响资本结构决策的因素

不同，即便是同一个国家，每个时期的特征也会不一样。因此，这些特征不仅解释了为什么理想的资本结构会因国家而异，还解释了在某一特定国家的理想的资本结构是如何随着时间的变化而变化的。每家跨国公司都应该仔细考虑投资国具体的政策情况，再与自身公司特点相结合，才能调整到最适当的资本结构来取得最大的收益。

第五节　子公司和母公司融资决策之间的相互影响

不同跨国公司的资本结构是不同的，有些子公司适合债务融资，而另外一些子公司适合权益融资。子公司的融资决策会影响其向母公司汇回的现金流量以及对母公司资金的依赖程度，进而会影响母公司的资本结构，所以子公司应先与母公司进行协商然后再做出融资决策。

一、子公司增加债务融资的影响

当全球因素使子公司的债务融资增加时，子公司需要的内部权益资金就会减少。因为这些多余的内部资金将被汇回母公司，所以母公司在借助外部融资之前就会有更多的内部资金可以使用。假设母公司的经营将内部资金全部使用，并且还需要一些债务融资，那么对子公司和母公司的资本结构就会产生抵消性影响，子公司债务融资的增加被母公司债务融资的减少所抵消。由于子公司的财务杠杆可能会远远大于母公司的期望，为了实现整体的资本结构目标，母公司可能会在自身经营融资时选择低财务杠杆的融资方法。

二、子公司减少债务融资的影响

当全球因素使子公司债务融资减少时，子公司所需要的内部融资就会增加，结果会导致子公司汇回母公司的资金减少，也减少了母公司可用的内部资金量。如果母公司的经营吸收了所有内部资金，并且还需要一些债务融资，那么对子公司和母公司的资本结构就会产生抵消性影响，子公司债务融资的减少被母公司债务融资的增加所抵消。因此，即使子公司资本结构发生变化，母公司的资本结构也不会改变。母公司会通过一家子公司财务杠杆的影响抵消另一家子公司财务杠杆的影响，实现跨国公司总的资本结构目标。

三、抵消子公司财务杠杆的局限性

只要该种筹资方式能被外国债权人和投资者所接受，为确保全球目标资本结构而对子公司财务杠杆抵消的战略就是合理的。然而，外国债权人由于子公司高度杠杆化的当地资本结构会对其实行更高的贷款利率，债权人认为这些子公司可能不能偿付如此高的债务水平。然而，如果母公司打算支持子公司，它可以向国外债权人做出偿付债务的保证，这样会减少债权人对风险的担心，从而降低债务成本。许多跨国公司的母公司准备在财务上支持其子公司，因为如果不支持，这些子公司将不能获得足够的资金。

【本章小结】

1. 跨国公司资本包括债务资本和权益资本。跨国公司可以通过发行国内债券、全球股票、私募债券和向金融机构贷款获取债务资本；通过内部留存收益、发行国内股票、全球股票和私募股权方式获取权益资本。

2. 因跨国企业的特性使其资本成本低于国内企业，这些特性包括规模、进入国际资本市场的权利和多元化程度。然而跨国公司的另外一些特性，如汇率风险和国家风险，也会使其资本成本高于国内企业。

3. 由于各国组成资本成本的各个部分的特点不同，资本成本在不同国家之间也存在差异，特别是各国在无风险利率、债务风险溢价和权益成本上存在差异。无风险利率高的国家倾向于有更高的资本成本。

4. 跨国公司的资本结构决策受到公司特点和跨国经营所在国特点的影响。一些特点使得公司不愿利用债务融资，于是只能偏好高权益的资本结构；其他一些特点又使得公司出于利用外债防范风险而偏好高债务的资本结构。

5. 如果跨国公司子公司的财务杠杆偏离了全球目标资本结构，那么当另一家子公司或者母公司采取相反头寸的财务杠杆时，跨国公司仍能实现其目标资本结构。虽然存在这些抵消影响来修正资本结构，但是资本成本也会间接地受其影响而变化。

【本章习题】

1. 提出支持一家跨国公司采用高债务资本结构的论据。提出支持一家跨国公司采用高权益资本结构的论据。

2. 解释跨国公司的特点怎样影响资本成本。

3. 解释为什么一个母公司全资拥有的子公司的经理人员更有可能满足跨国公司股东的要求。

4. 某家美国跨国公司的β值为1.3，美国股市的预期年收益率为11%，当前国债的收益率为2%，求该公司的估计权益成本是多少？

5. 一家跨国公司拥有总资产1亿美元，总负债2 000万美元，该公司税前债务成本为12%，权益成本为15%，公司所得税税率为40%，问该公司的加权平均资本成本是多少？

6. 最近几年，有几家美国公司已打入墨西哥市场，其中最大的挑战之一就是在墨西哥进行活动的资本成本。墨西哥利率往往比美国利率高很多，在某些时期，墨西哥政府并不打算降低利率，因为高利率可以吸引外国对墨西哥证券的投资。

A. 美国跨国公司在墨西哥扩张，并为该扩张融资时，怎样才能不产生较高的墨西哥利息费用？该策略有无弊端？

B. 在墨西哥的子公司建立后，该子公司有没有任何其他为其经营融资的办法？这种办法会怎样影响该子公司的资本结构？

7. 某公司是一家美国公司，打算扩展海外业务，计划使用在美国获得的全部权益资金为其新项目融资。项目的现金流不受美国利率的影响。在该公司获得权益资金之前，美国的无风险利率上升。无风险利率的变化对项目的必要回报率的影响是提高、降低，还是不变？

8. 某公司是一家美国公司，在日本经营主要的进出口业务，所有交易均以美元计价。它每年在美国以10%的利率获得债务。美国的长期无风险利率为8%，年股票市场收益率预计为14%，该公司的β值为1.2，它的目标资本结构为30%的负债和70%的权益，该公司的所得税税率为25%。

A. 估计该公司的资本成本。

B. 该公司在外国没有子公司，但是计划以日元债务代替其部分美元债务来融资。因为日本的利率比较低，公司将以5%的利率获得日元债务。该公司不能有效地对该日元债务引起的汇率风险进行套期保值，因为评价条件使衍生工具合约价格反映了利差。该公司如何能够不改变其业务而降低来自日元债务的汇率风险？

第十二章　跨国长期融资

【本章提要】

本章介绍了跨国公司进行长期项目融资时长期资金的使用问题。从跨国公司的角度来讲，最有价值的是在做出最后的决策前考虑到各种可能的融资形式。决策者首先要知道长期融资的来源，这样才能实现跨国公司进行国际项目融资时的财富最大化。

【学习目标】

通过本章学习，读者应该明晰：①如何进行债务融资成本的测算；②跨国公司怎样对债务融资成本的风险进行评估；③跨国公司应对债务融资成本风险的方法。

第一节　长期融资的来源

一、权益融资的来源

跨国公司一般投资于长期项目，所以它们通常非常依赖长期融资。关于使用债务融资和权益融资决策在上一章已有介绍。

权益融资来源于四个方面：其一，跨国公司可以选择在其本国内以本国货币计价发行股票，即国内股票发行。其二，跨国公司可以选择在其本国内及一个或多个本国以外的国家发行股票，即全球股票发行。它们通过这种方式获得外部资金支持其国外子公司的经营，同时这种全球股票发行的方式也能提高该公司的知名度。当跨国公司在国外发行了足够数量的股票，其流动性得到保障后，就会引起国外投资者对此股票的兴趣。为了方便当地投资者出售其持有的该公司股票，跨国公司发行的股票将会在国外的证券交易所，如伦敦股票交易所、美国的纳斯达克或者纽约证券交易所上市。其三，跨国公司可以选择向它本国国内的金融机构私募发行股票。其四，跨国公司在向国外扩张的时候，可以选择向国外的金融机构私募发行股票。通过私募发行可以降低跨国公司的交易成本，但也存在一些问题：因为对私募股票的流动性有限制，也限制了愿意长期投资私募股票的大型投资者的数量，所以跨国公司并不能通过私募发行来获得所需的全部资金。

二、债务融资的来源

跨国公司在债务融资时有一组类似的决策，即可以在本国国内或者在全世界范围内公开发行债券，也可选择向在本国国内或者在其正在扩张业务的国外发行私募债券，当然还可以选择向在本国内或者在其正在扩张业务的国外获取长期的贷款融资。一般情况下，多数跨国公司会选择在本国获取权益资金，在外国获得债务融资。因此，本章将重点放在债务融资决策是怎样影响跨国公司的资金成本以及债务融资决策的风险等问题上。

跨国公司主要通过以下渠道和工具进行债务融资（见图 12－1）。

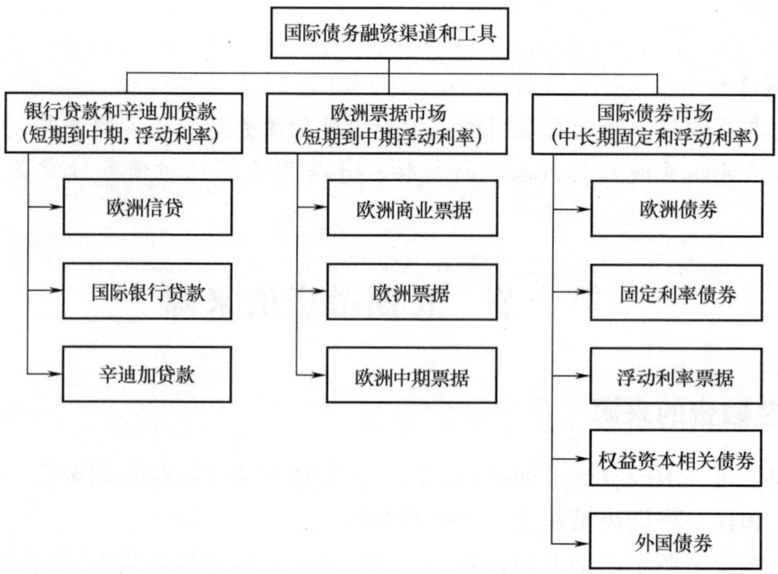

图 12－1　国际债务融资渠道与工具

欧洲票据（Euro－note）、欧洲商业票据（Euro Commercial Papers，ECP）、欧洲中期票据（Euro Mid－Term Note，EMTN）是欧洲票据市场三种融资工具。三者之间的区别在于欧洲票据是金融机构包销的，而欧洲商业票据是非金融机构包销的短期票据，欧洲中期票据是非金融机构（但可以采用国际辛迪加方式包销）包销的中期票据。

三、银行贷款和辛迪加贷款

欧洲信贷（Eurocredits）指的是跨国公司、政府、国际机构以及经营欧洲货币业务的银行提供的所在国之外的贷款。欧洲信贷货币多为美元，欧洲美元信贷利率参考的一般是伦敦银行同业拆放利率（LIBOR），其中贷款期限为短期和中期，一般来讲多为半年以下。多数欧洲美元贷款为固定期限，不可以提前偿还。

国际银行贷款（International Bank Loans）主要是指跨国公司在国际金融市场上向外国银行借入货币资金。根据贷款的期限不同，国际银行贷款可分为短期、中期和长期贷款。其中，短期信贷通常指借贷期限在1年以下的资金。中期信贷是指1年以上、5年以下的贷款，这种贷款是由借贷双方的银行签订贷款协议。由于这种贷款期限长、金额大，有时贷款银行要求借款人所属国家的政府提供担保。中期贷款利率比短期贷款利率高，一般要在市场利率的基础上再加一定的附加利率。长期信贷指5年以上的贷款，这种贷款通常由数家银行组成银团共同贷给某一客户。国际银行贷款的特点包括来源广泛、手续简便、贷款方式灵活，不过利率成本远较其他国际信贷形式为高，而且手续费用也较高。

辛迪加贷款（Syndicated Credits）又叫财团贷款，指由一家银行代表客户发起，其他银行参与其中并提供一定比例的贷款来共同为某家跨国公司提供融资。辛迪加贷款既可以分散贷款银行的贷款风险，又可以使跨国公司得到大额融资。其中，浮动利率基础、高于浮动利率基础的那部分差价，管理参与银行的贷款结构及贷款期限由发起该项贷款的银行负责。该项贷款的定期支出包括两个方面：伦敦银行同业拆借利率加上一部分风险溢价，即实际支付的贷款利息和支付未使用信贷的承诺费（Commitment Fee）。

假设借款者（Irish Aerospace，GPA Airbus，GPA Fokker，GPA Jetprop，GPA Rolls）需要贷款12.5亿美元，其中包括循环贷款、担保和信用证，期限是8年，利率为LIBOR+0.973 5%，当GPA Airbus提款时需要加7%～8%的差价。负责牵头的银行（Lead Bank）是City Credit Investment Bank，主要负责组织贷款和分销；经理行（Manage Bank）为Chase Investment Bank，Toronto－Dominion Bank，这些银行主要负责辅助安排贷款；参加银行（Participate Bank）有Bank of Tokyo International，Daiwa Bank，Amsterdam－Rotterdam Bank，Credit Suissse，Societe Generale（London），主要负责提供贷款。一般情况下，辛迪加贷款的事前费用主要有支付牵头费给贷款牵头行，支付管理费给经理行，支付参与费给参加行，同时包括代理费、承诺费、杂费等，这些费用合计大概为本金的1.5%。

假设以上三方得到的费用相同，计算出贷款本金支付上述费用后的剩余金额为：

$$1\ 250\ 000\ 000-[(0.005+0.005+0.005)\times 1\ 250\ 000\ 000]=1\ 231\ 250\ 000\text{（美元）}$$

借款者在八年期的贷款到期前每半年都要向贷款银行支付利息，这里假设 LIBOR 为9%，半年需要支付的利息金额为：

$$(0.09+0.009\ 375)/2\times 1\ 250\ 000\ 000=62\ 109\ 375(\text{美元})$$

实际贷款年成本

$$62\ 109\ 375\times 2\times 100/1\ 231\ 250\ 000=10.09\%$$

综上，当现行的 LIBOR 是 9%，则 Irish Aerospace 能够获得的辛迪加贷款成本为 10.09%。

四、欧洲票据市场

欧洲票据市场是一种在欧洲货币市场提供的短期或中期的债务工具。欧洲货币市场上的工具可以分为两大类，承销类（Underwritten Facilities）和非承销类（Non - underwritten Facilities）。前者指的是以不同形式出售的欧洲票据，后者包括分销和出售的欧洲中期票据和欧洲商业票据。

欧洲票据业务指的是在国际货币市场上出售短期可转让本票。将这类票据的发行分成循环承销业务、票据发行便利以及备用票据发行便利。通常来讲，由商业银行和投资银行来提供这些业务。欧洲票据直接向投资者发行，因为证券化和承销形式保证了票据很好的流动性，所以与使用辛迪加贷款相比较它的成本更低一些，使银行可以在提供业务的同时赚取承销费用与发行的服务费。

欧洲商业票据与国内市场上发行的商业票据一样，是银行和企业发行的短期债务凭证，一般有 1 个月、3 个月和 6 个月三种期限。通常情况下票据是以贴现形式发行的。虽然在货币市场上可以发行以任何货币计价的商业票据，但市场上的未结清票据大多以美元记值。

欧洲中期票据产生于近些年，它的发行弥补了短期欧洲商业票据以及长期且缺乏流动性的欧洲债券的不足。在最开始的时候欧洲中期债券属于承销类，而现在市场上大多数欧洲中期票据属于非承销类。欧洲中期票据的期限、本金和息票结构及利率等主要特点相似于债券，期限一般为 9 个月到 10 年时间不等，每半年支付一次利息，利息水平和债券相当。欧洲中期票据还具有以下三个特点：①它能够在一定时间内连续发行，而债券只能一次发行并出售；②正是因为欧洲中期票据可以连续发行出售，所以不管票据的发行日期是哪天，为了方便利息支付管理，票据的利息都按照事先约定好的日期进行支付；③欧洲中期票据的面值一般来说比较小，介于 200 万 ~500 万美元之间，所以与发行长期欧洲债券所需要的最小规模相比，跨国公司更容易获得中期债务融资。

五、国际债券市场

欧洲债券的发行并不会受到货币发行国当局的限制，所以跨国公司一直都很喜欢。尽管欧洲债券市场和欧洲美元市场产生于同一时间，但因两个市场产生的原因不同，所以两个市场可以独立存在。欧洲债券市场的主要特点是：市场无管制。一般来讲，在一个国家发行以该国货币为面值的债券会受到所在国当局的限制，但发行欧洲债券并不直接对所在国货币政策的效力产生影响，所以不受所在国当局的管制。可以说欧洲债券的发行不受任何一个国家的管制。其次，欧洲债券市场没有严格的信息披露要求。相比于美国证券交易委员会对发行债券的信息披露要求，欧洲债券发行的信息披露要求相对宽松，发行速度比较快而且注册成本较少。此外，欧洲债券市场有较为有利的税收环境。通常来讲投资者购买欧洲债券所得利息收入不缴纳所得预扣税。因为欧洲债券的利息不需要向纳税当局报告，同时以不记名的方式发行，所以购买欧洲债券可以避税。

欧洲债券的购买不单单依赖于债券的评级服务，或者详细分析筹资企业的财务报表，其有利的发行条件主要是发行债券的企业和它的承销商的信誉。所以，一些国际知名的大型跨国公司、政府以及国有企业能够得到较低利息的融资。

信用评级机构通常对欧洲债券进行有偿的信用评级，像美国的标准普尔公司（S&P）、穆迪公司（Moody's）通常是根据债券发行者的要求进行信用评级，然后在媒体公布那些获得最高级别的发行者的名字。当发行者被评级别较低时，发行者可要求不公布。信用评级机构在进行评级时会考虑该国的政治风险，包括政府的体系、社会环境和一国的对外关系等；经济风险，包括有该国的债务负担、国际收支的灵活性、经济结构、经济增长、经济管理和经济展望以及国际清偿能力等。综上，信用评级的好坏直接影响到筹资者的筹资成本。

第二节 债务融资成本的测算

跨国公司进行长期融资决策时首先需要确定所需资金数额，然后需要对所发行债券的价格进行预测，最后定期预测债券计价货币的汇率。以上的操作就可以确定债券的融资成本，并需将该成本与用本国货币融资需支付的成本相比较，但是必须要考虑到用外币融资时实际融资成本的不确定性。

从美国跨国公司的角度来说，跨国公司向其债券持有人支付票面利息和债券到期时偿清本金时，该外币的价值影响获得外币资金的融资成本。

假设美国的莱科松公司（Lexon Co.）需要借入为期 3 年的 100 万美元。这笔借款在债券案例中虽然数额相对较小，期限相对较短，但是使用该案例更简单明了。莱科松公司既可以 14% 的票面利率按面值出售以美元计价的债券，也可以发行以新加坡元计价的债券，但这时就需要将新加坡元兑换成美元。此后，它每年都需要获得新加坡元来支付票面利息。假设目前新加坡元的汇率是 0.50 美元，莱科松公司需要获得200万新加坡元才能得到最初需要的100万美元的融资。该公司认为当它提供票面利率为10%时，就可以根据面值出售以新加坡元计价的债券。

表12－1分别提供了两种融资方法的支出金额时间表以及两种融资方法的成本。当莱科松公司用美元计价的债券融资时，则支出金额已知；当莱科松公司以新加坡元计价的债券融资时，则每期末所需要的新加坡元数额也是已知的。但是因为新加坡元远期汇率的不确定性，使得每年用来兑换新加坡元所需要的美元数额也不确定。如果新加坡元的汇率保持0.50美元不变，用新加坡元融资的10%年成本低于用美元融资的14%年成本。

表12－1　美元与新加坡元计价的债务融资成本

融资方法	第1年末	第2年末	第3年末	年融资成本
以美元计价的债券（利率为14%）	$ 140 000	$ 140 000	$ 140 000	14%
以新加坡元计价的债券（利率为10%）	S $ 200 000	S $ 200 000	S $ 200 000	—
预测新加坡元汇率水平	$ 0.50	$ 0.50	$ 0.50	—
美元支付金额	$ 100 000	$ 100 000	$ 1 100 000	10%

通过以上测算的两种不同债券的年融资成本，来进一步比较用不同货币融资的成本。表12－1的最后一列即为该比较。该表中年融资成本表示对未来支出金额折现所用的折现率，通过该折现率算出的折现额与现时所借金额相等。从借款者而不是投资人的角度进行评估，这也与到期日收益率相似。在无汇率调整并且债券的初始发行价格与面值相等时，年融资成本简单来看也等于票面利率，即以美元计价债券的年融资成本为14%。

从莱科松公司的角度来说，选择新加坡元计价债券看似成本较低，但事实上假定新加坡元一直保持稳定是不现实的。因此，一些跨国公司会选择发行以美元计价的债券，即使它看起来成本更高，同时必须要权衡发行外币债券时的潜在收益和运用这种方法的潜在风险。当新加坡元升值时，以新加坡元计价的债券成本会高于以美元计价的债券。

一般来讲，在一个较长的融资期限内企业很难准确预测到汇率的变动情况。在这种情况下，企业会更乐意选择用美元进行融资，而非外国货币。

一、新加坡元坚挺对融资成本的影响

在融资期间新加坡元不断升值，则跨国公司需要更多资金来支付本金或者利息。汇率的这种变动增加了跨国公司的融资成本。

假设当莱科松公司决定发行以新加坡元计价的债券时，新加坡元兑美元的汇率在第 1 年年末从 0. 50 美元升值到 0. 55 美元，到了第 2 年年末汇率升值到 0. 60 美元，第 3 年年末汇率升值到 0. 65 美元。表 12 －2 表示出莱科松公司在该情况下支付的金额。通过该情况下以新加坡元计价的债券引起的美元流出额和以美元计价的债券引起的美元流出额进行对比，明显可以看出以外币计价的债券带来的风险。最关键的是最后一个支付期以外币计价的债券融资，这个融资既包括了最后一起支付的利息还包括了偿还的本金。根据以上描述的新加坡元价格的变化即汇率的变化，得出用新加坡元融资的成本要高于美元融资的成本。

表 12 －2　在新加坡元坚挺时进行融资

融资方法	第 1 年年末	第 2 年年末	第 3 年年末	年融资成本
以新加坡元计价的债券（利率为 10%）	S $ 200 000	S $ 200 000	S $ 2 200 000	—
预测新加坡元汇率水平	$ 0. 55	$ 0. 60	$ 0. 65	—
美元支付金额	$ 110 000	$ 120 000	$ 1 430 000	20. 11%

二、新加坡元疲软对融资成本的影响

坚挺的货币会增加债券发行者的定期资金支出，而疲软的货币无疑会减少债券发行者的定期货币支出，从而降低了融资成本。

假设莱科松公司在决定发行以新加坡元计价的债券后，新加坡元从第 1 年年末的 0. 50 美元贬值到 0. 48 美元，到了第 2 年年末贬值到 0. 46 美元，第 3 年年末贬值到 0. 40 美元。表 12 －3 表示了莱科松公司在该情况下支付的金额。在该情况下同样以新加坡元计价的债券引起的美元流出额和以美元计价的债券引起的美元流出额进行对比，明显可以看出以外币计价的债券带来的潜在收益。

表 12 －3　在新加坡元坚挺时进行融资

融资方法	第 1 年年末	第 2 年年末	第 3 年年末	年融资成本
以新加坡元计价的债券（利率为 10%）	S $ 200 000	S $ 200 000	S $ 2 200 000	—
预测新加坡元汇率水平	$ 0. 48	$ 0. 46	$ 0. 40	—
美元支付金额	$ 96 000	$ 92 000	$ 880 000	2. 44%

表 12 －4 分别表示了新加坡元在平稳货币、坚挺货币及疲软货币情况下对融资成本的影响。以外币计价的债券进行融资的跨国公司不仅可能实现融资成本的大幅下降，也会面临着当外国货币升值时融资成本大幅上升的情况。

表12－4　汇率对以新加坡元计价的债券支出金额的影响

融资方法	第1年年末	第2年年末	第3年年末	年融资成本
情况1：新加坡元平稳	＄100 000	＄100 000	＄1 100 000	10%
情况2：新加坡元升值	＄100 000	＄120 000	＄1 430 000	20.11%
情况3：新加坡元贬值	＄96 000	＄92 000	＄880 000	2.44%

第三节　债务融资成本的风险评估

一、债务融资的汇率风险

上一节我们了解到汇率对外币债券的重要性，因此跨国公司需要一些较为可靠的方法来评估汇率波动给债务融资成本带来的影响。通常可以使用点估计方法，该方法可用来预测当跨国公司向债券持有者支付本金或者利息时，各期债券的计价货币的汇率。点估计方法也存在一定的缺陷，它没有考虑到预测的不确定性，所以会随着计价货币的波动而波动。当从美国借款者的角度出发，假设借款者没有对这些货币进行套期保值，那么以加元计价的债券承受的汇率风险要低于大部分其他外币计价的债券的汇率风险。和美元相比，加元的价值波动幅度较小，不太可能偏离预计的远期汇率太多。应用概率或模拟法可以评估点估计预测的不确定性。

（一）汇率概率分布的应用

用远期汇率的点估计法来测算债券持有人支付资金时各期汇率的概率分布。通过将每一个可能的汇率值和相应概率相乘，再加总乘积进行计算确定汇率各期的预测值，然后再通过预测值来预测各期必须支付给债券持有者的现金流出额。当然汇率的各期预测值可能不同。跨国公司在确定概率分布和计算预测值之后可以预测到融资成本，并将它与以本国货币计价的债券的融资成本进行比较。

这种方法会使在每一个支付期内都获得一个资金净流出预计值，这样在债券持续期内也可以获得年债券融资成本的预测值。这种方法的缺陷是没有指出发生结果的范围，因此并没有测算以外币计价的债券融资成本比以本国货币计价的债券融资成本更高的概率。

（二）模拟法的应用

跨国公司将每期末外币汇率的概率分布确定之后，可以将这些概率分布输入计算机的模拟程序中。该模拟程序从每年年末的概率分布中随机抽取一个可能值，并以这些概率为基础来计算资金支出额，然后确定融资成本。

计算机模拟程序重复以上步骤再次从每年年末的汇率分布中抽取一个可能值，这样就会产生一个年融资成本的概率分布，比较它与以美元计价的债券的已知融资成本。最后，跨国公司通过以上比较计算得出发行以外币计价的债券便宜于以美元计价的债券的概率。

上述步骤每重复一次就会产生一个可能的远期汇率，接着利用它来计算相应情形发生时的年融资成本，再根据模拟法产生的年融资成本的概率分布，比较它和以美元计价的已知的债券融资成本。比较之后，跨国公司可以计算以外币计价发行的债券便宜于比以美元计价发行的债券的概率。

二、债务融资的利率风险

跨国公司在考虑使用何种货币进行国际经营融资时，关键是要决定它的债务期限。因为使用一个能够最小化每个业务单位所需债务的总支出的债务期限是它的目标。一般来讲，跨国公司不会使用超过业务预期寿命的债务期限。

跨国公司一般会在一个相对较短的时间内面临利率风险，也就是利率上升带来的风险，这种风险会造成跨国公司需要一个更高的利率进行重新融资。当然这种风险也是可以避免的，这就要使用发行期限和业务预期寿命一致的长期债券（固定利率）。而长期利率的不确定性即在不久的将来如果长期利率下跌，会使跨国公司不得不继续以高利率支付债务的利息，这就是此策略的不足之处。虽然没有一个能兼顾二者的方法，但关注和考虑业务的预期寿命和国家的收益率曲线是在两种选择之中权衡取舍的重点。一个国家的债务市场上各种期限水平资金的供给和需求形成了收益率曲线。

为了更好地应对债务融资的利率风险，需要进行债务融资的决策。但是在决策之前，跨国公司需要评估资金来源国的收益曲线。通过观察资金来源国的收益曲线可知：首先，各国在任何特定债务期限下的利率不同；其次，各国间的收益率曲线的形状不同。

跨国公司可以通过一个国家的年收益率曲线来比较在不同债务期限下的年收益率，从而选择一个相对利率较低的债务期限。还有一些跨国公司通过收益率曲线评估特定期限资金市场的供求状况，从中找到未来利率变动的可能性。以上信息能在不久的将来债务到期后进行再次融资，也能帮助跨国公司进行是否借入长期债务来锁定长期利率还是短期债务的决策。

第四节　债务融资成本风险的应对方法

关于如何降低用外币债券融资带来的汇率风险，其方法如下。

一、购买远期合约

远期市场可以满足五年及以上的时间要求，这使得使用远期合约这种方法可行性很强。以外币计价发行的债券利率比以本币计价发行的债券利率低时，跨国公司会考虑发行以外币计价的债券，与此同时运用远期市场对其汇率的风险进行套期保值。该跨国公司需要在付款时进行远期外汇合约的购买，当然在可能的情况下，远期汇率会超过即期汇率。最后会导致对这些未来支出进行套期保值，并没有使发行的外币债券比发行的本币债券更便宜。

二、购买货币掉期

货币掉期（Currency Swap）即跨国公司定期交换货币。国外的许多跨国公司都使用货币掉期。

假设美国米兹纳公司（Mizner Inc.）打算发行以欧元计价的债券，从而该公司可以用其目前的经营业务创造的欧元收入来偿还债务。但是存在一个问题，即想购买欧元债券的投资者不了解该公司。同时，德国的贝克公司（Beck Co.）因为大部分收入都是美元，于是打算发行以美元计价的债券。这里同样也存在着是想购买美元债券的投资者不是很了解贝克公司的问题。

由于米兹纳公司在美元市场被人熟知，而贝克公司在欧元市场为人所知，因此米兹纳公司发行以美元计价的债券，而贝克公司发行以欧元计价的债券。然后，米兹纳公司向贝克公司提供欧元收入来换取贝克公司的美元收入。货币掉期的方法使每个公司在向债券持有人支付金额时不用考虑汇率带来的风险。

使用货币掉期成功地消除了米兹纳公司和贝克公司的汇率风险。实质上是米兹纳公司将经营中的欧元收入提供给贝克公司，再将从贝克公司收到的美元支付给购买其美元债券的投资者。即使米兹纳公司在经营中收到欧元也能向其投资者支付美元而不用担心汇率风险。贝克公司也是如此。

一些大型的商业银行作为货币掉期金融机构有时也会建立头寸，即它们不只是为其他公司寻找合适的掉期对象，还可能会同意和公司进行货币掉期。

三、流入抵消性现金

一些跨国公司通过某些货币的资金收入来抵消与债券融资相关的资金支出。所以，当一个公司用以外币计价发行的债券来融资时，既可以支付较低的利率，还能避免承受汇率风险。但是，因为该公司不能把债券的计价外币的流入和流出时间以及金额配合得十分默契，所以仍然存在一定程度的汇率风险。然而，假设该公司获得债券计价货币的流入，则大大降低了汇率风险，还能稳定该公司的现金流量。具体抵消现金流入的方法如下。

（一）通过高收益率债券抵消现金流入

美国的跨国公司通常在债券收益率比较高的国家产生收益，它们可以发行以当地国家货币计价的债券来抵消汇率波动带来的风险。其中，发行一些以发展中国家的货币计价的债券就是例子，例如，泰国、马来西亚、巴西和印度尼西亚。当美国跨国公司发行以这些国家中任何一个以当地货币计价的债券时，就会产生抵消的效果，可降低该跨国公司面临的汇率风险，这样该跨国公司可以通过其以当地货币计价的现金流入来偿还债务。

跨国公司以较低利率获得美元债务融资是无法抵消其外币收益的。债券收益率高对应着国家的无风险利率也很高，高的无风险利率通常出现在通货膨胀很高的国家。通常情况下，通货膨胀高的国家的货币相对更容易贬值。当美国的跨国公司利用美元债务为其外国业务进行融资，而该外国的当地债务成本很高，也会面临较高的汇率风险，原因是它将产生的该外币现金流入兑换为美元以偿还美元债务，这样该外币预计会不断贬值。美国跨国公司进行长期融资时所面临的困境是：是选择发行以外国当地货币计价的债券来降低汇率风险，还是选择以较低的利率发行美元债券？当面临相对较大的汇率风险时，两种选择都不可取的。

（二）通过欧元融资对抵消性现金流入的影响

部分欧洲国家采用欧元作为其货币的决定，影响需要进行长期融资并希望利用债务偿还来抵消其部分现金流入的跨国公司。在使用欧元的欧洲国家中，许多有现金流入的跨国公司可以发行以欧元计价的债券，接着利用它们在这些国家获得的经营性现金流入去偿还债务。

如果一家跨国公司在某个欧洲国家开展业务，它可能愿意用该欧洲国家的货币进行融资，前提是在采用欧元之前，它可以利用相同货币的现金流入来支付融资成本。因为单个国家可能没办法提供所需要的足够资金，所以这个方法会降低跨国公司利用证券的能力。当然这样跨国公司就可能必须利用当地银行融资来代替债券融资，即便当地银行融资更加昂贵。现在跨国公司可以在其经营业务的所有欧洲国家发行以欧元计价的债券去满足融资的需要，接下来它可以将这些分别来自这些欧洲国家的现金流入进行合计去支付融资成本。采用欧元增加了在欧洲开展业务的跨国公司对债券融资的使用，同时也降低了融资成本。

像西班牙和意大利这样的国家自采用欧元以来，它们的利率自然就会与其他参与国的利率相似。这种情况下跨国公司就可以在这些国家为项目进行融资，同时利用来自这些国家的现金流入来偿还债务，这时的融资成本低于这些国家采用欧元前使用它们自己国家货币时的融资成本。政府的债券发行主导着欧洲的债券市场，近期公司发行以欧元计价的债券用来抵消其欧元的现金流量，增加公司对欧元债券的利用，而发行者的信用风险决定了发行公司债券的收益率。

四、其他方法

公司也可以通过平行贷款获得外币融资，即双方同时向对方提供贷款，并在协议中约定在未来某一指定时点来偿还贷款；或者一家美国公司可能会用多种外币而不是一种外币来为债券计价，这样任何一种外币的大幅升值就不会急剧增加支付融资费用所需的美元数额。

跨国公司发行的债券也会面临利率风险，当面临该类风险时可以采用利率掉期来对冲。利率掉期可以把固定利率支付利息转化为可变利率支付利息。债券发行人之所以采用利率掉期，是因为通过这种方式将抵消支付给债券持有人的现金流量，重新调整未来现金流量，从而减少跨国公司面临的利率变动。

投资银行、商业银行和保险公司这样的金融机构充当了利率掉期的交易商，它们也可以在利率掉期市场作为中介人，只需要促成双方之间的利率掉期并收取服务费，而并非建立掉期头寸。跨国公司参与利率掉期是为了对冲或减少融资成本。

除了用利率掉期进行套期保值，跨国公司也可以考虑普通掉期。普通掉期是一种标准合约，它没有任何附带条件。普通利率掉期交易中，支付浮动利率的公司一般情况下对利率变化高度敏感，并试图减少利率风险。而像拥有大量高利率敏感性资产的公司，如果预期未来利率下降，会试图将浮动利率支付转换为固定利率支付。在另一个角度看，支付固定利率的公司拥有大量高利率敏感性负债，如果公司预期利率将上升，则公司更愿意支付固定利率。这样两类公司可以商议掉期交易，通过合约的方式确定名义价值，进而确定利率掉期交易中的支付额。交易双方仅仅是利用名义金额来确定掉期支付额，而不是交换名义金额本身。当交易双方通过名义金额确定了掉期支付额，就只需定期交换净额，而非全部支付额，一般情况下每一年或是每半年交换一次。

当然，还存在其他类型的利率掉期。近些年持续的金融创新产生了许多其他类型的利率掉期，像递增掉期、递减掉期、基准掉期、可买回掉期、远期掉期、可卖回掉期、零息掉期和掉期期权等。

【本章小结】

1. 跨国公司会考虑通过用外币长期融资来抵消货币未来现金流入，进而减少汇率风险。另一些跨国公司考虑用外币长期融资来降低融资成本。

2. 当国外的利率相对较低时或者所借外币在融资期限内贬值，则选择该货币进行长期融资会降低融资成本。

3. 跨国公司评估外币融资的可行性是通过把对汇率的预期应用于定期票面利息支付及本金支付中。通过这种方法，跨国公司需要确定每期支付利息和支付本金所必需的本国货币金额。通过折现率来估计年融资成本，将外币融资定期支付折现率折现后与最初所借贷款相等。

4. 折现率代表了年外币融资成本，可以把它和国内融资成本对比。因为外币融资成本由该货币在融资期限内的汇率决定，因此是不确定的。跨国公司也不一定会用较低利率的外币进行融资，因为预期汇率可能会出现错误。所以跨国公司可能会估计在各种汇率情况下的融资成本。

5. 从浮动利率债券的角度看，支付给投资者的票面利率是不确定的，这会导致公司估计每期支付利息所需本国货币金额产生不确定量。这种不确定可通过估计各种利率情况下所需的票面利息支付来考虑。然后根据各种利率的变化情况，用这些估计值来测算支付利息和本金所需的本国货币金额。

【本章习题】

1. 跨国公司的内部融资和外部融资有什么区别，请分别列举跨国公司海外子公司三种内部融资和外部融资方式。

2. 请阐述辛迪加贷款、欧洲票据、欧洲商业票据、欧洲中期票据和国际债券的主要特点。

3. 企业发行外币债券筹资与发行本币债券筹资相比所承担的风险有什么特点？

4. 假设美国吉姆公司在美国获得美元融资的年利率为12%，公司认为该融资成本太高；同时公司还在新加坡发行年利率为7%的新加坡元债券来筹集资金。公司虽然没有未来把新加坡元现金流偿还新加坡债务的打算，但认为发行新加坡债券可以降低融资成本。假设吉姆公司不管是发行美元债券还是新加坡元债券，都可以平价发行，期限为4年。目前公司需要融资金额为1 000万美元。因此，它既可以平价发行面值为1 000万美元的美元债券，也可以发行面值为2 000万新加坡元的新加坡元债券。即期汇率为0.50 \$/S \$。吉姆公司预测在未来四年内的每一年年末支付债券利率时，汇率如下表所示。

时间	第1年年末	第2年年末	第3年年末	第4年年末
汇率水平	0.52US \$/S \$	0.56US \$/S \$	0.58US \$/S \$	0.53US \$/S \$

请计算吉姆公司发行新加坡元债券的年融资成本，该公司应该发行新加坡元债券还是美元债券？为什么？

5. 美国尼尔公司刚刚发行了利率为10%的固定利率债券，但该公司愿意利用利率互换将其固定利率债务换成浮动利率债务。于是在互换中，尼尔公司用10%的固定利率换得 LIBOR + 1% 的浮动利率，互换期限为 3 年。在未来 3 年中的每一年年末，互换双方需要定期支付利息。尼尔公司预期 LIBOR 在第 1 年年末利率为 9%，第 2 年年末利率为 8.5%，第 3 年年末利率为 7%。请问：如果将互换中的利率考虑在内，尼尔公司的融资成本是多少？

第十三章　跨国并购与重组

【本章提要】

本章首先介绍跨国公司将国际并购作为自己进入国外市场的渠道，力求向低成本生产注资，以及在此基础上跨国公司要想进行国际并购需要确定可能的国外市场、对目标公司进行估价、进行并购谈判和企业结构重组。

【学习目标】

通过本章学习，读者应该明晰：①跨国公司对国外目标公司的估价模型；②影响国外目标公司预期现金流的因素；③不同的跨国公司对目标公司估价不同的原因；④其他形式的跨国重组。

第一节　跨国并购的背景

跨国并购与其他跨国项目相比需要初始费用，并且预期产生的现金流的现值将大于初始费用。很多跨国并购是想扩大国际市场份额，还有一些想通过跨国合并带来规模经济。

跨国并购对于跨国公司来说是直接对外投资的好方法，通过跨国并购公司可以马上扩大其国际市场。这种方法要优于创建新的子公司，因为建立一个新的子公司需要时间。跨国并购和创建子公司这两种对外投资方式存在着显著的不同。

作为一个跨国项目，跨国并购相对建立新的子公司通常能够产生更快及更大的现金流，但它也需要更多的初始投资。跨国并购也需要将自己的管理风格引入外国目标公司。

1998 年的前六个月内，美国的公司在亚洲的直接投资超过 80 亿美元，是 1997 年投资总量的两倍。其中宝洁公司购买了韩国的三用纸业，花旗软件得到了泰国第一城市银行的大量股份。亚洲经济危机在带来灾难性后果的同时，也为一些跨国公司并购亚洲企业提供了机会，因为经济危机降低了并购亚洲企业的初始资本。

而截至 2013 年，中国企业海外投资总额保持着增长势头。中国对外投资总额从 2005 年的大约 99.4 亿美元增加到 2012 年的 790.6 亿美元，2013 年中国的对外投资额为 813.8 亿美元。2014 年上半年，中国对外直接投资额为 391.6 亿美元。中国政府采取了放松海外投资限制的措施，预计海外并购将进一步增长。图 13－1 为 2005—2014 年上半年中国直接对外投资额。

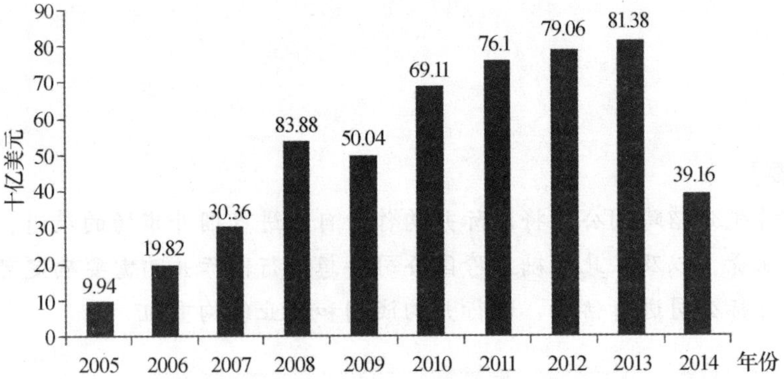

图 13－1　中国直接对外投资额

中国的对外并购从 2005 年的 89 亿美元增长到 2013 年的 689 亿美元。2013 年中国对外并购交易达到了 220 宗，相比上一年增长了 37%。而交易总额为 689 亿美元，相比上一年增长了 17%。图 13－2 为 2005—2013 年中国对外并购年度总额。

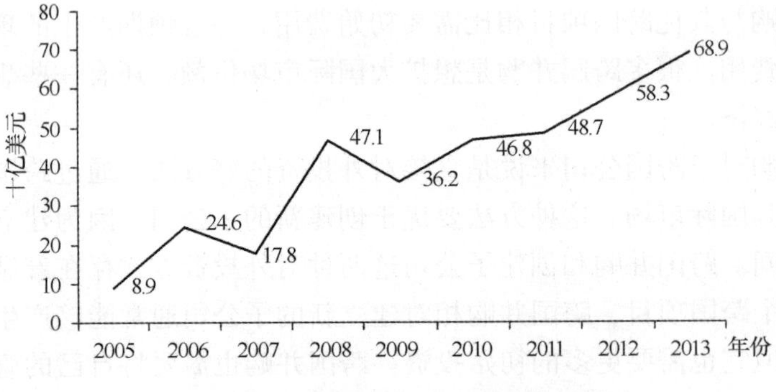

图 13－2　中国对外并购年度总额

资料来源：并购市场资讯（Mergermarket），《2013 全年中国海外并购展望报告》。

如今，欧洲市场越来越受欢迎，中国的投资者希望在一些隐藏危机的欧洲市场中寻找更高回报的投资机会。而亚洲和美国一直以来都是受到中国投资者欢迎的投资市场。

然而，跨国并购作为复杂度最高、风险最大的战略行为，70% 的并购交易并未能为股东带来预期价值①。其面临的风险如图 13－3 所示。

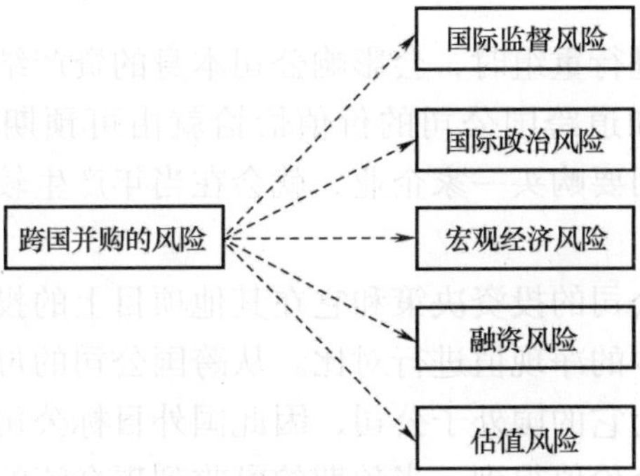

图 13－3　跨国并购面临的风险

在进行并购交易时，需要明确并购交易的目的。当面临文化差异时，外方人员可能难以进行有效沟通，这时，建立良好、互信的工作方式至关重要。接下来，派出一支善于沟通、懂得经营的团队对收购对象进行管理。在整合过程中也会由于缺乏周全的计划和有效的管理而使局面变得混乱而被动，重要的是实现协同效益，达成一加一大于二的效果。图 13－4 从三个方面分析了不同类别的公司并购交易失败的原因。

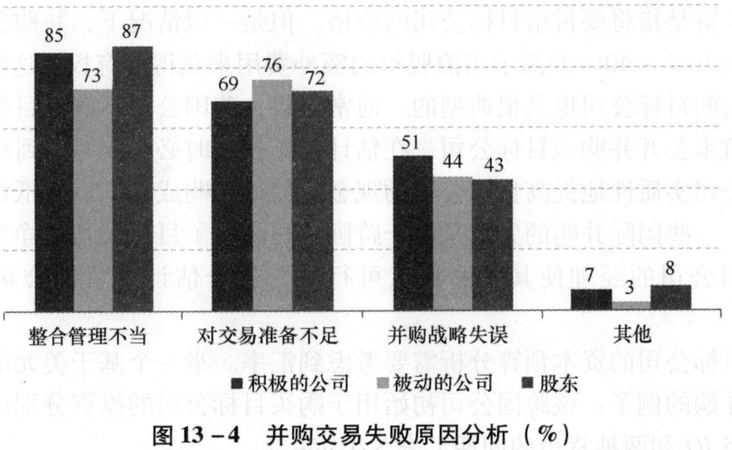

图 13－4　并购交易失败原因分析（%）

资料来源：安永分析“做出正确的行动”，对外投资风险管理案例与实践分享，内部幻灯片，www. ey. com/CN

① 据《第一财经日报》2014 年 9 月 22 日报道，中国进出口信用保险公司经理助理谢志威在 2014 年莫干山会议上的一次主题论坛上说：“中国企业特别是民营企业‘走出去’，70% 以上不盈利。”

第二节　外国目标公司的估值模型

当一家跨国公司进行重组时，会影响公司本身的资产结构，最终会影响到其现金流的现值。我们知道跨国公司的价值恰恰就由可预期的现金流的现值所决定。如果一家跨国公司要购买一家企业，就会在当年产生较大的初始投资，从而它的年现金流会增加。

跨国公司与外国公司的投资决策和它在其他项目上的投资决策是相似的，因为都需要将收益与成本的净现值进行对比。从跨国公司的母公司角度来说，由于其目标公司很可能成为它的国外子公司，因此国外目标公司的价值可以通过母公司估计从其获得的现金价值得到。当预期的可收到现金流的现值大于并购该目标公司的初始投资时，跨国公司的母公司才会考虑投资目标公司。因此，是否并购一家公司可以通过资本预算分析来决定。并购公司的净现值是：

$$\mathrm{NPV}_a = -IO_a + \sum_{t=1}^{n} \frac{CF_{a,t}}{(1+k)^t} + \frac{SV_a}{(1+k)^n} \tag{13.1}$$

其中，IO_a表示跨国公司收购目标公司时所需的初始投资，$CF_{a,t}$表示并购公司在目标公司所能获得的现金流，k 表示并购目标公司的必要报酬率，SV_a表示目标公司的残余价值（预期在未来某一时间的卖价），n 表示目标公司将被出售的时间。

初始投资是指将要付给目标公司的价格。但是一般情况下，并购公司要多付给目标公司10% ~40%的高于当前股价的额外费用来获得所有权。这种额外费用对并购国内的目标公司也是很典型的。通常来讲，跨国公司不能以目标公司的当前市场价值来公开并购该目标公司，在估计初始投资时必须要考虑到额外费用。

跨国公司实质性地提高目标公司的现金流使得并购成功，以便抵消多支付的额外费用。一些国际并购的失败是由于跨国公司高估了目标公司的净现金流，这是因为跨国公司的经理使其并购缺乏可行性，过分估计了目标公司的未来现金流。

外国目标公司的资本预算分析需要考虑到汇率。举一个基于美元的跨国公司进行跨国并购的例子：该跨国公司初始用于购买目标公司的投资分别由外汇基础的并购价格 IO_f和两种货币的即期汇率 S 决定：

$$IO_a = -IO_f(S) \tag{13.2}$$

美国跨国公司以美元数额计算的现金流是由每一期限汇入美国的外国货币现金流 $CF_{f,t}$和当时的汇率 S_t决定的：

$$CF_{a,t} = (CF_{f,t})S_t \tag{13.3}$$

在这里，对公司所在国家的政府代扣所得税和其对资金的限制以及美国政府征得的所得税不予以考虑。以外币计量的残余价值 SV_f 和残余价值再转换成美元的即期汇率 S_n 共同决定美国企业所获得的残余价值的美元数额：

$$SV_a = (SV_f)S_n \tag{13.4}$$

考虑汇率因素后，外国企业的净现值通过资本预算公式变换成：

$$\text{NPV}_a = -IO_a + \sum_{t=1}^{n} \frac{CF_{a,t}}{(1+k)^t} + \frac{SV_a}{(1+k)^n} = (-IO_f)S_t + \sum_{t=1}^{n} \frac{(CF_{f,t})S_t}{(1+k)^t} + \frac{(SV_f)S_n}{(1+k)^n} \tag{13.5}$$

综上所述，目标公司所产生的现金流、汇回母公司的利润因汇率变动而产生的影响，以及母公司对目标公司投资后要求目标公司的回报率是对外国目标公司进行估价时最重要的三个因素。

第三节　影响外国目标公司预期现金流的因素

跨国公司通过考虑目标公司所在国的影响因素和企业自身的影响因素来评估外国公司所能带来的未来现金流量。

一、目标公司所在国的具体因素

跨国公司在估计外国目标公司能为自己提供的现金流时，通常会考虑以下与国家相关的影响因素。

（一）目标公司所在国的政治环境

目标公司所在国的现金流容易受到来自政治方面的影响。而当其所在国的经济环境较好时，就不易受到来自政治方面的负面影响。企业的类型决定了企业现金流对政治因素影响的敏感度。而对于新兴国家，长期来看其政治经济环境是难以预测的。

（二）目标公司所在国的经济环境

目标公司所在国的经济环境影响着其产品在未来的需求和现金流。当经济环境较好时，其产品在未来会有较高的需求并产生较高的现金流。然而有些公司对经济环境的敏感程度要比其他一些公司强烈得多。有些并购公司为了降低所在国经济环境对一些企业的影响，打算从被并购企业所在国进行进口。同样，对于新兴国家，长期来看其经济环境也是难以预测的。

（三）目标公司所在国的行业环境

同样，一国的行业环境也会对目标公司造成影响。一是在法律法规方面，有些国家会因为某些原因禁止进入部分行业而有些国家则不会。二是在竞争力方面，在一国家内某些产业由于更能满足国民的需要而更具有竞争力，相比之下其他行业的竞争力则较弱。因此，当对他国的目标公司进行评估时一般会更倾向增长潜力大且竞争较为不激烈的行业。

（四）目标公司所在国的货币环境

当一国的跨国公司想并购国外的目标公司时，未来汇率的变动情况也是必不可少的考虑因素，这会对国外目标公司的当地现金流与转换为母国货币产生影响。简单来说，跨国公司一般希望在公司所在国货币疲软时并购，而在购入后货币汇回本国时货币转为坚挺。因此，跨国公司需要在并购前对未来汇率及其对未来现金流的影响进行预测。

（五）目标公司所在国的股市环境

上市的目标公司由于其自身价值致使其股价一直处于变化状态，而股价的变化也会带动收购价格的变化，所以其被购价格也会一直处于变化状态。尤其是在一些新兴资本市场如亚洲、拉美等地的公开交易市场，其股价的周变化幅度可达到5%左右。所以，在对他国的目标公司进行并购时要尽可能地选择股价较低的时候进行。

（六）目标公司所在国的税收环境

目标公司所在国的税收环境会对跨国公司完成并购后汇回本国的现金流产生影响，因此一般要对企业所得税与税后所得扣除代扣所得税的余量进行考虑。另外，如果目标公司所在国对汇回收益进行征税，该税率也要被考虑。

二、目标公司自身的具体因素

对国外目标公司现金流进行评估时，对企业自身的具体因素也要进行考虑。

（一）目标公司的过去现金流

国外目标公司由于处于持续经营状态，所以可以找到该公司的过去现金流并进行分析。一般来说在考虑到其他因素后，其最近的每期现金流可以被作为未来每期现金流的初始基数。相比之下，估计一个之前没有经营活动的新的国外子公司要难得多。但要注意的是，目标公司的过去现金流不能直接作为未来现金流的精确估计量，特别是发生跨国并购时货币要被转换为本国货币汇回本国时所涉及的汇率问题。所以一定要考虑到能影响目标公司现金流的所有因素。

（二）目标公司管理层的能力

管理层能力也是影响目标公司未来现金流的重要因素，所以收购方必须对目标公司现有的管理状况进行评估。在此我们简单罗列收购方在并购后发生的三种情况：第一，收购方可以在并购后对公司像之前一样管理，但会相应地缺少对被购企业现金流的控制力。第二，收购方也可以在并购后缩减公司规模，并导致公司费用、收入与生产能力的相应减少而使公司现金流发生变化。第三，收购方也可以保持公司规模不变同时利用诸如引入先进技术、提高员工素质等方法提高员工效率。这虽然会导致收购方费用的增加，但能够对公司的长期现金流产生积极的影响。

三、目标公司的估值举例

诺丁公司计划在加拿大和拉美地区进行扩张，其第一步战略就是对在加拿大和拉美地区的不同国家筛选目标公司并进行价值评估。

（一）对国家进行筛选

首先，诺丁公司对目标公司所在国进行筛选并在墨西哥、巴西、哥伦比亚和加拿大四国选出了候选目标公司（如表 13 –1）。根据图表可知，墨西哥的目标公司并不乐意被诺丁公司收购；巴西的目标公司股市环境不好，股价的持续上涨意味着在购买目标公司股票时跨国公司将付出更多的支出；哥伦比亚的政治环境不太乐观，潜在的政治问题让诺丁公司产生迟疑。

表 13 –1　筛选国外目标公司过程举例

目标公司所在国	目标公司乐于被收购吗	当地经济和工业环境	当地政治环境	当地货币环境	当前股市价格	税法
墨西哥	否	乐观	一般	一般	一般	可能变化
巴西	也许	一般	一般	一般	太高	可能变化
哥伦比亚	是	乐观	多变	乐观	一般	合理
加拿大	是	一般	乐观	稍不乐观	一般	合理

由表可知，虽然加拿大的货币环境稍不乐观但这并不足以构成诺丁公司收购过程中的绝对障碍，所以加拿大的目标公司更符合诺丁公司的收购标准。此时诺丁公司需要做的就是收集更多的目标公司和加拿大当地的相关信息，从而对未来的现金流进行预估并判断未来收益能否超过收购时的最初投资。

（二）评估目标公司的价值

根据上述分析，诺丁公司目前的选择只剩加拿大的目标公司。假设该公司的所有业务均在当地并与当地一些加拿大供应公司取得合作获得比目标公司更低的原材料采购价格，同时诺丁公司计划通过技术提高生产效率并利用已有的管理能力控制目标公司对其实施管理从而减少目标公司的管理与销售费用。并且，预计产品以诺丁公司的牌子销售时销售额及销售收入会有所增加且目前看来诺丁公司不打算令产品价格发生变化。

在预估目标公司现金流量时采用目标公司最近几年的收入和支出作为基数，同时考虑可能对其产生影响的各种因素，最终得到预计现金流量。

在过去的四年中，目标公司每年收入额在 8 000 万到 9 000 万加元。为了提高销售额，诺丁公司将第 1 年销售收入目标定位为 1 亿加元，第 2 年为 9 330 万加元，第 3 年为 12 100 万加元。而在技术支持下销售成本将由之前占收入的 50% 下降到占收入的 40%，具体数据如表 13－2 所示。

表 13－2　假设情况下加拿大目标公司的股价（单位：百万加元）

	去年	第 1 年	第 2 年	第 3 年
收入	90.0	100.00	93.30	121.00
生产成本	45.0	40.00	37.30	48.40
毛利	45.0	60.00	56.00	72.60
销售管理费用	20.0	15.00	15.00	15.00
折旧	10.0	10.00	10.00	10.00
税前收益	15.0	35.00	31.00	47.60
税金	4.5	10.50	9.30	14.28
税后收益	10.5	24.50	21.70	33.32
＋ 折旧		10.00	10.00	10.00
－ 再投资		5.00	5.00	5.00
出售公司税后收入		—	—	230.00
现金流		29.50	26.70	268.32
加元汇率		0.80	0.80	0.80
现金流（美元）		23.60	21.36	214.66
净现值（20% 折现，美元）		19.67	14.83	124.22
累计净现值（美元）		19.67	34.50	158.72

加拿大所得税税率预计为 30%，该加拿大的目标公司当前管理费用为每年 2 000万加元。诺丁公司希望在重组后实现管理费用上的有效下降，每年管理费用降低为 1 500 万加元。同时在过去十年中折旧费用每年 1 000 万加元，诺丁公司希望这一数额在未来三年内保持不变。

根据表 13－2 我们可知，诺丁公司在加拿大的目标公司获得的目标收益现金流由税后收益加折旧后的数额决定。假设 500 万加元是目标公司每年需要维持运营的费用（包括现有机器的维修），剩余的现金流将被汇回美国母公司。假设目标公司仅包括权益性融资，目前持有 10 000 股每股 17 加元的股票。

诺丁公司预计在没有额外税赋的情况下，每年从加拿大获得的现金流将被汇回到美国母公司并按每年年末的汇率进行兑换。对此诺丁公司将当前加元汇率（0.80 美元）作为未来数年的加元汇率。而根据之前诺丁公司的计划，在该目标公司业绩提高的 3 年后，诺丁公司会将其出售，预计诺丁公司将获得 2.3 亿加元的收益（扣除资本增值税后）。目标公司的销售价格取决于日后的预期现金流与之前的销售业绩，因此诺丁公司可以在实现并购的 3 年内提高目标公司的销售业绩与未来出售的价格。

在完成并购的 3 年后，诺丁公司可以获得的现金流如表 13 – 2 所示。由于先前计划诺丁公司将在第 3 年出售该目标公司，所以第 3 年现金流的大幅增加是由于第 3 年诺丁公司的出售计划。在此假设诺丁公司所期望的收益率是 20%，而这些现金流均会被折现。所以在诺丁公司看来，该目标公司的现值为 1.587 2 亿美元。

假设目前目标公司每股股价为 17 加元，按当前 0.80 美元的汇率计算，目标公司现在价值为 1.36 亿美元。而诺丁公司对该目标公司的估价为 1.59 亿美元，为使目标公司董事会同意此项并购，诺丁公司将付出额外费用，这部分额外费用将达到股价的 10% 到 40%。假设诺丁公司采用高出现有股价 10% 的价格即每股 18.7 加元，诺丁公司为完成此次并购需支出 1.87 亿加元（即 1.496 亿美元）。由于这一价格低于目标公司的预期净现值，诺丁公司将愿意支付。当然目标公司可能拒绝 10% 的额外费用而要求更高的额外费用，但可以肯定的是诺丁公司不会支付超出目标公司预期净现值的价格，也就是说不会同意超过每股 19.9 加元的价格。

根据上述例子我们可以发现收购公开交易的国外目标公司与创办新的国外子公司的区别。尽管在估价过程中对公开交易的国外目标公司可以使用现有的信息，但在并购过程中的现金流包含不确定性，通过仔细检查估价过程中的假设可以得到这些不确定性。首先，由于存在加拿大的经济增长率被高估的问题，目标公司获得的收益将会较低，因此汇回美国母公司的现金流也会降低。其次，商业销售成本可能无法通过提高效率而下降到收入的 40%，成本的增加也会导致汇回母公司的现金流减少。同时销售费用也可能无法如诺丁公司计划的那样下降到每年1 500万美元，而且加拿大的税率也很可能不会一直一成不变，而是提高到 30% 以上。另外在汇率方面，加元可能在之后三年内表现疲软，并且在以上几种原因的综合作用下，销售价格也将因此而受到影响。

因此，根据上述分析，目标公司的估值很可能会偏高，从而导致诺丁公司可能会以高于其实际价值的价格买入该公司。在此值得一提的是，汇率的波动将会很大程度地影响未来现金流，而这可以根据敏感性分析和不同时间下不同汇率的目标公司的价格重估来得到。

（三）随着时间的变化价值也发生变化

由于汇率、税率等因素的变化，现金流或投资回报率也会发生变化，企业价值因此也会发生变化。所以如果诺丁公司不打算在近期收购该公司而是希望在未来收购该公司，就需要对目标公司进行重新分析。

四、股市环境的影响

每股价格都会受到股市环境的影响，从而导致公开交易的公司价值发生变化；另外也要记得收购方需要支付超出市场价格的额外费用。

已知诺丁公司决定购买前加拿大的目标公司，价值为1.7亿加元，而现在加拿大的股市上涨了20%。假设该公司股票也随之上涨了20%，则现在该公司价值为：新股价=1.7亿加元×1.2=2.04亿加元。

仍旧将额外支出比例取10%，则诺丁公司为了收购该公司现在需要支付2.244亿加元，这表明随着股市环境的变化收购价格也发生了变化。

（一）股市环境对私人企业价值的影响

由于私人企业的价值由本国相关企业的市场价格乘数决定，所以即使目标公司是私人企业，股市环境仍会对其收购价格产生影响。将相同行业内公开交易公司的P/E比率（Price-earnings Ratios）应用到私人企业的年收益上是对私营企业估价的一个简单方法。

假设一家加拿大私人企业的年收益是800万加元，相同行业内公开交易的加拿大公司的平均P/E比率是15，那么该公司的市场价值可以做如下估计：市场价值=收入×平均P/E比率=800万加元×15=1.2亿加元。

如果股票市场上涨20%，则相同行业内的公司平均P/E比例将也可能上升20%左右，P/E指数将由15上升到18，此时该加拿大公司的市场价值为：新市场价值=800万加元×18=1.44亿加元。

因此我们可以看到，即使目标公司为私人企业，其收购价格也受股市环境的影响。

（二）汇率的影响

在完成收购时，跨国公司必须将美元转化为当地货币。如果此时当地货币升值，收购的成本也会增加；如果此时当地货币贬值，收购成本将会降低。因此，汇率也会对收购的成本产生影响。

（三）股市环境与汇率的共同效应

在实际情况中，股市环境对收购的影响与汇率对收购的影响往往是同时发生的，尤其是在新兴市场中股市环境与外币币值的不稳定一般会对收购价格产生较大的影响。

假设美国奥克来公司计划并购墨西哥的目标企业来开拓墨西哥市场。目标公司受墨西哥股票市场影响，表 13 – 3 显示的是最近一期墨西哥证券市场和货币状况对收购目标公司产生的影响。虽然目标公司自身绩效并没有发生变化，但随着时间的推移，在墨西哥证券市场和货币状况的共同影响下收购成本产生了较大的变化：即在第 1 年 12 月份提高了 20%，又在第 2 年 3 月份降低了 20%。这说明股市环境与汇率的共同效应对收购价格有明显的影响。

表 13 – 3　墨西哥证券市场和货币状况对收购目标公司成本的影响

年份	第 1 年								第 2 年			
月份（月）	5	6	7	8	9	10	11	12	1	2	3	4
证券市场变化的百分比（%）	–7	–6	4	0	–9	0	–16	12	6	–1	–12	10
比索变化的百分比（%）	4	3.4	–3	–4	0	–4	4	8	0	0	–8	3
收购目标公司成本变化的百分比（%）	–3	–3	1	–4	–9	–4	–12	20	6	–1	–20	13

（四）市场对目标公司预期的影响

此外，诺丁公司还要注意对收购意向的保密工作，因为如果多数投资人认识到目标公司将被收购，就会导致市场对目标公司的预期提高，从而导致股价的上涨，则收购成本也会上升。

第四节　不同的跨国公司对目标公司不同估值的原因

跨国公司对目标公司估价时大多采用类似的方法，而最终估价结果的不同是由于跨国公司对影响目标公司价值的关键因素和决定因素的估价方法有以下三方面的不同：①目标公司将产生的现金流；②汇回母公司资金受汇率的影响；③投资于目标公司对回报率的影响。

一、估计国外目标公司的现金流

跨国公司可以通过提升目标公司的管理水平与加强对目标公司的运营监督来

提高目标公司的现金流，即如果跨国公司有效提高了目标公司的生产效率同时保证不降低生产量，则可以提高目标公司的现金流。

目标公司预期现金流也会受到跨国公司为其适应内部组织及未来生产运作所制订的计划的影响。当一家生产工厂位于美国的跨国公司有意图收购一个亚洲生产公司时，其目的在于将生产转移到低成本地区，因此现金流会因费用降低而变化；而当一家已在亚洲有生产工厂的跨国公司意图收购另一个亚洲生产公司时，其目的可能仅为提高市场份额与生产能力，因此其现金流受到更高的生产能力与销售水平影响从而会发生变化。

另外，税收也会对现金流产生影响。例如，在低税率国家的收购方可以比在高税率国家的收购方获得更大的现金流，因为在将收益汇回本国时他们只需要支付更少的赋税。

二、收购方的收益目标

跨国公司对目标公司投资要求的收益率不同也会导致目标公司价值的不同。如果跨国公司意图收购目标公司且基本保持其在当地的经营并采取更有效的方式经营，那么经营风险就会降低，其对目标公司的收益目标也较低；相反当跨国公司在收购目标公司时打算将其变成新的主要出口商，那么风险也会增加，跨国公司对其要求的回报也会随之增加。

另外，即使对目标公司的经营方式相同，如果跨国公司来自不同的国家，他们对该目标公司的目标收益也会不同。例如，位于利率较高国家的跨国公司所要求的收益目标就与位于利率较低国家的跨国公司所要求的收益目标不同，前者要求更高的回报率但不一定意味着更高的公司价值。

三、汇率对汇回资金的影响

汇率对不同公司及跨国母公司影响的不同也会导致跨国公司对目标公司估价的差异。如果目标公司在近期频繁汇回资金则其价值将会受近期目标公司所在地汇率的影响；如果目标公司近期内很少汇回资金则其价值将会受当地远期汇率及增长战略的影响。

第五节　其他形式的跨国重组

除了购买外国企业，跨国重组的形式还包括国际购买私有化企业、国际部分并购、国际剥离以及国际联盟等形式。

一、国际购买私有化企业

目前，在东欧和南美洲为主的一些发展中国家，很多个人与企业都热衷购买政府名下的企业。而跨国公司作为企业来购买政府出售的产业，这些产业往往蕴藏着非常巨大的效率提升潜力。

在对这类企业的估价过程中，跨国公司可以通过资本预算分析的方法来进行估价，但同时也面临着以下问题：第一，政府拥有的企业可能仍旧有部分权力在政府手中，政府此时如果希望控制企业，其目标将与收购方大相径庭，在企业的管理与发展等方面将会出现冲突。第二，政府拥有的企业一般在行业内处于垄断地位，几乎不存在竞争对手，所以很难估计其未来现金流。因此过去的销售水平不能作为未来销售的指数。第三，在某些国家中由于公开交易的企业较少，而各种并购价格的公开信息也较少，所以导致商业价值的数据披露情况较差，没有可供估价的标杆企业。第四，以东欧和南美为主的新兴市场由于政府及政策原因，经济环境和政治环境很不稳定。总之，虽然有以上这些可能会面临的问题，但很多跨国公司如 IBM、百事可乐依旧采取私有化的方式来并购企业。

二、国际部分并购

很多情况下，跨国公司并不采取完全并购的方式进行并购，而是通过购买目标公司部分股票来实现对目标公司的控制；这样做的好处在于所需资金少且不会影响目标公司的持续经营。例如，可口可乐公司即通过购买国外多家制瓶公司的部分股份来确保饮料瓶生产的达标。当跨国公司部分并购足够多的股份并可以控制目标公司时，其评估目标公司的过程与完全并购是一样的；但当跨国公司购买的是少量的股份时，就不能通过重组该企业来达到提高效率的目的。所以，其对目标公司的现金流评估就无法从主动的决策者角度来进行，而只能从被动的投资者角度来进行。

三、国际剥离

跨国公司由于资本成本提高、所在国政府提高税率、所在国政治风险上升以及汇率等原因导致之前的国外项目不再可行。因此，为了确定是否保留直接对外投资，跨国公司应当周期性地对其进行重估。如当拉美形势不再稳定时，以强生公司为首的跨国公司选择对其在拉美的子公司进行剥离。又如在 1998 年亚洲经济危机中，很多跨国公司对在亚洲的直接投资进行了重估。由于亚洲国家在经济危机中货币疲软导致汇回本国的货币数量减少，且亚洲经济增长率的降低也导致当地销售预期的下降，这两方面的原因均导致在亚洲的子公司预期现金流降低。

另一方面，由于在经济危机中市场下降幅度过大，许多运营部门只有在以母公司愿意的极低价格的前提下出售才可实现剥离，这也导致了这样的极低价格阻止了部分资产的剥离。

四、国际联盟

由于某些原因，跨国公司并不会选择购买国外公司，而是会和国外目标公司组成联营公司和特许加盟这样的国际联盟。这样做的好处在于其所需的初始投资少，现金流入也少。

假设奥克莱登公司计划为一个巴西公司提供专利技术，同时要求该巴西公司在未来五年内为该项技术支付未来收入的10%作为回报。奥克莱登公司初始投资仅为提供此项技术的费用，其可以根据此项技术为巴西公司带来的年收入（按雷亚尔）来估计其可获得的现金流，然后再根据五年内雷亚尔的价值并考虑税率与税赋的影响计算出五年内可从该专利获得的美元现金流。

第六节　美国公司并购中国公司实际案例分析

——可口可乐公司并购汇源果汁

2008年9月3日，美国可口可乐公司对外宣布要并购中国汇源集团，该案例的发生迅速在国内产生了巨大的反响。商务部在2009年3月否决了该案例，自此它成为中国在实施《反垄断法》的两年内，中国政府否决的第一个并购案例。

一、汇源集团简介

朱新礼自1992年创办汇源集团以来一直对企业控股权持开放态度，2007年汇源在中国百分百纯果汁及中等浓度果汁的市场占有率达42.6%和39.6%，同时因其高质量也成为中国很多航班及重大场合的定制饮品。

在可口可乐公司实施并购前，汇源的持股比例为41.53%，达能公司持股比例为22.98%，“其他”为35.49%。在“其他”项中部分持股人为按英属维尔京群岛法律注册的Gourmet Grace International Limited（由华平基金全资拥有），持有汇源股份6.37%。另外荷兰银行香港分行、汇源控股与Gourmet Grace还持有汇源的可持续债券，经兑换为股份，荷兰银行香港分行持有占已发行汇源股份的6.14%，汇源控股持有0.57%，Gourmet Grace持有0.22%，三方总计占已发行股份的6.93%。

二、可口可乐在中国简况

近年来可口可乐公司在果汁市场的业务一直没有较大进展，在2007年的中国果汁市场占有率仅为9.7%。为改善局面可口可乐打算利用汇源在中国各地的分销网络和原材料采购能力，扩大自己的市场份额。

三、并购过程中的关键环节

(一) 收购价格具有诱惑力

2008年9月3日上午，荷兰银行宣布将代表可口可乐全资附属公司Atlantic Industries收购汇源果汁集团有限公司股本中的全部已发行股份及全部未行使可转换债券。

可口可乐公司提出以每股现金作价12.2港元、总计179.2亿港元收购汇源果汁全部已发行股本。而在2008年汇源上市时，招股价为6港元，可口可乐公司此次提出的每股价格高出招股价一倍，此次的收购价约等于市盈率的42.8倍。

(二) 并购双方谈判时间短

汇源已经在香港上市且在国内市场占有率较高，资金与生存压力均不大。但该谈判的时间前后却不到两个月，这让很多人感到意外。

(三) 并购诱因具体分析

1. 朱新礼的接班人问题

朱新礼的儿子朱胜华曾表示无意接班父亲的汇源集团，只在汇源工作一年就转去打高尔夫。而此次并购中，如果可口可乐将汇源果汁41.53%的股权全部收购，朱新礼将从中套现74亿港元，这将使他个人今后的生活及发展相对轻松。另外，2000年德隆找到汇源，出资5.1亿元与汇源成立合资公司——北京汇源，但作为大部分核心资产入股的汇源只占股49%，这说明朱新礼并不眷恋控股权。

2. 可口可乐方面的原因

汇源作为在中国发展较好、根基雄厚的果汁品牌可以在与可口可乐公司开展中国业务方面起到相互促进的作用，可口可乐公司可以利用汇源的分销网络与原材料采购能力促进自己在中国市场的生产与销售。同时可口可乐公司也承诺收购后不会对汇源现行的运行模式进行改变。

3. 达能方面的原因

我们之前介绍过达能公司在汇源持股比例为22.98%。2006年达能收购该部分股权时出资额为1.41亿美元，而在收购后其收益将达5.51亿美元，这可以让达能公司赚得盆满钵满。

达能公司向来对国内饮料龙头企业有较强的控制欲，在汇源，达能也一直在第二大股东的位置上岿然不动。但自 2007 年达能与娃哈哈集团就商标转让一事打起官司后，达能公司便开始一步步淡出在中国的合资公司。从 2007 年先后退出光明与蒙牛可以看出，达能对中国饮料市场的控制逐渐减少。达能也表示将利用此次投资收益来发展自身主营业务，包括新鲜乳制品、饮料、婴儿营养品与医疗营养品四大业务板块。

4. 私募基金的原因

私募基金作为财务投资者自然希望获利了结，只要对方出价合适就愿意出手变现。

5. 商务部否决

该案例的发生引发了社会民众对出卖民族品牌这一问题的质疑。由于 2008 年 8 月 1 日中国开始实施《反垄断法》，在经过详细反垄断调查程序后，该案例于 2009 年 3 月被商务部否决。

【本章小结】

1. 国际重组的最重要形式是国际并购，跨国公司通过资本预算来决定是否值得并购国外公司。

2. 国外的目标公司预期的现金流受到目标公司所在国的具体因素（目标公司以前的现金流及其管理层的才干）和目标公司自身的具体因素（如政治环境、经济环境、货币环境、股市环境）的影响。

3. 对目标公司的典型估价过程：首先跨国公司根据目标公司是否愿意被收购及国家壁垒状况进行筛选；然后再通过估计目标公司现金流进行估价，根据目标公司的具体特点以及目标公司所在国家的特点，将预计现金流进行折现；最后将其价值和目标公司的市场价值进行比较，确定购买目标公司的价格是否低于目标公司的预期价值。

4. 对目标公司不同现金流量的估计，或汇率变动或所要求的回报率不同，收购者对国外目标公司的估值可能会有一些不同，特别是对于那些来自不同国家的收购者。

5. 跨国公司还包括其他一些较为常见的重组类型，如国际部分收购、国际购买私有化企业、国际联盟和国际剥离等。以上每一类型的跨国公司的重组都可以用跨国公司的资本预算来估计。

【本章习题】

1. 美国高迪公司在考虑是否在海外进行跨国重组时，首先考虑的是该公司目前的主要收入和利润来源。2000 年，该公司 45% 的来源来自海外——27% 的利润来自欧洲，11%的利润来自亚洲。但是，其公司总资产的44%在亚洲。这种不平衡状况主要是因为亚洲是该公司的主要产地，这样做的目的是为了降低成本，增加利润。请问：高迪公司在亚周转期的利润是有限的，其产品生产主要依赖亚洲有什么风险？

2. 美国一家跨国公司打算将其在瑞士的一家子公司卖掉，该子公司主要生产滑雪器械，并且产品在当地内销，一家瑞典企业已经为收购该子公司提出要价。假设美国母公司现在预期瑞典克朗汇率将贬值，你认为出售该子公司与先前相比是否还可行？为什么？

3. 总部在美国的A跨国公司了解到新加坡国内市场近年来对计算机的需求量增长很快，于是打算收购一家新加坡目标公司，以在该国生产并销售计算机。假设新加坡的股票市场条件不好，在A跨国公司对该目标公司进行估价之前，大多数上市公司的股票价格出现了大幅度上涨。你认为此时A公司应该怎么办？

4. 为什么与并购发达国家的企业相比，并购发展中国家的国有企业时，对目标公司进行估价的困难更多一些？

5. 美国A公司是服装生产商，为了扩大其在澳大利亚的市场份额，打算在澳大利亚寻找一家生产流行服装的企业作为并购的目标公司，预期在项目的整个期限内，澳元汇率将保持稳定。另外美国B公司打算并购中国一家生产收音机的目标公司，并在并购后使其生产计算机，预期人民币在项目的整个期限内将贬值。如果上述两个项目的利润将经常汇回美国母公司，你认为哪一家公司的净现值更高一些？

参考文献

［1］Alan Shapiro C，Peter Moles. International Financial Management［M］. John Wiley & Sons Inc，2014.

［2］Cheol Eun S，Bruce Resnick G. International Financial Management［M］. McGraw Hill Higher Education，2011.

［3］Geert Bekaert J，Robert Hodrick J. International Financial Management［M］. Pearson Education Limited，2013.

［4］Jacque，Laurent L. International Corporate Finance［M］. John Wiley & Sons，2014.

［5］Jeff Madura. International Financial Management［M］. South – Western Pub，2012.

［6］Pilbeam，Keith. International Finance［M］. Palgrave MacMillan，2013.

［7］Songporn Hansanti，Sardar M. N.，Peter Sheehan. International Finance in Emerging Markets［M］. Physica – Verlag，2010.

［8］王建英，支晓强，袁淳．国际财务管理学（第3版）［M］．北京：中国人民大学出版社，2011.

［9］苗润生．国际财务管理［M］．北京：清华大学出版社，2011.

［10］理查德·列维奇（Richard M. Levich）．国际金融市场：价格与政策（英文版·原书第2版）［M］．北京：机械工业出版社，2008.

［11］李学峰，马君潞．国际金融市场学（第二版）［M］．北京：首都经济贸易大学出版社，2014.

［12］克里科，考瑞尔．国际金融管理的理论和实践（第1版）［M］．北京：北京大学出版社，2003.

［13］张碧琼．国际金融管理学［M］．北京：中国金融出版社，2003.

［14］韩文霞，曹华．国际金融管理［M］．北京：科学出版社，2007.

［15］艾特曼，斯通西尔，莫菲特．国际金融管理［M］．刘园，韩文霞，曹华，译．北京：机械工业出版社，2012.

［16］于研．国际金融管理（第 2 版）［M］．上海：上海财经大学出版社，2010.

［17］杰夫·马杜拉（Jeff Madura）．国际财务管理（第 11 版）［M］．张俊瑞，郭慧婷，王鹏，译．北京：北京大学出版社，2014.

［18］Michael B. Connolly. 国际金融管理（第 2 版）［M］．北京：北京大学出版社，2012.

［19］马杜拉．金融市场和金融机构（第 10 版）（英文改编版）［M］．北京：北京大学出版社，2015.

［20］何泽荣，邹宏元．国际金融原理（第 3 版）［M］．成都：西南财经大学出版社，2004.